U0459150

国家出版基金项目
NATIONAL PUBLICATION FOUNDATION

丝绸之路青海道丛书

李健胜 主编

刻写青海道

李健胜 董波 著

青海人民出版社

图书在版编目（ＣＩＰ）数据

刻写青海道 / 李健胜，董波著 . -- 西宁 : 青海人
民出版社 , 2016.12
（丝绸之路青海道丛书 / 李健胜主编）
ISBN 978-7-225-05267-0

Ⅰ . ①刻… Ⅱ . ①李… ②董… Ⅲ . ①丝绸之路—研
究—青海 Ⅳ . ① K928.6

中国版本图书馆 CIP 数据核字 (2016) 第 326735 号

丝绸之路青海道丛书

李健胜　主编

刻写青海道

李健胜　董波　著

出　版　人　樊原成
出版发行　青海人民出版社有限责任公司
　　　　　　西宁市同仁路 10 号　邮政编码：810001　电话：（0971）6143426（总编室）
发行热线　　（0971）6143516 / 6137731
印　　　刷　陕西龙山海天艺术印务有限公司
经　　　销　新华书店
开　　　本　720mm×1010mm　　1/16
印　　　张　19
字　　　数　260 千
插　　　页　1
版　　　次　2017 年 6 月第 1 版　2017 年 6 月第 1 次印刷
书　　　号　ISBN 978-7-225-05267-0
定　　　价　38.00 元

版权所有　侵权必究

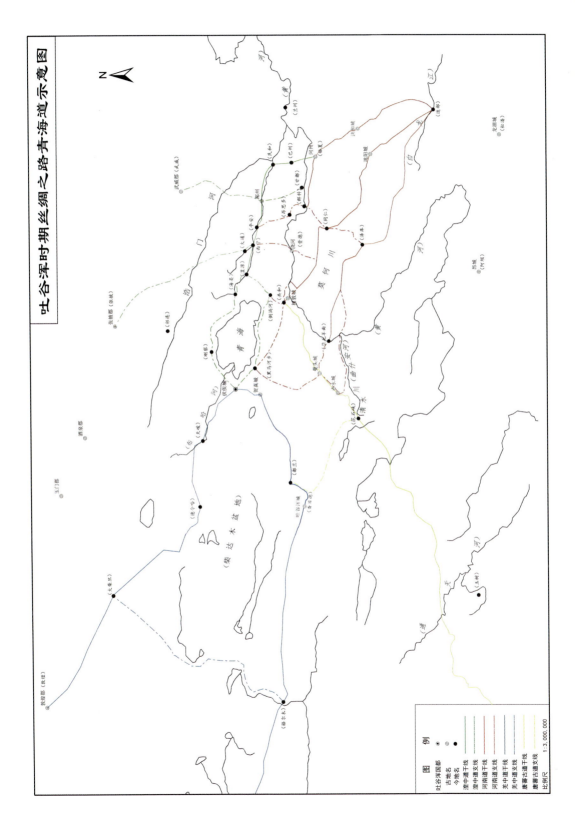

吐谷浑时期丝绸之路青海道示意图

　　德国探险家李希霍芬首次使用"丝绸之路"这一名词以来，丝绸之路的开辟、发展、变迁等问题成为学界长期关注的热点。习近平主席于 2013 年 9 月 7 日在哈萨克斯坦纳扎尔巴耶夫大学演讲时提出建设"丝绸之路经济带"的构想，同年 10 月，习主席访问东南亚，提出与东盟国家共建"21 世纪海上丝绸之路"，2015 年 2 月，"一带一路"建设推进会议在北京召开。在此国家战略背景下，掀起了新一轮研究丝绸之路的热潮。

　　一般而言，丝绸之路是指中国与中亚、东南亚、南亚、西亚、北非、南欧等地相互交往的陆路及海上通道。就陆路丝绸之路而言，通常认为它是张骞通使西域后才开通的，其实，早在远古时期中西间即已开始利用丝绸之路草原道、河西道、青海道等进行经济、文化交流。历史上，丝绸之路青海道又称"羌中道""青海路""吐谷浑路"等，作为陆上丝路的组成部分，一直被认为是两晋时期因河西走廊路线受阻而形成的。实际上，早在距今四五千年前，西羌族群已将丝路青海道国际化，两汉以来，青海北部丝道一直发挥着战备通道的功能，而以"河南道"为主体的南部丝道，则是连通我国西南地区与中亚、西亚的重要贸易通道，具有相对独立的交通功能。

根据道路命名的一般通则，结合相关研究成果，我们把青海道的三大干线分别命名为"羌中道""湟中道"和"河南道"。其中，"羌中道"特指柴达木盆地的丝道，"湟中道"是湟水流域自东向西延伸的丝道，"河南道"则指青海境内黄河以南的丝道。三大干线皆有数条重要的支线，比如，"湟中道"支线乐武路、宁张路是连通青海道与河西道的著名丝道，三大干线之间有很多丝道相连，例如，青海湖周围的丝道连通了三大干线，使之在这一区域得以交汇。

历史文献及考古发现证实，青海道曾是一条著名的国际贸易通道，中原丝绸、茶叶等经此丝道输往中亚、南亚等地，中亚、西亚及青海地区的香料、玉石、"师子"、羊毛、马匹等，经青海道各干线运进中原，沿线的西宁、都兰、茶卡、结古等城镇曾经是支撑东西贸易的中继站。青海道曾发挥过重要的政治功能，魏晋南北朝时期，中亚诸国使团经河南道至益州（今四川盆地），借长江水道至建康（今南京），向南朝诸政权纳贡，草原王国吐谷浑亦借此丝道与南朝交好；唐时，文成公主经唐蕃古道入藏，沿线所经包括"湟中道"及"河南道"西线的部分丝道，这条丝道也是唐蕃使团往来的必经之路。青海道也是一条文化交流的大通道，两汉以来，中原儒家文化传播至"湟中道"及"河南道"东线一带，使儒学成为青海与中原地区融通的人文基础；魏晋隋唐时期，中原僧侣借青海道西去取经，西域高僧亦借此道至东土传播佛法，中原佛学蔚为大观，青海道功不可没。此外，青海道还曾发挥过一定的军事功能。

青海道的历史可谓悠久绵长，马家窑文化彩陶，齐家文化玉器，卡约文化青铜器物，都是青海史前文化高度发达的象征。青海道沿线是我国重要的多民族聚居区，羌族、鲜卑、吐蕃、回回等民族，曾在这里书写下辉煌灿烂的民族历史，汉族移民对青海道沿线的开发、利用，极大地促进了当地社会文化的进步、发展，如今，西宁、格尔木等城市的各个角落都散发着浓郁的移民文化气息，处处表征着中华民族多元一体的基本格局。青海道沿线也是典型的多元文化交汇区，儒学、道教、佛教、伊斯兰教融汇于此，不同文化体系的辨识度颇高，彼此间又能建构起水乳交融的亲密关系，至今，这一区域仍是多民族文化资源富集区。回眸青海道的数千年发展史，驿路上传唱的"瞎话"、贤孝，飞针走线间传递的神圣与庄严，东来西往的过客们撒播下的文明种子，都值得当下的人们认真聆听、仰视、反省，因为那里有东西文化交流的生动场景，那里也蕴藏着浩瀚的历史长河中洗练而成的人类智慧。总之，青海道沿线的民族宗教与社会历史、民俗风物与商贸活动等，都是深深刻在这条丝道上的人类印记，它不仅代表了过去的辉煌与荣光，也是探索未来之路的重要资源。

这套丛书分《刻写青海道》《凝眸青海道》《风物青海道》《复兴青海道》四种，分别由青海省丝绸之路经济带研究院青年学人李健胜、刘大伟、李言统、张效科担纲完成，我们试图从历史学、文学、民俗学、经济学等角度研探、回眸、体味青海道，并试图从中汲取复兴青海道的人文与社会资源，既能对学术研究有所贡献，又能挖掘、弘扬沿线民俗文化，也能以文学的感性触动读者心灵。相信该丛书的出版，能够推进和深化有关青海道的学术研究，也能帮助读者朋友更好地感受青海道沿线的历史文化与民族民俗风情。

编者

2016 年 6 月 2 日

目录

壹　本自原始：丝路青海道的起源

绪论

第一节　史前考古发现与青海道的源起

◎ 柴达木盆地史前人类活动与羌中道的源起　3

◎ 早期人类迁徙与河南道、湟中道的源起　4

第二节　马家窑人群迁徙活动与青海道的开辟

◎ 马家窑人群的西迁与湟中道的开辟　5

◎ 马家窑人群南下与河南道的开辟　8

第三节　西羌与青海道的国际化　8

◎ 西羌的兴起与羌中道、湟中道的国际化　14

◎ 西羌南下与河南道的国际化　22

　22

　34

贰　盛衰纪历：丝路青海道的发展演进

第一节　汉代的青海道　43

◎ 汉代史籍中的青海道　43

◎ 西羌与汉代的青海道　46

◎ 汉朝对青海道的经营　50

第二节　吐谷浑时期青海道的兴盛　56

◎ 吐谷浑经营青海道的历史意义　74

◎ 吐谷浑维护、经营青海道的历史过程　61

◎ 吐谷浑时期青海道兴盛原因探析　57

第三节　唐宋时期青海道的进一步发展　80

◎ 隋、唐对青海道的经营　80

◎ 唐蕃古道的兴起　84

◎ 唃厮啰时期青海道的进一步发展　92

第四节　元明清时期青海道的衰落　105

◎ 元明时期的青海道　105

◎ 清代青海道的衰落　114

叁 路贯东西:丝路青海道的交通网络 121

第一节 青海道干线及其内部交通网络 121

◎ 湟中道支线述略 136 130 121

◎ 河南道支线网络

◎ 羌中道支线网络

◎ 河南道支线探析

第二节 三大干线的交并 145

◎ 河南道与湟中道的交并 145

◎ 河南道与羌中道的连接 150

◎ 羌中道与湟中道的连接 151

第三节 青海道与其他丝道的连接 154

◎ 青海道与秦陇南道的连接 154

◎ 青海道与西蜀丝道的连接 157

◎ 青海道与西域丝道的连接 158

◎ 青海道与唐蕃古道的连接 161

肆

交流与融入：丝路青海道的历史功能

第一节　政治功能　167

◎ 吐谷浑时期青海道的政治功能　168

◎ 北宋时期青海道的政治功能　192

第二节　商贸功能　196

◎ 经青海道的丝绸贸易　197

◎ 经青海道东输的商品　201

◎ 青海道沿线商贸活动的影响　204

第三节　文化功能　209

◎ 青海道的儒学传播功能　210

◎ 青海道的佛教交流功能　215

◎ 青海道的物质文化交流功能　218

第四节　军事功能　222

◎ 汉唐时期青海道沿线的军事活动　222

◎ 宋元明清时期青海道沿线的军事功能　229

伍　循着古人的智慧：青海道的历史地位与现实意义

第一节　历史地位　239

◎青海道兴盛原因解析　239

◎青海道萧条、衰落原因分析　244

◎青海道历史地位评析　247

第二节　现实意义　251

参考文献　254

绪论

青海道是陆上丝绸之路的重要组成部分，其盛衰兴替是丝路交通史上浓墨重彩的一笔。近世以来，关注、研究青海道者可谓代不乏人。笔者拟在绪论中考察青海道的命名，综述研究成果，藉此夯实研究基础、拓展研究思路。

一、关于命名

道路名称是人类历史文化的"化石"，也是一种特殊资源，道路命名须遵循历史性、特殊性等原则。目前，学界有关丝绸之路青海道的命名与构成描述，要么与历史事实不符，要么缺乏典型性，需重新梳理，以形成恰当的命名与路线描述。一般而言，学者们多以不同历史时期出现的名称来指代青海道，有学者称其为"吐谷浑道"①；有学者称其为"青海路"②；有学者以"羌中道"涵括青海道的大部

---

① 黄文弼：《古楼兰国历史及其在中西交通上之地位》，《史学集刊》，1947年第5期。

② 周伟洲：《古青海路考》，《西北大学学报》（哲学社会科学版），1982年第1期。

分路线①；有学者称青海北部的丝路为"青海道"，南部的为"河南道"②；有学者以"河南道"称青海道或涵括其绝大部分路线③；有学者称唃厮啰时期的青海道为"青唐路"④；有学者以"北段""西段""南段"来表述青海道的构成⑤。此外，还以"河湟道""婼羌道""乐都—武威道"（又称乐武路、洪池岭道、乌鞘岭道）、"西平—张掖道"（又称宁张路、大斗拔谷道）、"鲜水—酒泉道""柴达木—敦煌道""合河道"（又称伊吾道⑥）等命名青海道的干线及支线。⑦诸如此类的命名，虽有其合理性，但整体上体现不出道路命名的基本原则。

笔者认为青海道的命名，首先应当利用历史文化信息确定干线名称，在此基础上以合理的命名方式确定各支线称谓，支线的称谓虽可用所在区域的山川河流命名，但必须能涵盖总体路线，否则当以其方位、走向简称之。

总体而言，青海道包括三条干线，分别为羌中道、湟中道和河南道。

"羌中"是一个古地名。《史记》卷6《秦始皇本纪》载，秦统一六国后其疆域"西至临洮、羌中"，《括地志》云："临洮郡即今洮

---

① 初师宾：《丝路羌中道开辟小议》，《西北师院学报》（社会科学版），1982年第2期。

② 徐苹芳：《中国境内的丝绸之路》，《文明》，2007年第1期。

③ 唐长孺：《北凉承平七年(449)写经题记与西域通往江南的道路》，《向达先生纪念论文集》，新疆人民出版社，1986年版，第104—117页。陈良伟：《丝绸之路河南道》，中国社会科学出版社，2002年版。

④ 李明伟：《古丝绸之路与西北民族的凝聚》，《西北民族研究》，1994年第2期。

⑤ 吴焯：《古代青海交通西域的路线及其历史沿革》，《西域研究》，1992年第2期；苏海洋、雍际春：《丝绸之路青海段交通线综考》，《丝绸之路》，2009年第6期。

⑥ 《隋书》卷63《刘权传》，中华书局，1973年版，第1504页。

⑦ 毕艳君、崔永红：《古道驿传》，青海人民出版社，2007年版，第20、21、22、23、24、52页。

州，亦古西羌之地，在京西千五百五十一里羌中。从临洮西南芳州扶松府以西，并古诸羌地也。"周伟洲先生据此认为"羌中"指甘肃临洮以西。[1]汉代史籍中，"羌中"泛指今青海省的地域范围，但之后甚少有以"羌中"指代青海的现象。随着时代发展，"羌中"的语义也随之发生变迁，地理范围逐步确定为"西海以西、昆仑山以东、以柴达木盆地为中心的地区"[2]。

有学者认为，"所谓羌中道，即从今甘、青交界之湟水西溯，穿行于古羌人聚居地，或北出今祁连山、抵张掖与河西大道交接；或复西进，出柴达木西缘，至新疆若羌、且末直接通连西域南道。此道乃河西丝路的重要辅线。"[3]有学者把"羌中道"命名为"柴达木分道"，并纳入"河南道"，[4]也有学者认为"羌中道"应指穿越羌人聚居之青海湖以西的道路，亦即由此向北沿柴达木盆地北缘、入夯斯山口至鄯善（今新疆若羌县），与西域南道相接的道路，而经由青海湖以东，汉已置郡县的"湟中"地区的道路，则不应称为"羌中道"。[5]张得祖先生总结道，"所谓'羌中道'，就是指沿青海湖南北两岸西行，横贯柴达木盆地进入南疆的道路。"[6]综合上述研究成果，可以用"羌中道"命名青海湖西岸向西北经柴达木盆地北缘至当金山口的丝路，以及从青海湖西经都兰、香日德再经格尔木至阿尔金山口的丝路。"羌中道"由南、北两条干线组成，二者皆是绿洲型丝路，由沿线大小

①周伟洲：《古青海路考》，《西北大学学报》（哲学社会科学版），1982 年第 1 期。
②吴礽骧：《也谈"羌中道"》，《敦煌学辑刊》，1984 年第 2 期。
③初师宾：《丝路羌中道开辟小议》，《西北师院学报》（社会科学版），1982 年第 2 期。
④陈良伟：《丝绸之路河南道》，中国社会科学出版社，2002 年版，第 11 页。
⑤吴礽骧：《也谈"羌中道"》，《敦煌学辑刊》，1984 年第 2 期。
⑥张得祖：《古玉石之路与丝绸之路青海道》，《青海师范大学学报》（哲学社会科学版），2008 年第 5 期。

不等的绿洲串联而成，二者之间也有分道相连，其中最为重要的支线是今格尔木经当金山口至敦煌的支线。

《南齐书》卷59《芮芮虏传》载"芮芮常由河南道而抵益州"，"芮芮"即柔然，说明魏晋时期"河南道"是南北沟通的交通要道，"河南道"一词也为人所熟知。《梁书》卷54《诸夷传》"河南条"记载，"河南王者，其先出自鲜卑慕容氏……其地则张掖之南，陇西之西，在河之南，故以为号。"[①]当时，吐谷浑国所在地称"河南"，吐谷浑王又一度封为"河南王"，"河南道"的命名当由此而来，学者们也往往以此来命名"河南道"。[②]因其沿线主体民族曾是氐羌系族群，因此称作"羌氐道"；它又是沟通雍、梁二州的古道，故称"雍梁道"。[③]

笔者认为，如果以吐谷浑国命名"河南道"，有三个问题解释不通：一是"河南王"并非吐谷浑国专用封号，西秦国主乞伏乾归和乞伏炽磐也曾被封为"河南王"，吐谷浑本身也并非一直称作"河南国"；二是无法涵括吐谷浑国之后的丝绸之路"河南道"；三是无法与历史地理信息相对应。因此，以"河南国"来理解河南道明显窄化了"河南道"的意义，也与历史事实不符。"河南道"的命名原理应当以其干线及支线历经的区域为基准，即青海境内黄河南岸的地理范围来命名该道。

---

①《梁书》卷54《诸夷传》，中华书局，1973年版，第810页。

②陈良伟先生就认为："丝绸之路河南道是丝绸之路的一支。该道的起点是益州（成都），终点是西域和漠北，因其沿线主要经过东晋南北朝时期的吐谷浑河南国，故而又被称作丝绸之路河南道。"参见陈良伟：《丝绸之路河南道·绪论》，中国社会科学出版社，2002年版，第1页。苏海洋先生认为："丝绸之路青海道因穿越两汉时期羌人聚居的河湟地区，因此称为羌中道。4~6世纪南北朝时期，青海被吐谷浑建立的河南国控制，因此又称为河南道。"参见苏海洋：《丝绸之路青海段交通线综考》，《丝绸之路》，2009年第6期。

③张得祖：《古玉石之路与丝绸之路青海道》，《青海师范大学学报》（哲学社会科学版），2008年第5期。

　　"河南道"既是一条区域内通道，也是一条跨区域的国际丝道，因此，它的概念有广义、狭义之分。广义上的"河南道"是指"由高昌走焉耆，去鄯善，越阿尔金山口，穿吐谷浑的白兰地区，至察汗乌苏河的都兰城（河南国都），经柴达木盆地，抵吐谷浑东境龙固①（松潘），入益州（成都），再由益州达建康（南京）"②的丝道。狭义上的"河南道""仅指南下入蜀路段"③。有关"河南道"的支线构成笔者拟在第三章中专节讨论。

　　《汉书》卷 69《赵充国传》载"金城、湟中谷斛八钱"，可知"湟中"是与"金城"并列的区域名称，《后汉书》卷 87《西羌传》载，汉武帝元鼎五年（前 112 年），先零羌联合匈奴进攻西汉边塞，将军李息、郎中令徐自为率兵反击，西羌"乃去湟中，依西海、盐池左右。汉遂因山为塞，河西地空，稍徙人以实之"。说明"湟中"是"西海以东的地区"，具体而言，"'湟中'的地域范围，应大致包括今湟水流域，西至西海、北至鲜谷（今祁连山南麓之八宝河谷）、南至河关（今青海贵德县境）、东至金城（今甘肃兰州市境）。"④所谓"湟中道"是指"从关中过陇西，渡黄河进入湟水流域，经鄯州（今青海乐都）抵达西平（今青海西宁），并向西、向南、向北辐射，西接羌中道，南连河南道，北面通过乐都武威道、西平张掖道至凉州、张掖。人们把湟水流域这条四通八达的主干通道称之为湟中道"⑤。以"湟中"命名"湟中道"既有历史依据，也符合命名的特殊性原则，比"河

① "龙固"当为龙涸，笔者按。
② 胡月明：《河南道》，《丝绸之路》，1999 年第 6 期。
③ 秦红卫：《魏晋南北朝时期的河南道》，《青海民族研究》，2004 年第 3 期。
④ 吴礽骧：《也谈"羌中道"》，《敦煌学辑刊》，1984 年第 2 期。
⑤ 张得祖：《古玉石之路与丝绸之路青海道》，《青海师范大学学报》（哲学社会科学版），2008 年第 5 期。

谷道""河湟道"等命名更加符合通道命名的原理。

总之，青海道是由"羌中道""河南道"和"湟中道"三条干线共同构成的，每条干线内又可分为若干干线及支线，它们共同构成了青海道的交通网络体系。

二、学术综述

近世以来，裴文中、严耕望、唐长孺、夏鼐等学者对丝路青海道作过研究；近年，丝绸之路成为研究热点，有关青海道的成果日渐丰富。学界有关青海道的研究始于民国时期，1949 年后，研究成果逐渐多了起来，特别是改革开放后，学界对青海道的起源、演进及功能皆作过研探。笔者拟从青海道的起源与历史地位、历史演进过程、交通网络与功能三个方面梳理学界主要成果。

青海道的起源与历史地位方面。青海道起源、形成于何时，学界没有统一的意见。1948 年，裴文中先生在《边政公论》著文指出，"东西方的交通决不是由张骞开始，汉以前即有。史前的文化，东西两方有许多相同的地方，例如彩陶，必定是由东西文化两相交互而得的结果。"[1]唐长孺先生曾在《南北朝期间西域与南朝的陆道交通》一文中也谈到，"汉代以来，由河西走廊出玉门、阳关以入西域，是内地和西北边区间乃至中外间的交通要道。但这并非唯一的通路，根据史籍记载，我们看到从益州到西域有一条几乎与河西走廊并行的道路。这条道路的通行历史悠久，张骞在大夏见来自身毒的邛竹杖与蜀布是人所共知的事，以后虽然不那么显赫，但南北朝时对南朝来说却是通向西域的主要道路，它联结了南朝与西域间的政治、经济和文化，曾经起颇大的作用。"[2]有学者结合西羌历史探究青海

---

[1] 裴文中：《史前时期之东西交通》，《边政公论》，1948 年第 7 卷第 4 期。
[2] 唐长孺：《魏晋南北朝史论拾遗》，中华书局，1983 年版，第 168 页。

道的起源，^①也有学者更加具体地认为卡约文化、辛店文化时期，北方草原之路的支线已跨越祁连山隘口，深入青海境内。^②

关于青海道的历史地位，学界也有不同见解，上述认为青海道起源甚早的学者一般都认为青海道具有相对独立的交通意义，更多的学者主张青海道是两晋时期因河西道受阻而形成的，^③青海道是作为河西道的辅路而存在的。有学者站在中原文化中心观的立场上理解青海道的起源与历史地位，认为青海道干线羌中道的开拓与征羌人的战争有关。^④有学者从区域经济基础、民族分布等角度比较了河西道和青海道，认为区域经济基础的落后是青海道不发达的根本原因。^⑤也有学者认为河西地区归统一王朝管辖及海上丝路兴起是青海道衰落的原因。^⑥

青海道的主要干线长期为少数民族经营、维护，因此，中原史籍对之记载不详，这可能是人们对这条丝道的起源与地位产生争议的根由。1956 年，西宁城隍庙街出土 76 枚波斯萨珊朝银币，夏鼐先生据此认为西宁位于中西交通的孔道上，"它的地位的重要在当时决不下于河西走廊。"^⑦夏鼐先生的看法对评价青海道的历史地位产生了重要影响。

---

① 吴焯：《古代青海交通西域的路线及其历史沿革》，《西域研究》，1992 年第 2 期。

② 苏海洋：《从国际视野看丝路青海道的演变》，《青海民族研究》，2012 年第 3 期。

③ 徐苹芳：《序》，见陈良伟著《丝绸之路河南道》，中国社会科学出版社，2002 年版，第 1 页。

④ 初师宾：《丝路羌中道开辟小议》，《西北师院学报》（社会科学版），1982 年第 2 期。

⑤ 阎永宏：《浅析经青海通西域路线不发达的原因》，《青海社会科学》，1999 年第 4 期。

⑥ 黄兆宏：《甘青古道述略——以青海与甘肃河西走廊交通为例》，《丝绸之路》2014 年第 14 期。

⑦ 夏鼐：《青海西宁出土的波斯萨珊朝银币》，《考古学报》，1958 年第 1 期。

青海道历史演进方面。 丝路青海道当起源于先秦时期。当时，青海道是玉石、彩陶、小麦、青铜等传播、流布的交通要道之一，因此，学术界以"玉石之路"①"彩陶之路"②等命名此通道。陈良伟先生认为青海道是在许多相当古老的区域通道基础上，经过无数次磨合、摸索最后形成的。③苏海洋先生认为青海道孕育于齐家文化时期，在春秋战国时期成为一条名副其实的国际通道。④

有关汉代青海道的研究并不多见，学者们多认为张骞出使西域是青海道开通之始，故称之为"凿空"。也有学者注意到两汉经略河湟时使用的一些古道，如今乐都—武威间的丝道、"安夷—和罗谷道"等，⑤并对这些古道的形成、发展、构成等作了研究。也有学者根据霍去病、公孙敖、赵充国出兵路线分析了"羌中道"的形成⑥。学界的成果主要集中于吐谷浑时期青海道的研究上。黄文弼先生很早就认识到"吐谷浑道"沟通西域的重要作用。⑦日本学者松田寿男《吐谷浑遣使考》一文研究了吐谷浑利用青海道出使北魏、

---

①臧振：《"玉石之路"初探》，《人文杂志》，1958 年第 1 期。

②刘学堂：《史前彩陶之路："中国文化西来说"之终结》，《中国社会科学报》，2012 年 11 月 21 日第 A05 版。

③陈良伟：《丝绸之路河南道》，中国社会科学出版社，2002 年版，第 10 页。

④苏海洋：《再谈丝绸之路青海道的形成》，《青海民族大学学报》（社会科学版），2012 年第 4 期。

⑤毕艳君、崔永红：《古道驿传》，青海人民出版社，2007 年版，第 22—26 页。

⑥刘光华：《汉武帝对河西的开发及其意义》，《敦煌学刊辑》，1980 年；吴礽骧：《两关以东的"丝绸之路"——兼与鲜肖威同志商榷》，《兰州大学学报》（社会科学版），1980 年第 4 期；初师宾：《丝路羌中道开辟小议》，《西北师院学报》（社会科学版），1982 年第 2 期。

⑦黄文弼：《古楼兰国历史及其在中西交通上之地位》，《史学集刊》，1947 年第 5 期。

南朝的情况。①周伟洲先生的《古青海路考》一文主要研究了南北朝时期青海道的路线、作用等。②张得祖先生的《古玉石之路与丝绸之路青海道》一文也十分精炼地论述了吐谷浑对青海道的经营与维护。③这方面最为系统的研究成果当属陈良伟先生的《丝绸之路河南道》。④如前所述，该书所谓"河南道"可称为"吐谷浑道"，也是广义上的"河南道"。该书从河南道的命名、交通网络、历史演进与功能等多个方面研究河南道，成为该领域最有影响的专著。此外，周伟洲先生的《吐谷浑史》⑤对了解、认清吐谷浑对这一时期青海道的经营、维护多有助益。胡小鹏⑥、霍巍⑦、秦红卫⑧、丁柏峰⑨等先生的研究也涉及吐谷浑时期青海道的交通网络、历史功能等问题。

隋唐两宋是青海道进一步发展的历史时期。冯汉镛先生认为，唐代的河南道即是"西山道"，这条丝道连通了蜀地与西域。⑩郭

---

①（日）松田寿男：《吐谷浑遣使考》（上、下），原载日本《史学杂志》48编11号，见《西北史地》，1981年第2、3期。

②周伟洲：《古青海路考》，《西北大学学报》（哲学社会科学版），1982年第1期。

③张得祖：《古玉石之路与丝绸之路青海道》，《青海师范大学学报》（哲学社会科学版），2008年第5期。

④陈良伟：《丝绸之路河南道》，中国社会科学出版社，2002年版。

⑤周伟洲：《吐谷浑史》，宁夏人民出版社，1985年版。

⑥胡小鹏：《吐谷浑与南北朝关系述论》，《社会科学》，1990年第4期。

⑦霍巍、罗进勇：《岷江上游新出南朝石刻造像及相关问题》，《四川大学学报》（哲学社会科学版），2001年第5期。

⑧秦红卫：《魏晋南北朝时期的河南道》，《青海民族研究》，2004年第3期。

⑨丁柏峰：《"吐谷浑路"的形成及其历史影响述略》，《中国土族》，2011年第4期；丁柏峰：《丝绸之路青海道与河湟民族走廊的形成》，《青海师范大学学报》（哲学社会科学版），2015年第3期

⑩冯汉镛：《关于"经西宁通西域路线"的一些补充》，《考古通讯》，1958年第7期。

勤华先生从隋炀帝经略西域的角度探析了当时丝绸之路复又兴起的原因。①崔永红、张得祖、杜常顺三位先生合著的《青海通史》对唐蕃古道的形成、吐蕃对青海道的利用等问题作过研究。②崔永红先生的《文成公主与唐蕃古道》一书，从文成公主进藏与这条古道开辟的关系，论述了唐蕃古道的历史意义。③许新国先生根据青海都兰吐蕃墓中出土的蜀锦、粟特式金银器等，研究了当时吐蕃以都兰为中继站连通西域、中原进行国际贸易的相关问题。④北宋时期，西夏阻隔河西走廊后，青海道复又兴起。祝启源先生的《青唐盛衰——唃厮啰政权研究》一书较系统地论述了北宋利用青唐城与西域交通的历史背景、过程及意义。⑤蒲文成⑥、杨瑾⑦、杜常顺⑧等学者从不同角度论述了这一时期青海道的交通路线、沿线贸易等问题。

　　明清时期，青海道弱化为区域内通道，其沟通西域的功能或被代替或被取消。然而，汉藏茶马贸易的兴起促进了青海道的发展。

---

①郭勤华：《隋炀帝的开放政策与丝绸之路经济的开发》，《宁夏社会科学》，2014 年第 6 期。

②崔永红等：《青海通史》，青海人民出版社，1999 年版。

③崔永红：《文成公主与唐蕃古道》，青海人民出版社，2008 年版，第 25—26 页。

④许新国：《都兰吐蕃墓中镀金银器属粟特系统的推定》，《中国藏学》，1994 年第 4 期；许新国：《吐蕃墓出土蜀锦与青海丝绸之路》，《藏学学刊》第 3 辑，四川大学出版社，2007 年版。

⑤祝启源：《青唐盛衰——唃厮啰政权研究》，青海人民出版社，2010 年版。

⑥蒲文成：《宋代河湟开发述略》，《青海民族学院学报》（社会科学版），2005 年第 4 期。

⑦杨瑾：《于阗与北宋王朝的贸易路线初探》，《新疆大学学报》（哲学·人文社会科学版），2008 年第 4 期。

⑧杜常顺：《民族贸易与西北地区城镇的发展》，《北方民族大学学报》（哲学社会科学版），2012 年第 5 期。

吴仁安①、秦川②、尕藏扎西③、何效祖④、张永国⑤、李明伟⑥、夏阳⑦
等学者著文研究了明清时期的汉藏茶马贸易。

青海道交通网络与历史功能方面。严耕望先生《唐代交通图考》
一书涉及青海道的交通网络问题，⑧日本学者佐藤长研究过青海道的
交通路线，⑨吴焯先生根据考古发现，结合西羌的西徙、南迁，探究
了青海道各路段的形成。⑩前述周伟洲、崔永红、张得祖等学者的成
果也涉及青海道交通网络问题，其中，笔者依循张得祖先生对青海
道三条干线的表述展开相关研究。从成果的系统性上讲，陈良伟先
生依据实地调查，结合文献及研究成果得出的干线及支线分布结论，
是这一领域最权威的成果。不过，陈先生试图以"河南道"涵括整
个青海道，其对路线的表述值得商榷，对湟中道干线及其支线网络
的研究也不够深入。李智信先生《青海古城考辨》⑪一书虽不是研究
青海道的专著，但该书对青海境内古城的系统研究，以及对相关地
名、城名、道路名、桥名等的辨析，是厘清青海道交通网络的重要

---

①吴仁安：《明代川陕茶马贸易浅说》，《中国社会经济史研究》，1984 年第 2 期。

②秦川：《明朝中期茶马贸易的民间化与政府的对策》，《西北师大学报》（社会科学版），1991 年第 4 期。

③尕藏扎西、昂毛吉：《论元初撒拉族东迁及其与藏族文明的互动》，《内蒙古民族大学学报》（社会科学版），2013 年第 2 期。

④何效祖：《丝绸之路河南道》，《丝绸之路》，2006 年第 1 期。

⑤张永国：《茶马古道与茶马贸易的历史与价值》，《西藏大学学报》，2006 年第 2 期。

⑥李明伟：《贸易路上的西北商镇》，《兰州商学院学报》，1990 年第 4 期。

⑦夏阳：《清代丹噶尔贸易简论》，《青海社会科学》，1987 年第 4 期。

⑧严耕望：《唐代交通图考》，上海古籍出版社，2007 年版。

⑨（日）佐藤长：《隋炀帝征讨吐谷浑的路线》，《青海社会科学》，1982 年第 1 期。

⑩吴焯：《古代青海交通西域的路线及其历史沿革》，《西域研究》，1992 年第 2 期。

⑪李智信：《青海古城考辨》，西北大学出版社，1995 年版，第 168—169 页。

学术参考。毕艳君、崔永红合著《古道驿传》①一书，较系统地梳理了青海境内的古道、驿站，也是研究青海道交通网络的重要学术基础。吴均②、祝启源、陈庆英③等先生有关青藏地区的古地名、古驿站的考证，刘满先生关于青海境内古黄河渡口的研究和考察④，都有助于笔者研究青海道各干线间的连接问题。此外，安志敏⑤、赵荣⑥、庞琳⑦、白万荣⑧、尚民杰⑨、赵毅⑩、陈新海⑪、苏海洋 ⑫、李宗俊⑬等学者的成果，也是研究青海道交通网络问题的学术基础。

青海道政治功能方面。唐长孺先生研究过粟特人出使南朝的经过、路线等问题，⑭祝启源先生研究了青唐吐蕃政权与北宋交好的历史过

---

① 毕艳君、崔永红：《古道驿传》，青海人民出版社，2007 年版，第 42—43 页。

② 吴均：《自截支桥至悉诺逻驿唐蕃古道的走向——对左藤长 < 西藏历史地理研究 > 中一些问题的商榷之五》，《中国藏学》，1988 年第 2 期；吴均：《安定、曲先、罕东、必里等卫地望及民族琐议》，《青海师范大学学报》（社会科学版），1988 年第 3 期。

③ 祝启源，陈庆英：《元代西藏地方驿站考释》，《西藏民族学院学报》，1985 年第 3 期。

④ 刘满：《西北黄河古渡考（一）》，《敦煌学辑刊》，2005 年第 1 期。

⑤ 安志敏：《青海的古代文化》，《考古》，1959 年第 7 期。

⑥ 赵荣：《青海古道探微》，《西北史地》，1985 年第 4 期。

⑦ 庞琳：《< 汉书·赵充国传 > 中四望峡、落都及西部都尉府的位置》，《青海民族学院学报》（社会科学版），1986 年第 2 期。

⑧ 白万荣：《青海古代文化分布概述》，《青海社会科学》，1991 年第 2 期。

⑨ 尚民杰、贾鸿健：《宋云西行与吐谷浑国》，《青海社会科学》，1992 年第 3 期。

⑩ 赵毅：《明代内地与西藏的交通》，《中国藏学》，1992 年第 2 期。

⑪ 陈新海：《西汉时期湟中地区的交通》，《中国历史地理论丛》，1997 年第 1 期。

⑫ 苏海洋、雍际春：《丝绸之路青海段交通线综考》，《丝绸之路》，2009 年第 6 期。

⑬ 李宗俊：《唐代石堡城、赤岭位置及唐蕃古道再考》，《民族研究》，2011 年第 6 期。

⑭ 唐长孺：《魏晋南北朝史论拾遗》，中华书局，1983 年版。

程,①周伟洲、陈良伟二位先生分别在《吐谷浑史》《丝绸之路河南道》中研究了吐谷浑与南朝、北朝诸政权的朝贡往来,不过,二书有关吐谷浑与南朝政权的朝贡次数统计皆与事实有出入。崔永红先生分析了吐谷浑与中原诸王朝的关系及其远交近攻的外交策略,②周松先生研究过吐谷浑与东魏交往的历史背景、路线等问题,③黄兆宏先生综合分析过南北朝时期诸政权借青海道进行政治交往的路线、意义等问题。④

青海道商贸功能方面。沈福伟先生《中西文化交流史》⑤一书内容涉及中原与西域的商业贸易。殷晴先生《丝绸之路经济史研究》⑥一书关于养蚕业西传、于阗国玉石东传等问题的研究,对笔者的研究多有助益。许新国先生利用都兰吐蕃墓葬所出丝绸残版,研究了都兰地区的丝绸贸易及其历史影响等问题,⑦石硕、罗宏先生的《高原丝路:吐蕃"重汉缯"之俗与丝绸使用》一文讨论了丝绸织品在西藏高原礼仪化的历史过程,⑧杨蕤先生研究了北宋与西域的商贸活动及北宋的朝贡制度等问题。⑨

---

①祝启源:《青唐盛衰——唃厮啰政权研究》,青海人民出版社,2010年版。

②崔永红:《吐谷浑与内地诸王朝的关系》,《中国土族》,2010年第4期。

③周松:《吐谷浑遣使东魏路线考》,《中国历史地理论丛》,2003年第3辑。

④黄兆宏:《甘青古道述略——以青海与甘肃河西走廊交通为例》,《丝绸之路》,2014年第14期。

⑤沈福伟:《中西文化交流史》,上海人民出版社,1985年版,第98页。

⑥殷晴:《丝绸之路经济史研究》,兰州大学出版社,2012年版,第229—235页。

⑦许新国:《都兰吐蕃墓出土含绶鸟织锦研究》,《中国藏学》,1996年第1期;许新国:《青海都兰吐蕃墓出土太阳神图案织锦考》,《中国藏学》,1997年第3期。

⑧石硕、罗宏:《高原丝路:吐蕃"重汉缯"之俗与丝绸使用》,《民族研究》,2015年第1期。

⑨杨蕤:《宋代陆上丝绸之路贸易三论》,《新疆大学学报》(哲学·人文社会科学版),2009年第5期。

青海道文化功能方面。钱伯泉先生分析了斯坦因发现的羌女文书，认为这是西域羌人与甘肃或四川羌族之间往来的信函。[1]有关青海道沿线的儒学传播，沈年润先生曾释读过三老赵掾之碑，[2]陈新海先生曾研究过河湟地区儒学的发展变迁史。[3]李健胜等著《儒学在青藏地区的传播与影响》[4]一书，较系统地研究了湟中道沿线的儒学传播、发展历程。青海道沿线的佛教传播方面，唐长孺先生研究过粟特僧人在中原的活动，[5]李并成等学者考察了法显西去天竺的路线。[6]姚崇新[7]、霍巍[8]等先生研究过河南道沿线的佛教传播。青海道的物质文化传播方面，《上孙家寨汉晋墓》[9]《都兰吐蕃墓》[10]等考古报告为相关研究提供了材料基础。许新国先生的相关研究成果也有助于认清青海道沿线物质文化的传播等问题，[11]此外，高志伟[12]先生的研究也涉及这个问题。

① 钱伯泉：《西域的羌族》，《西北史地》，1984 年第 1 期。

② 沈年润：《释东汉三老赵掾碑》，《文物》，1964 年第 5 期。

③ 陈新海：《论儒学在河湟地区的发展》，《青海民族研究》（社会科学版），1992 年第 2 期。

④ 李健胜等：《儒学在青藏地区的传播与影响》，人民出版社，2012 年版。

⑤ 唐长孺：《魏晋南北朝史论拾遗》，中华书局，1983 年版。

⑥ 李并成、马燕云：《炳灵寺石窟与丝绸之路东段五条干道》，《敦煌研究》，2010 年第 2 期。

⑦ 姚崇新：《吐谷浑佛教论考》，《敦煌研究》，2001 年第 1 期。

⑧ 霍巍、罗进勇：《岷江上游新出南朝石刻造像及相关问题》，《四川大学学报》（哲学社会科学版），2001 年第 5 期。

⑨ 青海省文物考古研究所：《上孙家寨汉晋墓》，文物出版社，1993 年版，第 216 页。

⑩ 北京大学考古文博学院、青海省文物考古研究所：《都兰吐蕃墓》，科学出版社，2005 年版，第 129 页。

⑪ 许兴国：《青海汉代墓葬反映的主要问题》，《青海社会科学》，1982 年第 1 期（原发表期刊署名有误，应是"许新国"）；许新国：《吐蕃墓出土蜀锦与青海丝绸之路》，《藏学学刊》第 3 辑，四川大学出版社，2007 年版。

⑫ 高志伟：《浅析青藏高原的玻璃器》，《西藏研究》，1996 年第 1 期。

青海道军事功能方面。罗琨、张永山主编的《中国军事通史》专节研究了古代青海道沿线的一些著名战役。[1]吴礽骧先生认为，霍去病大军曾使用过湟中道及其支线，[2]初师宾先生对此持不同意见。[3]陈良伟先生以"启用河南道的军事部队"为题，专论过河南道的军事功能，[4]但仅局限于吐谷浑时期。李宗俊先生专文研究过唐蕃赤岭之战所涉地名的确切位置，[5]于赓哲先生从疾病史角度分析了唐军在大非川败北的原因，[6]石硕先生也关注过吐蕃大军东进的路线、影响等问题[7]。

综上，学界关于青海道方方面面的研究成果颇为丰硕，这为笔者的研究奠定了学术基础。不过，目前还没有系统研究青海道的专著，一些问题也需要重新审视，这又为笔者的研究提供了难得的学术空间。

三、研究方法概略

本书是一部史学专著，因之，以史料为基础研究相关问题是本书的主要研究方法。史料方面，笔者主要参考了二十四史及《清史稿》、

---

[1]罗琨、张永山：《中国军事通史》，军事科学出版社，1998 年版。

[2]吴礽骧：《两关以东的"丝绸之路"——兼与鲜肖威同志商榷》，《兰州大学学报》（社会科学版），1980 年第 4 期。

[3]初师宾：《丝路羌中道开辟小议》，《西北师院学报》（社会科学版），1982 年第 2 期。

[4]陈良伟：《丝绸之路河南道》，中国社会科学出版社，2002 年版，第 320—330 页。

[5]李宗俊：《唐代石堡城、赤岭位置及唐蕃古道再考》，《民族研究》，2011年第 6 期；李宗俊：《道格尔古碑即唐蕃赤岭划界碑考辨》，《民族研究》，2013 年第 1 期。

[6]于赓哲：《疾病与唐蕃战争》，《历史研究》，2004 年第 5 期。

[7]石硕：《西藏文明东向发展史》，四川人民出版社，1994 年版，第81 页。

明清实录、方志材料等。在全面收集相关材料基础上，研探丝路青海道历史演进及交通网络诸问题，尽量做到史论结合，论从史出。

因青海道地处西部偏壤，正史所记甚少，想要厘清一些问题，需借助考古发掘材料及考古报告。特别是有关青海道起源问题，笔者通过相关考古材料，探析了先秦时期青海道的源起、开辟及国际化问题。青海道曾具有国际通道的功能，同时也是一条区域性通道。具体研究过程中，笔者既重视研究青海道的国际功能，也着力探析作为区域通道的青海道及其功能。

以史为鉴、继往开来是史学研究的主要目标。因此，笔者的研究始终贯穿着这样一个问题意识：如何在吸收、借鉴、遵循前人智慧的基础上，促进、提升青海道及其沿线的社会经济文化发展水平。

壹 本自原始：丝路青海道的起源

学术界曾以「玉石之路」「彩陶之路」等命名包括青海道在内的丝绸之路主要路线，以凸显玉石、彩陶等的传播、流布对于早期丝路的重要意义。笔者认为无论青海道曾以哪种文化表现承担起中西沟通功能，都与人类迁徙活动有关，因此，以人类活动来考察丝路青海道的起源，能更恰当地揭示其起源的历史过程。

第一节

史前考古发现与青海道的源起

　　考古发现证实，距今 3 万年左右青海道已成为远古文化交流的通道。距今 5 000 年左右，马家窑人群迁徙活动导致的彩陶文化与粟作农业的向西、向南传播，开辟了青海道的主要路线，即湟中道和河南道。距今 4 000 年以来，西羌把来自西亚、中亚的玉石、小麦种植技术、冶金术等借青海道传播至中原及西南地区，使青海道真正国际化。

　　羌中道的核心区域柴达木盆地，处于东亚、西亚之间。距今 3 万年左右，人类开始在柴达木盆地进行季节性游猎，从原始人群遗留下的石器分析，这支人群来自华北平原地区，这说明羌中道的起源可追溯至旧石器时代晚期。拉乙亥中石器遗址的出土说明距今 7 000 年左右，处于青海道各干线交汇之处的共和盆地已有人类活动，而共和盆地是河南道的必经路线。无论是羌中道沿线的考古发现，还是与河南道有关的考古遗址都间接地说明，来自华北平原或黄土高原的人群都须经过湟中道，因此，湟中道的起源也可追溯至远古时期。

一、柴达木盆地史前人类活动与羌中道的源起

总体上看，青藏高原文化具有亚生性特点，它的人种来源、生产技术、宗教信仰等皆仰赖外部的文化传播。据研究，青藏高原是人类最后占领的一块区域，[1]从石器制作技术看，青藏高原北部地区发现的旧石器可归入"周口店第一地点——峙峪系"石器系统，[2]这说明青藏高原最早的一批居民应当来自华北平原。

1956 年 7—8 月间，中国科学院地质研究所在柴达木盆地南缘格尔木河上游三叉口、霍霍西里等地采集到十几件打制石器，有石核、石片和砾石等工具。根据石器的种类、打制方法和石锈，可推断它们应是旧石器时代的遗物。[3]1982 年 7 月，考古工作者在柴达木盆地小柴旦湖东南岸的湖滨阶地上采集到一批旧石器。1984 年 6 月，又在高出小柴旦湖湖面 8—13 米的古湖滨沙砾层中找到了与石器共存的原生层位，并在这里采集到 112 件石器，其中包括雕刻器、刮削器、尖状器和砍砸器等 41 件。据碳 14 测定和地层对比，这批石器的年代距今大约 3 万年。[4]从石器以刮削器为主的组合和制作技术上看，具有旧石器晚期华北两大系统之一的"周口店第一地点——峙峪系"的特色，说明柴达木与华北古人类在文化技术上有着密切

①汤惠生、李一全：《高原考古学：青藏地区的史前研究》，《中国藏学》，2012 年第 3 期。

②钱方、吴锡浩、黄慰文：《藏北高原各听石器初步观察》，《人类学学报》，1988 年第 1 期。

③邱中郎：《青藏高原旧石器的发现》，《古脊椎动物学报》，1958 年第 2 卷 2、3 期合刊。

④贾兰坡、黄慰文、卫奇：《三十六年来的中国旧石器考古》，《文物与考古论集》，文物出版社，1986 年版，第 10 页。

的联系。①1993 年，中国科学院地质研究所又在格尔木市以南 130 余公里处的东昆仑山中发现了古人类使用过的烧土及四层炭屑。其间还发现了经过人工磨制、非常精巧的贝壳装饰品、鹿科动物的牙齿化石和一些石器，初步判定其年代距今 1 万年左右，②说明中石器时代的古人类也曾生活在柴达木盆地。1990 年，在可可西里地区发现了旧石器时代的石器遗物。③上述考古发现表明，青藏高原上的柴达木盆地曾经是旧石器时代人类活动较为频繁的地区之一，从年代上看，与西藏地区旧石器时代的时间上限大致相同；④从石器制作技术看，与华北平原细石器制作技术同源。结合这两点信息可知，旧石器时代柴达木盆地的人类来自我国华北平原地区，他们可能是沿青海东部的湟水、黄河两岸向西迁徙，即借助湟中道、河南道的部分通道从青海湖西岸进入柴达木盆地的。原始人群自东向西的迁徙不可能是一次性的，在数次迁徙中，逐步形成固定的行走路线，这即是羌中道的源起。

二、早期人类迁徙与河南道、湟中道的初步形成

1980 年 7 月，青海省文物考古队古脊椎动物与古人类组在青海海南藏族自治州进行考古调查时，在贵南县拉乙亥乡公社附近的黄河沿岸阶地上，发现一处中石器时代遗址。该遗址出土文化遗存共 1 489 件，其中石器 1 480 件，骨器 7 件，装饰品 2 件。石器以打制为主，

①黄慰文：《柴达木盆地发现旧石器》，《人类学学报》，1985 年第 1 期。
②吴宇、周国洪：《中国地质学家首次发现东昆仑山万年前有人类生存》，《光明日报》，1993 年 8 月 26 日第 2 版。
③胡东生、王世和：《青藏高原可可西里地区发现的旧石器》，《科学通报》，1994 年第 10 期。
④石硕：《从人类起源的新观点看西藏的旧石器时代文化遗存》，《中国藏学》，2008 年第 1 期。

种类有砍砸器、刮削器、雕刻器、研磨器、琢背石刀等。其加工技术达到一定的水平,除直接打击法和间接打击法外,还出现琢修技术。拉乙亥遗址绝对年代距今 6 745±85 年, 时间上接近中原地区的新石器时代,但该遗址出土石器全部是打制的,且出土遗物具有浓厚的旧石器晚期文化特征,整体上处于中石器时代的文化发展水平。[①]学术界尚未对拉乙亥中石器时代人群的来源作过系统研究,考虑到其在石器制作技术上滞后于华北平原的现象,可能这一人群是距今 1 万年左右第一次进入青藏高原人群的后裔,也可能是从柴达木盆地迁徙至此。无论是哪种情况,都能间接说明河南道历经的核心区域共和盆地与周边已有初步的交通联系。

有学者综合上述考古发现,认为旧石器晚期生活在黄土高原西端海拔 2 000 米左右的游猎采集人群,在末次冰消期沿着黄河谷地,进入高原东北缘共和盆地,并以共和盆地为枢纽,向北进入海拔 3 000 米以上的青海湖盆地,向南登上海拔 4 000 米的青海南部高原,在全新世早期向西进入柴达木盆地,并沿着格尔木河翻越昆仑山,进入可可西里和藏北高原。[②]在这一迁徙过程中,青藏高原东北边缘的河谷成为人类进入高原的主要通道,而这一通道即是湟中道前身。

综上而观,考古发现证实,来自华北平原及黄土高原地区的远古人类在向西迁徙的过程中,利用山川河谷之间的天然通道,自东向西进入湟水流域、河曲地区,再向南进入青海南部高原,

---

①盖培、王国道:《黄河上游拉乙亥中石器时代遗址发掘报告》,《人类学学报》,1983 年第 1 期。
②侯光良等:《晚冰期以来青藏高原东北缘人类的迁移与扩散》,《干旱区研究》,2013 年第 1 期。

向北到达青海湖盆地，向西北进入柴达木盆地，翻越昆仑山进入可可西里和藏北高原。原始人类的迁徙活动初步形成了丝路青海道的基本路线，这就意味着距今 3 万年至 7 千年左右，青海道已进入起源阶段。

第二节

马家窑人群迁徙活动与青海道的开辟

　　距今 5 800 年左右，仰韶文化庙底沟类型的文化
人群曾抵达湟水下游及青海境内黄河流域东端。距今
5 500 年左右，黄土高原中西部人群向西迁徙，进入甘
青河谷地区，逐步成为这一区域新石器文化的主体，这
一人群可简称为马家窑人群，其文化上源是仰韶文化，
典型器物为彩陶。马家窑人群穿越湟水流域的过程中，
开辟了湟中道。距今 5 000 年左右，马家窑人群从湟水、
黄河两岸南下，开通了河南道，作为区域内的通道，当
时河南道所承担的文化传播功能，对北方原始文化的南
迁、早期蜀文化的发展等都起到过重要作用。

一、马家窑人群的西迁与湟中道的开辟

　　马家窑人群的西迁问题可从彩陶的分布与年代、粟
作农业的西向传播两方面加以研究。

　　第一，马家窑文化源自仰韶文化，分石岭下、马家
窑、半山、马厂四种类型，湟水流域下游发现的马家

窑文化遗址所代表的时间早于中上游，越往湟水上游，马家窑文化的类型越偏晚，这就能证明马家窑人群自东向西分布迁徙的历史事实。

青海境内发现的仰韶文化遗存分布于湟水下游和黄河流域。1955年，考古工作者在青海民和阳洼坡遗址发掘了一处仰韶文化庙底沟类型的遗址，它是当时青海省境内发现的唯一一处仰韶文化遗存，被考古界认为是仰韶文化分布的最西端。[1]该遗址文化内涵包含有庙底沟类型、石岭下类型和马家窑类型，其中庙底沟和石岭下的因素多于马家窑类型，整体上属于庙底沟类型向马家窑类型过渡的石岭下类型遗址。[2]青海民和县胡李家遗址则是更典型的仰韶文化庙底沟类型，该"遗存中没有石岭下类型的典型器物，更不见马家窑类型的代表性器物。而有的基本上都是庙底沟类型最具特征的曲腹造型，重唇尖底瓶口沿，较匀致的斜向绳纹深腹夹砂陶罐，这些几乎成为代表器物或流行器物"[3]。总之，胡李家遗址和阳洼坡遗址的文化遗存，大体代表了青海庙底沟时期的文化。[4]这两处遗址说明仰韶文化人群在距今5 800年左右到达了湟水流域下游。

数百年后，马家窑人群逐渐土著化，其彩陶形制、颜色及纹饰逐步有了自身特色，青海柳湾马家窑文化墓葬就能说明这一人群在湟水流域西迁的过程及其文化表现。青海柳湾墓地已发掘的1 500多座墓葬，按文化性质可分为马家窑文化半山类型、马厂类型、齐

---

①青海省文物考古队：《青海民和阳洼坡遗址试掘简报》，《考古》，1984年第1期。
②青海省文物考古队：《青海民和阳洼坡遗址试掘简报》，《考古》，1984年第1期。
③中国社会科学院考古研究所甘青工作队、青海省文物考古研究所：《青海民和县胡李家遗址的发掘》，《考古》，2001年第1期。
④中国社会科学院考古研究所甘青工作队、青海省文物考古研究所：《青海民和县胡李家遗址的发掘》，《考古》，2001年第1期。

家文化与辛店文化等四种不同文化类型，[①]时间上晚于前述民和地区发现的彩陶遗址。在柳湾半山类型、马厂类型与齐家文化三个文化类型中，彩陶壶、双耳彩陶罐、陶盆、侈口陶罐、粗陶双耳罐与陶壶等器形都是一脉相承，逐步演进的，[②]说明柳湾地区是彩陶文化在湟水中下游的重要分布区域，也是马家窑人群发展、壮大后进一步西迁的大本营。

湟水中游的大通上孙家寨遗址中也曾出土马家窑人群的遗物，考古工作者在 M384 中发现了一件内壁绘"舞蹈"纹的彩陶盆，还发现了海贝、蚌壳、骨珠等属于马家窑类型的典型遗存。[③]在湟水上游地区发现的马家窑人群遗存多为马厂时期的类型，如互助总寨马厂类型墓葬，其葬式以仰身直肢葬为主，与甘肃永昌鸳鸯池和乐都柳湾发现的情况大致相同。[④]由马家窑文化发展而来的齐家文化遗址最西端已至青海湖滨的沙柳河一带，说明这一人群在距今 4 000 年左右已扩展至环湖地区。

在时间上，马家窑人群在青海境内黄河流域的分布与其在湟水流域大体一致，也是自东向西迁徙，越往西文化类型越晚。如在化隆、循化两县的考古调查资料，基本反映了该地区古代文化遗址的分布规律和文化内涵，新石器时代文化遗存以马家窑文化为代表，包括石岭下类型、马家窑类型、半山类型、马厂类型，分布地区集中在

---

①青海省文物管理处考古队、中国社会科学院考古研究所：《青海柳湾》，文物出版社，1984 年版，第 247 页。

②青海省文物管理处考古队、中国社会科学院考古研究所：《青海柳湾》，文物出版社，1984 年版，第 247 页。

③青海省文物管理处考古队：《青海大通县上孙家寨出土的舞蹈纹彩陶盆》，《文物》，1978 年第 3 期。

④青海省文物考古队：《青海互助土族自治县总寨马厂、齐家、辛店文化墓葬》，《考古》，1986 年第 4 期。

黄河沿岸及支流的中游、下游地区。①

从彩陶分布角度最能说明马家窑文化人群西迁的证据是青海同德宗日遗址。宗日陶器主要分为两大类，第一类为泥质红陶，饰黑彩，器类、彩陶图案和风格基本和湟水流域马家窑类型相同；第二类为质地粗糙的夹粗砂乳白色陶，有的施紫红色彩，有鸟纹、折尖三角纹、折线纹图案，线条生硬，当为土著因素。②这类陶器起初在墓葬中少见，但后来逐步成为主体性遗存。从两类陶器相生相长的发展过程看，宗日遗址是一个由东部来的农业移民和当地以狩猎采集为生产基础的土著所组成的聚落，③其中一些精美的马家窑类型彩陶可能是移民所带来的，或者是在移民入驻之后持续与其他位于马家窑文化分布中心的人群交换而来，更有可能是移民中的专业陶工在当地所生产的，而宗日陶器应当是在马家窑人群制陶技术基础上发展而来的。④

从以上分析看，马家窑人群西进有两条路线：一是沿湟水西进，最远到达湟水上游，齐家文化时期已到达环湖地区；二是沿黄河向西迁徙，到达河曲地区，宗日遗址的发现说明马家窑人群势力曾抵达共和盆地西端。⑤当然，这两条道也有交并的可能，特别是共和盆地的马家窑人群也有可能来自湟水流域。

---

①青海省文物考古研究所：《青海化隆、循化两县考古调查简报》，《考古》，1991 年第 4 期。

②青海省文物管理处、海南州民族博物馆：《青海同德县宗日遗址发掘简报》，《考古》，1998 年第 5 期。

③洪玲玉等：《移民、贸易、仿制与创新——宗日遗址新石器时代晚期陶器分析》，《考古学研究（九）》上册，文物出版社，2012 年版，第 328 页。

④洪玲玉等：《移民、贸易、仿制与创新——宗日遗址新石器时代晚期陶器分析》，《考古学研究（九）》上册，文物出版社，2012 年版，第 328 页。

⑤丁见祥：《马家窑文化的分期、分布、来源及其与周边文化的关系》，《古代文明》，2010 年，第 81 页。

第二，从粟作农业在湟水、青海黄河南北两岸的分布也能看出马家窑人群自东向西的迁徙过程。

粟，又称稷，由野生狗尾草逐步培育而成，性耐干旱，是黄河流域的传统农作物。侯毅先生认为，粟作农业起源于距今 16 000 年的山西下川旧石器晚期文化，距今 13 000—9 000 年是中国北方粟作农业的大发展阶段。[①]大多数学者认为粟作农业起源于距今 8 000 年左右的仰韶文化，在新石器时代，粟作种植业自中国北方向其他地区大规模传播，粟也成为我国北方种植范围最广泛的农作物。其中，甘肃省兰州白道沟坪、秦安大地湾、临夏马家湾等地都发现过粟作农业遗迹。[②]

随着马家窑人群的西迁，粟作农业也传入青藏高原东北缘地区。1980 年，青海民和阳洼坡石岭下文化类型遗址出土带贮坑房屋遗址，以及石刀、石斧和骨铲等生产工具，学者们据此认为，当时的原始农业已经进入较进步的阶段。[③]1999 年，考古工作者在文化内涵上与民和阳洼坡遗址接近的民和胡李家遗址中，通过对灰坑堆积物进行浮选，"采集到炭化的小米粒。在沟状灰坑中还出土了多件炭化遗物，尚待检测鉴定。其中一件外观颇似面食花卷。"[④]这说明，新石器时代庙底沟文化类型向马家窑文化类型过渡时期，青海东部地区

---

①侯毅：《从最近的考古发现看北方粟作农业的起源问题》，《北方文物》，2007 年第 2 期。

②刘军社：《黄河流域史前粟作文化遗存的发现与研究》，《农业考古》，2000 年第 3 期。

③青海省文物考古队：《青海民和阳洼坡遗址试掘简报》，《考古》，1984 年第 1 期；尚民杰：《青海原始农业考古概述》，《农业考古》，1987 年第 1 期；崔永红：《青海经济史（古代卷）》，青海人民出版社，1998 年版，第 4 页。

④中国社会科学院考古研究所甘青工作队、青海省文物考古研究所：《青海民和县胡李家遗址的发掘》，《考古》，2001 年第 1 期。

已出现原始农业。马家窑半山类型时，人类社会已进入父系氏族社会阶段，当时青海东部地区的原始农业生产还不甚发达，从河湟地区出土的生产工具数量来看，狩猎工具所占比例较高，农业生产工具较少，这说明当时人们主要以狩猎为生，出土墓葬中也未见用粮食随葬的习俗。[1]距今 4 500 年左右，得益于湿润、温暖的气候，马家窑文化进一步西向传播，加之原始农业生产技术进步等因素影响，河湟地区的原始农业进入大发展时期。从青海乐都柳湾马家窑文化马厂类型遗址中出土的相关器物来看，"当时人们所用的生产工具除石斧、锛、刀外，还有宽刃的石镰等工具。还发现捆绑有长木柄的石斧，保存相当完好。这种复合工具的生产效率显然要比不带把的工具高过许多，它应是生产工具进步的标志。墓中还普遍发现粟的颗粒或皮壳，皆装在粗陶瓮内，说明粟是当时人们的主要粮食。"[2]考古工作者在柳湾墓地发现，"在一半以上的马厂墓葬中都有容积较大的装有粮食（粟）的粗陶瓮作为随葬品，如墓 339 有粗陶瓮 4 件。在出土的陶瓮内均放有粮食，在墓 6 内也出有粮食。"[3]这说明马家窑文化马厂类型时期，当时生活在湟水流域的先民主要种植粟，人们用大量粮食作为随葬品，说明当时的社会生产力已达到一定水平。

粟作农业也分布于青海境内黄河南北两岸。青海循化阿哈特拉山墓地出土陶瓮，内多装有粮食、兽骨，陶瓮是储备粮食或肉类的器皿，经检测，瓮内所装粮食为粟，这说明"粟是当时居民

---

[1]尚民杰：《青海原始农业考古概述》，《农业考古》，1987 年第 1 期。
[2]青海省文物管理处考古队、中国社会科学院考古研究所：《青海柳湾》，文物出版社，1984 年版，第 252 页。
[3]青海省文物管理处考古队、中国科学院考古研究所青海队：《青海乐都柳湾原始社会墓地反映出的主要问题》，《考古》，1976 年第 6 期。

种植的最重要的一种粮食作物"①。考古工作者通过对宗日遗址人骨的稳定同位素分析发现，宗日先民中有以粟、黍为主而渔猎为辅的食谱结构，②这能说明到达宗日地区的马家窑人群在当地已种植粟、黍。

彩陶、粟作农业自东向西传播的过程说明马家窑文化人群的迁徙路线与湟中道的走向是一致的，马家窑文化人群在河湟地区生息繁衍 1500 多年，他们西进的过程不可能一蹴而就，必定经历过一个漫长的历史过程，在西去的路上，他们也必定反复探究、摸索过脚下的路线，最终开辟出湟中道，并确定了这条丝道的基本走向和具体路线。

二、马家窑人群南下与河南道的开辟

河南道开辟于何时，目前没有定论。陈良伟先生认为青海道是在许多相当古老的区域通道基础上，经过无数次磨合、摸索最后形成的，而河南道在新石器时代已经开通。③苏海洋先生认为青海道孕育于齐家文化时期，在春秋战国时期成为一条名副其实的国际通道。④笔者认为作为区域内通道的河南道首先是由马家窑文化人群开辟的，马家窑人群的南迁，西羌文化的向南传播，皆是考察这一通道起源的关键。来自华北、关中及陇西一带的仰韶文化人群，经过与土著人群的竞争、融合，逐渐成为以彩陶为典型文化代表的马

---

①许新国：《循化阿哈特拉山卡约文化墓地初探》，《青海社会科学》，1983年第 5 期。

②崔亚平等：《宗日遗址人骨的稳定同位素分析》，《第四纪研究》，2006 年第 4 期。

③陈良伟：《丝绸之路河南道》，中国社会科学出版社，2002 年版，第10 页。

④苏海洋：《再谈丝绸之路青海道的形成》，《青海民族大学学报》（社会科学版），2012 年第 4 期。

家窑文化人群，成为西戎族群的主体。[1]20世纪40年代以来，在岷江上游今四川汶川、理县、茂县等地发现了一百余处新石器遗址，这些遗址出土的陶器、石器与甘、青马家窑文化相近，应该是马家窑文化人群南下活动的遗迹。马家窑文化人群的南下，并非"凿空"或想象，已有较多考古发现为佐证。

在岷江上游的新石器文化可分为三种类型，分别代表三个历史时期的遗存：第一，以阿尔遗址为代表的土著早期文化；第二，以姜维城遗址为代表的马家窑文化南下岷江上游同土著相融合形成的新类型文化；第三，以箭山寨遗址为代表的晚期文化。岷江上游地区的史前文化影响并决定了川西平原北部的新石器文化基本特征，彼此间具有文化渊源关系。根据近年的考古发现资料，早期蜀文化基本上保持了岷江上游新石器文化的特征、传统，这种考古学文化上的联系将早期蜀文化的起源问题同岷江上游的新石器文化联系在了一起。[2]

在"藏彝走廊"自北向南分布的河谷地带，考古工作者找到了马家窑文化的诸多遗迹。从白龙江流域发现的新石器时代遗址看，其第四期文化遗存与河湟地区马家窑类型的遗存有很多共性。如彩陶风格、图案雷同，敛口钵、折沿敛口曲腹彩陶盆、宽折沿曲腹盆、长颈彩陶壶（瓶）、侈口束颈彩陶罐、敛口四钮双耳罐、侈口卷沿或折沿的夹砂罐、大口泥质缸等都是二者常见的器类，器盖、带管流器等的器形和纹饰也基本相同，石刀、梯形石斧、石锛、石球、石纺轮、骨锥等及其制作方法皆为二者所共有。[3]

距今5 000年左右的岷江上游营盘山遗址与白龙江流域新石器

①李健胜、武刚：《早期羌史研究》，人民出版社，2014年版，第48—50页。
②徐学书：《岷江上游新石器时代文化的初步研究》，《考古》，1995年第5期。
③张强禄：《白龙江流域新石器时代文化谱系的初步研究》，《考古》，2005年第2期。

时代文化的第三期和第四期遗存之间均存在一些相似的文化因素，皆受到马家窑文化的较大影响。①岷江流域的波西遗址上限早于营盘山遗址，"从出土陶器面貌来看，波西遗址与仰韶文化中期晚段及仰韶晚期文化的相似之处较多，而两侧带缺槽的长方形石刀、白色大理石玉环镯形器等文化因素，也应属于黄河上游同期文化。"②地处岷江流域的姜维城遗址绝对年代距今约 5 000—4 900 年，③该遗址发现的彩陶片在纹饰等方面与甘青地区的马家窑文化极为相似，说明它是受到马家窑彩陶文化影响的一个典型遗址，这类考古遗存应是黄河上游一支考古学文化进入岷江上游地区后形成的新文化类型。④同在岷江上游的箭山寨遗址绝对年代也距今 5 000 年左右，亦发现有马家窑类型的彩陶片。⑤总之，岷江上游地区新石器时代文化主要以箭山寨遗址、姜维城遗址、营盘山遗址为代表，其考古文化与甘肃东部白龙江流域的新石器时代文化有着必然的联系，均受到黄河上游马家窑文化的强烈影响。⑥

此外，在大渡河上游、澜沧江流域也发现了马家窑彩陶的遗迹。在大渡河丹巴罕额依遗址第一期地层中，出土了遗址中比较特殊的一件彩陶残片，彩陶片为泥质红陶，表面施红，陶底再饰以单线黑彩。

①成都市文物考古研究所等：《四川茂县营盘山遗址试掘报告》，《成都考古发现 (2000)》，科学出版社，2002 年版，第 76 页。
②成都文物考古研究所等：《四川茂县波西遗址 2008 年的调查》，《成都考古发现 (2008)》，科学出版社，2010 年版，第 23 页。
③徐学书：《岷江上游新石器时代文化的初步研究》，《考古》，1995 年第 5 期。
④四川省文物考古研究所、阿坝州文物管理所、汶川县文化体育局：《四川汶川县姜维城新石器时代遗址发掘简报》，《考古》，2006 年第 11 期。
⑤成都文物考古研究所等：《四川理县箭山寨遗址 2000 年的调查》，《成都考古发现（2005）》，2007 年版，第 22 页。
⑥陈卫东、王天佑：《浅议岷江上游新石器时代文化》，《四川文物》，2004 年第 3 期。

在同一地层中所出土陶器均用当地含有大量云母片的泥土为原料烧制而成，唯独这件彩陶片中不含有云母片，考古工作者认为，"这件彩陶片的胎土中未发现云母片，因其彩陶风格与同时期的马家窑文化很相似，故推测它极有可能是因某种原因从其北边的马家窑文化中传至此地的。"①距今 5 500—5 000 年间的哈休遗址中也有马家窑文化的遗存。②澜沧江流域发现的卡若遗址中出土了两件完整的彩绘陶器和 27 片彩绘残陶片，陶罐的基本类型是小口直颈鼓腹罐，这与马家窑、半山、马厂文化中罐、壶的轮廓很接近。深腹盆和陶碗在马家窑半山、马厂类型中也很常见。③卡若彩陶的彩绘是直接绘在夹砂陶的磨光面上的，无色衣，黑彩暗淡，容易脱落，这种情况也与青海境内马厂类型的彩陶极其相似。此外，卡若先民惯用的钻孔修补陶器的方法，亦常见于半山、马厂文化类型，如甘肃广河地巴坪及永昌鸳鸯池马厂墓葬中，均发现过钻孔修补的陶器。④卡若遗址出土的石器也与马家窑文化密切相关，如在卡若的磨制石器中最具特点的是一种长、宽比值很大的条形斧和条形锛，其剖面呈长方形或正方形。此种石斧见于武威皇娘娘台齐家文化遗址和青海民和县核桃庄马厂类型等遗址。条形石锛则见甘肃东乡林家马家窑文化遗址、青海民和县核桃庄马厂类型遗址，凹背直刃石刀（鸟翼形石刀）则发现于甘青地区较早的新石器时代文化中，如在青海

---

① 四川省文物考古研究所、甘孜藏族自治州文化局：《丹巴县中路乡罕额依遗址发掘简报》，参见四川省文物考古研究所编《四川考古报告集》，文物出版社，1998 年版，第 74 页。

② 南方文物：《2006 年度南方地区考古新发现》，《南方文物》，2007 年第 4 期。

③ 西藏自治区文物管理委员会、四川大学历史系：《昌都卡若》，文物出版社，1985 年版，第 139、152 页。

④ 西藏自治区文物管理委员会、四川大学历史系：《昌都卡若》，文物出版社，1985 年版，第 152—153 页。

贵德罗汉堂、西宁朱家寨、甘肃东乡林家等马家窑文化遗址中。①
卡若遗址中一侧嵌石刃的骨刀梗，是我国南方第一次发现，过去曾
见于黑龙江的昂昂溪、内蒙古的富河沟门以及甘肃永昌鸳鸯池、景
泰张家台、青海西宁朱家寨等地，这也是古代西藏地区接受了北方
文化影响的一个佐证②。

当时，甘青地区与川西高原之间可能存在彩陶贸易。考古工作
者选取了甘肃临洮马家窑、东乡林家、武都大李家坪、临潭石门口、
卓尼寺下川和四川马尔康哈休、茂县波西及营盘山八个遗址所出土
的 170 件陶片标本进行各种化学元素的比较分析，结果显示川西彩
陶和素面细泥红陶有着明显不同的化学组成特征。前者与甘肃马家
窑类型陶片相似，后者与其他川西非彩陶标本相似。有学者据此认
为，即便川西地区新石器晚期的居民使用当地陶土制作素面细泥红
陶，川西彩陶极可能不是当地生产，而是与甘青地区远距离贸易得
来的。③

马家窑文化人群的南下，还将粟作农业带到"藏彝走廊"地区，"成
都平原周边最早的农业证据来自于其西北部跟马家窑文化有关的遗
址。在这些遗址里面，如四川茂县营盘山遗址，发现有粟和黍。在
公元前 3000 年左右，人们已经把粟从中国西北带到四川北部。"④
卡若遗址发现的农作物是粟，粟性耐干旱，是黄河流域的传统农作物，

---

①西藏自治区文物管理委员会、四川大学历史系：《昌都卡若》，文物出版社，
1985 年版，第 152 页。
②西藏自治区文物管理委员会、四川大学历史系：《昌都卡若》，文物出版社，
1985 年版，第 152 页。
③洪玲玉、崔剑锋、王辉、陈剑：《川西马家窑类型彩陶产源分析与探讨》，《南
方民族考古》（第 7 辑），科学出版社，2011 年版。
④姜铭等：《新津宝墩遗址 2009 年度考古试掘浮选结果分析简报》，《成都考
古发现（2009）》，科学出版社，2011 年版。

南方较少种植，卡若文化的粟米，很可能是从马家窑等文化传播而来。[1]这些考古发现可与民族学材料相互印证，据说，"羌人流亡迁徙到川北的一支，一经定居，便从事耕牧，种粟植麻，饲养鸡、羊、马等。他们得到神的保佑，战胜了劲敌。当时羌人的敌人尚不知农耕，曾窃取羌人留在田畔的粟粒播种，而未能收获。"[2]

西藏昌都昌果沟遗址还出土了古青稞的炭化粒子，这说明新石器时代晚期西藏高原上已辗转接触到了西亚"麦"(青稞)的农业文明。傅大雄先生认为，"昌果沟新石器时代晚期粟与麦的混合农耕最终演变成了以麦(青稞)为主栽作物的西藏近代农耕。它表明，自新石器时代晚期以来，经过长期的自然选择和人工选择，青稞以其对高原农业生态独特的适应性而逐渐取代了粟。"[3]青稞高产、早熟、抗旱、耐瘠，无须脱壳而易于炒食作糌粑，对高原农业生态表现出了独特的适应性，青稞农耕很可能是首先在雅鲁藏布江流域确立后再向藏东北传播的，其传播方向与粟作农业南下过程正好相反，但二者借助的通道可能是一致的。

笔者认为粟作农业及与之相对应的石器在"藏彝走廊"的传播和应用，都说明马家窑文化人群的南下是导致上述考古现象出现的根本原因，虽不能排除远距离彩陶贸易的可能，但人群的南下是马家窑文化现象南向传播的主因。马家窑人群借助湟水、黄河、白龙江、岷江等河道自北向南迁徙过程中，不仅开辟了不同区域交流的通道，也将他们的原始文化传播至四川平原。

---

①西藏自治区文物管理委员会、四川大学历史系：《昌都卡若》，文物出版社，1985 年版，第 153 页。
②胡鉴民：《羌民的经济活动形式》，《民族学研究集刊》，1944 年第 4 期。
③傅大雄：《西藏昌果沟遗址新石器时代农作物遗存的发现、鉴定与研究》，《考古》，2001 年第 3 期。

岷江上游的新石器时代文化对川北平原考古文化产生了影响。考古学证实，川西平原北部的新石器遗存在文化渊源上与西部山区的箭山寨类型有关，而箭山寨类型则是川西平原北部新石器文化的重要文化源头之一。[①]营盘山文化与成都平原的宝墩村文化之间也有一些共同的文化因素，例如，陶器的纹饰以粗、细绳纹为主，流行绳纹花边口沿装饰，有少量瓦棱纹，陶器器形均以平底器为主，有部分圈足器；磨制石器均有体形较小的斧、锛、凿；小型房屋建筑都采用木骨泥墙结构等。营盘山文化与四川盆地北部的绵阳市边堆山遗址及广元市张家坡、邓家坪等遗址之间也存在一些共同点，如夹砂陶侈口深腹罐颈部有附加堆纹装饰等。营盘山文化还与大渡河流域的汉源县狮子山遗址、丹巴县罕额依遗址之间存在一些文化联系，后二者均发现有少量彩陶片，似乎是受前者文化传播影响的产物，[②]二者之间应有某种承继关系。[③]正因为与马家窑文化有渊源关系的箭山寨类型是早期蜀文化的主源，宝墩遗址等又是三星堆文化的上源，三星堆遗址中所见马家窑文化因素所反映的早期蜀文化同马家窑文化之间存在有内在联系，也就不足为奇了。[④]

马家窑人群南下过程中，借助"藏彝走廊"的山谷、河道，开辟了河南道，且成为这一通道最早的主人，河南道的起源最早可追溯到距今 5 000 年左右的新石器时代。这一时期，河南道当为区域内通道，

---

①徐学书：《岷江上游新石器时代文化的初步研究》，《考古》，1995 年第 5 期。

②成都市文物考古研究所等：《四川茂县营盘山遗址试掘报告》，《成都考古发现 (2000)》，科学出版社，2002 年版，第 76 页。

③南方文物：《2006 年度南方地区考古新发现》，《南方文物》，2007 年第 4 期。

④据学者研究，三星堆遗址二期陶系中橙红陶、橙黄陶占一定比例，陶器纹饰中用等粗的线条将器表分隔成等宽的平行带纹、内外双圈的同心圆圈纹、"<"形纹、横排叶纹、多层带状波浪纹等皆为马家窑文化因素。参见徐学书：《岷江上游新石器时代文化的初步研究》，《考古》，1995 年第 5 期。

承担了甘青马家窑人群文化因素南迁的功能，且通道的主要流动方向应当为自北向南，说明当时甘青地区的马家窑文化占有一定的优势。马家窑人群自北向南迁徙过程中，上述彩陶出土的地方都留下了他们的足迹，他们还通过自北向南的通道将粟作农业传播至川西北地区，这都进一步说明南下的马家窑人群是河南道的开辟者。马家窑文化对三星堆遗址的间接影响，也能说明当时河南道已具备较广泛的文化传播功能。

综上，马家窑人群是农业群落，他们西进的步伐止于河谷地带，一般不会涉入高山荒漠区域，考古发现也证实了这一点。正唯如此，马家窑人群所开辟的湟中道是一个区域内的通道，这一通道在河曲地区与河南道相连接，为马家窑文化人群南下提供了便利。当时羌中道所在的柴达木盆地核心地区并未接触到彩陶文化，说明马家窑文化时期，作为丝路青海道交通网络干线的羌中道与河南道、湟中道之间并没有因为彩陶文化的西迁而形成一个整体性交通网络。不过，值得一提的是，距今 4 000 年前后，新疆东部的哈密盆地接触到了马家窑彩陶文化，成为这种原始文化形态西进新疆的第一站。受哈密彩陶影响，吐鲁番地区彩陶文化兴起，稍晚时进一步西向传播。这支东来的彩陶文化沿着天山山脉西进，终点到达巴尔喀什湖东岸一带。在西渐过程中，沿途不断与当地文化交流、融合，逐渐形成新的地方性考古文化，将中原远古文化与西域文化融汇为一体，展示出悠远深邃而又波澜壮阔的历史画面。[1]虽然新疆地区的彩陶文化上源并不是青海地区的马家窑文化，而是邻近新疆的河西地区，但是，彩陶文化在新疆的传播说明基于彩陶及粟作农业理解马家窑人群的西进，并藉此讨论原始时期丝绸之路的交通架构，完全是符合历史实际的。

---

[1]刘学堂：《史前彩陶之路："中国文化西来说"之终结》，《中国社会科学报》，2012 年 11 月 21 日第 A05 版。

第三节 西羌与青海道的国际化

大约在齐家文化、卡约文化时代，广泛分布于今新疆南部、河湟地区、河西走廊等地的西羌，利用河南道把铜器冶炼技术、玉器及明显具有西亚特质的一些文化因素传播至青海东部、四川盆地及中原地区，使羌中道、河南道国际化，也使湟中道成为贯通东西的国际通道，从而使丝绸之路青海道成为国际化的交通要道。

一、西羌的兴起与羌中道、湟中道的国际化

羌族是一个古老的民族，曾分布于我国河北中部至新疆南部的广大区域，西汉中期以来，中原文献把居住在上郡、北地、西河一带的羌人称为"东羌"，把居住在今青海、甘肃、新疆地区的羌族称为"西羌"。研究证实，早期羌族起源于河曲地区的宗日文化，该文化是马家窑文化与河曲土著文化交流融会的产物，见于该遗址的宗日式乳白陶、二次扰乱葬、火葬、白石崇拜、石棺葬等文化因素皆能说明宗日是羌族文化的上

源，[1]宗日文化中砷铜的发现也说明羌族祖先较早地接触到了铜器冶炼技术。[2]

从人群分布上看，羌中道与西域南道连接处分布着西羌的一支婼羌，《汉书》卷96《西域传上》云："出阳关，自近者始，曰婼羌。婼羌国王号去胡来王。去阳关千八百里，去长安六千三百里，辟在西南，不当孔道。户四百五十，口千七百五十，胜兵者五百人。西与且末接。随畜逐水草，不田作，仰鄯善、且末谷。山有铁，自作兵，后有弓、矛、服刀、剑、甲。"婼羌分布的范围大致在今天山以南，著名的和田玉产地即是当时他们活动的主要区域之一。距今3 000年左右，分布在柴达木盆地的考古文化主要是诺木洪文化，这一文化时期，当地的畜牧业已得到长足发展，人们过着农牧兼营的定居生活，[3]畜牧业水平也较之前有较大进步。诺木洪文化最为典型的搭里他里哈遗址发现了长7.3米，最宽处6.6米的大型圈栏，"圈栏内地面上有大量的羊粪堆积，厚约15—20厘米，其间也夹杂有少量的牛、马和骆驼的粪便。"[4]考古发掘者认为，这可能是当时人们饲养家畜的圈栏。从诺木洪文化出土的陶器、玉器、石器、青铜器看，这一文化的主人应当是西羌的一支。由此可知，距今3 500年左右，分布在羌中道沿线及与该道相连接的西部地区主要分布的民族是西羌。这一区域内原始农业的发展，区域间交换关系的稳定化，以及野畜驯化技术的发展，最终促进了游牧业的产生与进步，西羌依靠这一生产技艺，逐渐壮大，成为主宰这一地区的主要人群。

---

① 李健胜、武刚：《早期羌史研究》，人民出版社，2014年版，第53页。
② 徐建炜等：《青海同德宗日遗址出土铜器的初步科学分析》，《西域研究》，2010年第2期。
③ 白万荣：《青海古代文化分布概述》，《青海社会科学》，1991年第2期。
④ 青海省文物管理委员会、中国科学院考古研究所青海队：《青海都兰县诺木洪搭里他里哈遗址调查与试掘》，《考古学报》，1963年第1期。

从考古发现看，居住在羌中道沿线的西羌把玉石、小麦、冶金术等传入中原及西南地区，中亚、西亚的一些文化因素也借助他们的传播，对我国东部地区产生影响。

首先，产自今新疆的和田玉经婼羌及柴达木地区的羌人传输，进入到我国东部及西南等地。

研究证明西羌是一个用玉民族，作为羌族文化上源的宗日文化中出土过 1 件玉璧，这件玉器用灰黄色软玉精心磨制而成，单面钻孔，通体光亮。直径 14.5 厘米、厚 0.7 厘米、孔径 2.65 厘米。[1]西羌也是昆仑玉输往中原、东南及西南地区的重要中介。[2]距今 5 000 年左右的青海东部马家窑文化，距今 4 000 年的齐家文化，以及青铜时代的卡约、辛店文化皆有用玉的现象，如著名的青海柳湾马家窑文化墓葬中就曾出土"大理石、粉砂岩、蛇纹岩、方解石、凝灰岩、砂岩、灰岩、细砂岩、铁碧玉和软玉等十多种"[3]质料的工具，柳湾齐家文化"装饰品及其它遗物共一百四十一件（颗）。装饰品有石璧、石臂饰、串珠与绿松石饰等，其它遗物有玉饰、石磬与海贝等，但为数不多。其中，海贝与玉饰，保存都比较好，非本地出产，系由外地交换来的"[4]。青海民和喇家遗址也有玉器、玉料出土。[5]这说

---

①青海省文物管理处、海南州民族博物馆：《青海同德县宗日遗址发掘简报》，《考古》，1998 年第 5 期。

②李健胜：《三代时期昆仑玉输往中原的路径与方式初探》，《青海民族研究》，2006 年第 2 期。

③青海省文物管理处考古队、中国社会科学院考古研究所：《青海柳湾》，文物出版社，1984 年版，第 25 页。

④青海省文物管理处考古队、中国社会科学院考古研究所：《青海柳湾》，文物出版社，1984 年版，第 192 页。

⑤中国社会科学院考古研究所甘青工作队、青海省文物考古研究所：《青海民和县喇家遗址 2000 年发掘简报》，《考古》，2002 年第 12 期。

明青藏高原北部地区的原始文化及商周时期的考古文化同属亚洲东部的用玉文化圈。

我国西北地区的软玉矿主要蕴藏在新疆南部的昆仑山脉，多在海拔 4 000—5 000 米高处，绵延近千里。每年夏季冰消雪融时，高山玉璞随湍流而下，徙出二三百里，至塔克拉玛干大沙漠南沿。从古至今，人们就在昆仑山北麓河水中捞取那些已碰掉璞皮的"籽玉"；此外还有所谓"山流水"，即冲出不远，不呈卵形的玉料。再高一些的地方，人们穴坑采取，称"山料"。因矿脉高，仅个别地点出露在 3 500 米处，常年积雪，空气稀薄，加之交通困难，"山料"的获得十分不易。[①]昆仑山东麓出产的玉料虽不及和田玉名贵，但也是我国玉石的重要产地之一，属于广义上的和田玉，它们最早的开采者应当是居住在昆仑山北麓的婼羌和东麓的与诺木洪文化相关的西羌部落。青海民和县喇家遗址出土的 7 件玉器皆属软玉，均带有西部玉料的特征。经初步鉴定，属于广义的昆仑山玉，玉料来源于昆仑山东麓的格尔木地区，[②]说明从格尔木地区到青海民和之间已有运输玉料的通道。随着我国东部地区的红山文化、大汶口文化、良渚文化及龙山文化等玉石文化西向发展，催生出以齐家文化为代表的西部地区的用玉传统，而和田玉的东向传播，又逐步形成两千多年来中原地区上层社会用玉依赖西部资源的格局。[③]考古发现证实，二里头文化遗址中出土了一件由新疆和田白玉制成的玉柄；[④]商代妇好墓中

---

① 臧振：《"玉石之路"初探》，《人文杂志》，1994 年第 2 期。
② 叶茂林、何克洲：《青海民和县喇家遗址出土齐家文化玉器》，《考古》，2002 年第 12 期。
③ 叶舒宪：《丝绸之路还是玉石之路——河西走廊与华夏文明传统的重构》，《探索与争鸣》，2013 年第 7 期。
④ 中国科学院考古研究所二里头工作队《偃师二里头遗址新发现的铜器和玉器》，《考古》，1976 年第 4 期。

出土的 755 件玉器,一部分也是由和田玉制成的[1];战国早期湖北省随县曾侯乙墓出土的活环插榫佩饰、玉带钩、玉四节佩饰、玉兽面纹琮等玉器,其材质也来自和田玉。[2]这说明,早在 4 000 年左右,有一条从柴达木盆地经湟中道向我国东部地区输送玉石的通道,即"玉石之路"。[3]就青海境内而言,昆仑山东麓向西运送玉石的道路为羌中道和湟中道,湟中道沿线的齐家文化接触到中原用玉传统后,使当地羌戎族群成为原始玉文化的承载者。

其次,小麦的东向传播也可能借助过羌中道。

据考古研究,已知最早驯化小麦的籽粒是大约公元前 2500—公元前 6500 年。这些小麦籽粒是和大麦以及干豆类一起在"肥沃的新月地带"(由美索不达米亚平原和叙利亚沙漠侧翼的山脉构成)以及安纳托利亚和巴比伦发现的。野生二倍体或单粒小麦自然出现在伊朗西南部、伊拉克西北部和土耳其东南部开阔的橡树疏林和类似于干旱草原的植物群系中。在这个地区以及更远的外高加索、叙利亚、土耳其的中部和西部以及希腊,野生单粒小麦在次生生境如路旁和田边是非常普遍的。[4]不少证据显示,从公元前 3000 年开始,驯化的普通小麦出现在中国西部。目前,凡有小麦的遗址主要集中在中国西北地区。夏商周时期,尽管小麦已经流入中原,但一直未能取代中国本土的农作物,直至汉代以后,这一格局才逐渐改变。[5]

---

[1] 申斌:《"妇好墓"玉器材料探源》,《中原文物》,1991 年第 1 期。

[2] 谭维四:《曾侯乙墓》,生活·读书·新知三联书店,2003 年版,第 102—143 页。

[3] 臧振:《"玉石之路"初探》,《人文杂志》,1994 年第 2 期。

[4](英)N.W. 西蒙兹编辑,赵伟钧等译:《作物进化》,农业出版社,1987 年版,第 261 页。

[5] 李水城:《西北与中原早期冶铜业的区域特征及交互作用》,《考古学报》,2005 年第 3 期。

由于缺乏考古学材料，小麦何时传入青海尚未有定论。考古工作者在循化县境内卡约文化遗址和都兰县诺木洪文化遗址中发现了麦类作物的遗迹，崔永红先生据此认为，"青海境内至迟在卡约文化、诺木洪文化时期已在较普遍地种植麦类作物。"[①]这说明与西羌有关的一些考古文化类型中出现了麦类作物的痕迹，结合西羌广泛分布于新疆南部至柴达木盆地及河湟地区的情形，[②]有理由相信小麦的东传与羌族有着密切关系，而羌中道即是小麦种植技术从新疆传入柴达木盆地再东传至河湟地区的重要中介。

第三，西羌通过羌中道将铜器冶炼技术传播至我国东部地区，使羌中道成为著名的青铜之路。

铜器冶炼技术被视为人类进入文明阶段的重要标志之一。考古学证实，欧亚大陆最早的冶金技术来自西亚，并以西亚为中心向四周扩散。距今 5 000 年左右，一支吐火罗人驻足伊犁河谷，发现尼勒克铜矿，利用先进的矿业技术、冶炼技术，开发这一亚欧草原地带难遇的富矿，为新疆和中亚其他地区不断提供铜料。还有一支吐火罗人部落来到新疆罗布泊，在这个相对封闭的环境中，长期保持着自己独特的文化传统，创造了完全有别于周边其他文化的小河文化。大约同时或稍晚的时候，吐火罗人进入哈密盆地，先后和由河西走廊而来的马厂晚期文化和四坝文化相遇，创造出了当时中国境内最发达的青铜文化。[③]由此可知，新疆是我国最早接触到铜器冶炼技术的地区。

---

①崔永红：《青海经济史（古代卷）》，青海人民出版社，1998 年版，第 11 页。
②李健胜：《夷夏羌东中西说》，《青藏高原论坛》，2014 年第 4 期。
③刘学堂、李文瑛：《中国早期青铜文化的起源及其相关问题新探》，《藏学学刊》第 3 辑，四川大学出版社，2007 年版。

从铜器冶炼技术的传播路线看，二里头青铜文明的起源或许与中亚地区巴克特里亚的冶金术东传有密切关系，而活跃在中亚和西伯利亚一带的塞伊玛—图宾诺文化、奥库涅夫文化和安德罗诺沃文化等游牧民族在这中间扮演了重要的中介角色。这几支分布在欧亚草原的青铜文化首先进入新疆地区，既而通过河西走廊作用于河湟地区，最终通过齐家文化对中原的二里头文化施加了影响。①这也说明齐家文化分布区域是东西方文化交往的重要孔道和不同文化碰撞与接触的敏感地带，同时也是连接黄河文明与中亚文明的中介区域。②实际上，除齐家文化分布区外，青藏高原的北部地区，即今天以"中国聚宝盆"著称的柴达木盆地，也是冶金技术东传的中介地区。

从冶炼技术传播层面看，新疆地区的冶炼技术对西亚的冶金术并非全盘被动地接受，而是主动加以改造和利用，并不断形成自身的特色，河西走廊、河湟地区接受新疆冶金术的过程亦是如此。异域地区的冶金技术、器形、纹饰等经过一站站的中转、筛选和改造而不断地被弱化，最终在二里头文化晚期形成特色鲜明的华夏风格。③受西来冶铜技术影响，新疆东部、四坝文化及宗日文化中有使用砷铜的现象，这一人类较早掌握的二元合金技术是近东文化在我国西部地区扩散的表现。青海同德宗日遗址出土的早期铜器含砷量均较高，宗日遗址铜器是中国西北地区迄今所知年代最早的砷铜，

---

①李水城：《西北与中原早期冶铜业的区域特征及交互作用》，《考古学报》，2005 年第 3 期。
②李水城：《西北与中原早期冶铜业的区域特征及交互作用》，《考古学报》，2005 年第 3 期。
③李水城：《西北与中原早期冶铜业的区域特征及交互作用》，《考古学报》，2005 年第 3 期。

对中国早期冶金史的研究有非常重大的意义。[①]综合上述研究成果及考古发现可知，铜器冶炼技术的东向传播与青海地区关系密切，这就为探讨羌中道在铜器传播过程中的地位与作用提供了可靠的考古学依据。

在今格尔木至青海湖西岸之间，都兰香日德地区是羌中道沿线重要的中继站，该地区就发现了诸多青铜遗址，考古工作者在该地区采集到铜渣和炼铜用具的残片。铜渣为小块，表面有铜绿，容易破碎。炼铜用具只见长4厘米、宽2.5厘米、厚0.5厘米的一小块残片，呈灰黑色，陶土中羼有草屑，胎内有小孔状空隙，外表粗糙，内表附着薄薄的一层铜渣，说明该地出土的铜器是当地铸造的。[②]该地区发现的铜器有斧、刀、钺和镞四种，其中，铜刀中比较特殊的是平面略成马蹄形的一件，刀面的上部有五个圆形的小孔，每孔的下部有一脊下垂到刃部附近，刀背部有椭圆形的銎，制作精致。[③]香日德地区向东的夏日哈乡、乌兰希里沟镇皆有青铜时代遗址出土，[④]海西州共发现诺木洪青铜遗址共计40多处。[⑤]1981年5月的考古调查中，曾在环青海湖地区征集到带翼铜镞一件，形制与卡约文化同类器物相同，[⑥]在布哈河畔的青铜墓葬里发现了多孔管状铜器，铜管的四周

---

①徐建炜等：《青海同德宗日遗址出土铜器的初步科学分析》，《西域研究》，2010年第2期。

②青海省文物管理委员会、中国科学院考古研究所青海队：《青海都兰县诺木洪搭里他里哈遗址调查与试掘》，《考古学报》，1963年第1期。

③青海省文物管理委员会：《青海柴达木盆地诺木洪、巴隆和香日德三处古代文化遗址调查简报》，《文物》，1960年第6期。

④陈良伟：《丝绸之路河南道》，中国社会科学出版社，2002年版，第191、196页。

⑤白万荣：《青海古代文化概述》，《青海社会科学》，1991年第2期。

⑥青海省文物考古队：《青海湖环湖考古调查》，《考古》，1984年第3期。

各有四个椭圆孔，上下排列成行，用途不详。[1]

　　上述考古发现皆为我国青铜时代的遗物，时间上限距今 3 000 多年，显然与同德宗日文化的考古发现不属于一个时期。笔者认为造成这种情况的主要原因是香日德地区等的考古遗存不能支持铜器冶炼技术首先到达这一地区的事实，而非这一地区的青铜冶炼技术诞生于商周时代。李水城先生认为，我国青铜文化分东部和西部两大类型，以龙山—二里头、齐家文化为代表的东部青铜文化圈经历了从红铜—锡铜的发展过程，西部青铜文化圈以四坝文化、天山北路—焉不拉克文化、察吾呼文化和伊犁河—准噶尔盆地周边的青铜文化为代表，经历了红铜—砷铜—锡铜的冶炼发展历程。冶金术以新疆地区为中心东向传播，通过甘青地区传播至中原，[2]西部青铜文化圈东向传播必然要经过西羌聚居区，所以掌握了冶铜技术的西羌自然而然地成为这一文明成果东向发展的中介。[3]此外，羌中道至湟水流域及青海黄河南北两岸皆有很多铜器冶炼遗址出土，但当地发现的铜器多为小形器物，多用于日常生活。我国中原地区少有铜矿，但出土过商周时期的大型青铜器物，中原的礼制文明也依托发达的青铜冶炼技术，当时可能有一条专门输送铜料的通道，将西北地区的铜料通过远距离运送输往中原。因此，有学者认为从中亚至河湟、河西地区存在一条"青铜之路"。[4]结合上述羌中道沿线的铜器冶炼遗迹，笔者认为在冶金技术的传播过程中，西羌可能借助羌中道将

①顾文华：《青海布哈河畔的青铜器墓葬》，《考古》，1978 年第 1 期。
②李水城：《西北与中原早期冶铜业的区域特征及交互作用》，《考古学报》，2005 年第 3 期。
③李健胜：《夷夏羌东中西说》，《青藏高原论坛》，2014 年第 4 期。
④刘学堂等：《史前"青铜之路"与中原文明》，《新疆师范大学学报》（哲学社会科学版），2014 年第 2 期。

这一技术带到河湟地区，才会在这一区域形成特色鲜明的青铜文化。

从考古发现看，湟中道沿线出土了大量青铜遗址。青海大通县黄家寨卡约墓葬出土青铜器16件，包括铜鸟饰1件。铜鸟长喙，有冠，环眼，昂首，长颈，椭圆形圆鼓腹每侧有三条镂孔，空腹内有一橄榄状铜丸，宽扁尾，足为一长管状，上有一长形镂孔，高10.8厘米、长7.8厘米。此外，还出土铜铃5件、铜管6件、铜泡2件、铜削1件、铜矛1件。[1]青海平安、互助县卡约文化遗存中发现铜戈2件、铜铃1件、铜泡2件。[2]青海西宁发现了卡约文化时期的铜鬲1件，该青铜鬲保存完好，口沿外侈，短颈，深腹，袋状锥形足。通高15.4厘米、口沿11.8厘米。口部附一对称半圆形耳，各高2.1厘米、内径1.7厘米。颈部饰三道凸弦纹，腹部饰双道人字形凸弦纹，这件铜鬲与河南省郑州市白家庄出土的商代铜鬲在器形与花纹方面比较接近。因此，可判断其年代与郑州白家庄出土的铜鬲相当。[3]此外，在西宁沈那卡约文化遗址中还发现了一件铸造精美、形体宽大的圆銎宽叶倒勾铜矛。[4]湟水下游的民和核桃庄小旱地墓出土了133件铜器，类型有铜泡、铜铃、铜饰、铜球等。[5]可见，卡约时代湟水流域出土的铜器多以生活器具、装饰器物及兵器为主，有少量礼器，但不一定产于本地。

---

[1]青海省文物考古研究所、吉林大学考古学系：《青海大通县黄家寨墓地发掘报告》，《考古》，1994年第3期。

[2]青海省文物考古研究所：《青海平安、互助县考古调查简报》，《考古》，1990年第9期。

[3]赵生琛：《青海西宁发现卡约文化铜鬲》，《考古》，1985年第7期。

[4]王国道：《青海早期铜器的讨论》，《青海社会科学》，1999年第6期。

[5]青海省文物考古研究所、青海省文物管理处、西北大学文博学院：《民和核桃庄》，科学出版社，2004年版，第26页。

　　青海黄河流域出土的铜器也有上述特征，如青海贵南尕马台齐家文化墓地出土了铜镜、铜指环、铜泡与铜镜等 50 余件。经鉴定，这些铜器既有红铜，也有铅青铜与锡青铜，^①所出土铜镜，镜呈圆形，直径 89 毫米，厚（不包括镜钮，加上锈蚀层不均匀）约 3 毫米，重量 109 克。镜面已经全部锈蚀，背面有残损镜钮，形骸仍然可见。镜边缘有两个梨形穿孔，两孔之间有一道系沟，可能是悬挂用的。整个背面饰有大小两个圆圈，在两圆圈之间有一个不规则的七角星图案，星角的余地以斜纹相饰，对古镜（LR5）γ - 的全谱中铜和锡的特微峰进行计算，结果得出铜和锡的比为 1:0.096。^②青海化隆县上半主洼卡约文化墓葬共出土完整铜器 98 件，多是一些小饰品，包括铜铃、铜锥、铜连珠饰、铜刀、铜钺等。^③青海循化苏呼撒卡约文化墓地也出土了铜器 16 件，均为饰品。^④

　　日本学者三宅俊彦通过对卡约时期黄河流域和湟水流域青铜器的比较研究，发现湟水流域的青铜器在种类、数量及制造技术上卓越于黄河流域，这些青铜器既具有中原及北方青铜器的共同因素，也有西亚地区传来的因素，同时也有一定的地方因素，^⑤可见，当时湟中道干线即今湟水流域是青铜文化的核心区，这一区域既是东部和西部两大青铜文化类型的汇合区，同时也是西亚青铜技术东传的中转站。

　　最后，从传世文献中也可窥见湟中道、羌中道区域沟通作用及

---

①李健胜：《拉乙亥文化述论》，《青海社会科学》，2009 年第 4 期。
②李虎侯：《齐家文化铜镜的非破坏鉴定——快中子放射化分析法》，《考古》，1980 年第 4 期。
③青海省文物考古研究所：《青海化隆县上半主洼卡约文化墓地第二次发掘》，《考古》，1998 年第 1 期。
④青海省考古研究所：《青海循化苏呼撒墓地》，《考古学报》，1994 年第 4 期。
⑤（日）三宅俊彦：《卡约文化青铜器初步研究》，《考古》，2005 年第 5 期。

その国際化的一些信息。

据传世文献记载，周武王伐商时，羌、髳率师会于牧野，至周穆王时，"戎狄不贡，王乃西征犬戎，获其五王，又得四白鹿，四白狼，王遂迁戎于太原。"①另据《穆天子传》："乙丑，天子西济于河，爰有温谷乐都。"有学者认为，周穆王渡河后，进入今青海西宁一带，汉、晋南北朝时期，这里有乐都城，正符合"温谷乐都"的情景。②虽然《穆天子传》所载"乐都"并非今青海乐都，不容否认的是，周族与羌人交好的历史可谓久远，借湟中道东进至陇山以东的通道早在卡约文化早期已开通，③帅师伐商的羌人来自甘青一带的说法当是成立的。

东部人群西进的通道也一直是通畅的。据《后汉书》卷87《西羌传》："西羌之本，出自三苗，姜姓之别也。其国近南岳。及舜流四凶，徙之三危，河关之西南羌地是也。滨于赐支，至乎河首，绵地千里。赐支者，《禹贡》所谓析支者也。南接蜀、汉徼外蛮夷，西北接鄯善、车师诸国。所居无常，依随水草。地少五谷，以产牧为业。"可见，东部人群的西向发展在传世文献中也有印证。战国时，羌人无弋爰剑为秦所执，成为奴隶，后逃脱西奔，"与劓女遇于野，遂成夫妇。女耻其状，被发覆面，羌人因以为俗，遂俱亡入三河间。"④无弋爰剑西迁至"三河间"一事，被王明珂先生理解为"英雄徙边记"的"故事"，⑤但不可否认的是，借助湟中道徙至湟水、黄河之间的河谷地带的人群迁徙现象，在战国时期仍在持续。

①《后汉书》卷87《西羌传》，中华书局，1965年版，第2871页。
②钱伯泉：《先秦时期的丝绸之路——〈穆天子传〉的研究》，《新疆社会科学》，1982年第3期。
③李健胜、武刚：《早期羌史研究》，人民出版社，2014年版，第47—61页。
④《后汉书》卷87《西羌传》，中华书局，1965年版，第2875页。
⑤王明珂：《游牧者的抉择》，广西师范大学出版社，2008年版，第104页。

秦王嬴政"务并六国,以诸侯为事,兵不西行,故种人得以繁息"[1],西羌与中原之间的政治隶属关系还未建立,羌人得以相对独立的发展。西汉中期,中央王朝势力进入河湟地区,从《汉书》卷69《赵充国传》、《后汉书》卷87《西羌传》等文献看,西汉军队及移民西进的路线即是湟中道自东向西的通道。

传世文献印证羌中道、湟中道于商周以来就已国际化的材料还有张骞从西域东归时,想要借"羌中"回国的记录,说明当时的确有从西域经羌中道,借湟中道至中原的交通线,只是中原文献记载得不多罢了。

综上,距今4 000年左右,西羌成为羌中道沿线主要居民,来自西亚的小麦种植技术、铜器冶炼技术和昆仑山南北麓的玉料,经这一族群的传播,进入河湟地区,再向东传播至中原地区,这一时期,羌中道和湟中道已成为国际化的贸易通道。

二、西羌南下与河南道的国际化

战国时期,秦献公兵临渭首,西羌首领无戈爰剑之后畏秦之威,"将其种人附落而南,出赐支河曲西数千里,与众羌绝远,不复交通。其后子孙分别,各自为种,任随所之。或为牦牛种,越巂羌是也;或为白马种,广汉羌是也;或为参狼种,武都羌是也。忍及弟舞独留湟中,并多娶妻妇。忍生九子为九种,舞生十七子为十七种,羌之兴盛,从此起矣。"[2]西羌从河曲地区迁往川西北地区,依循的是马家窑文化人群南下时开辟的通道,而西羌的南下及西羌文化在西南地区的传播,证明了当时已开通从西亚、中亚经羌中道至青海湖南,再经过河南道南下接西蜀分道至四川平

---

①《后汉书》卷87《西羌传》,中华书局,1965年版,第2876页。
②《后汉书》卷87《西羌传》,中华书局,1965年版,第2876页。

原的国际通道。

西羌最早开辟作为国际通道的河南道，其证据主要是三星堆遗址出土的铜器、金杖、雕像等器物在技术、工艺、形象方面皆以西羌为中介，与西亚、中亚发生深刻的联系。

如前所述，从西亚至新疆南部，经青海柴达木盆地向南至河曲地区，再向南至白龙江、岷江流域，皆分布着西羌。考古发现证实，从青海河曲地区至岷江上游及"藏彝走廊"一带分布着一个石棺葬文化圈，最近的考古发现证实，原来认为没有石棺葬文化现象的玉树地区也发现了这种葬俗。[1]石棺葬在青海河曲、川西、藏东、滇西北等地的分布，正好印证了古羌人从河湟地区南下的历史过程，石棺葬是古羌人的葬俗也已成为学界共识。[2]从民族学材料看，羌族史诗《羌戈大战》分六个部分讲述远古时期羌族先祖从河湟地区向岷江流域迁徙的故事。迁徙途中，历经艰难万险，遭受暴雪风霜，一路上与魔兵、戈基人血战，与险恶的自然灾难抗争，"多少兄弟失散了，多少牛羊寻不见！过了一山又一山，遭了一难又一难。"[3]最终才定居于川西一带，开拓出一方羌族安居的乐园。

从新疆至滇西北皆有西羌族群分布，就这为西亚、中亚与四川盆地之间的文化联系提供了条件。宗日文化砷铜的出土，马家窑

---

① 青海省文物考古研究所：《石棺葬文化的新发现》，《中国文物报》，2014年6月20日第6版。

② 学界对石棺葬族归问题的讨论经历过从源于汉族说至羌族说的变化，其中，李绍明先生的观点尤其值得关注，当前，学界已对此问题达成一意见。参见李绍明：《关于羌族古代史的几个问题》，《历史研究》，1963年第5期；李复华、李绍明：《论岷江上游石棺葬文化的分期与族属》，《四川文物》，1986年第2期；陈剑：《石棺葬文化研究的新视野》，《中华文化论坛》，2010年第1期。

③ 罗世泽、时逢春搜集整理：《木姐珠与斗安珠》，四川民族出版社，1983年版，第92页。

东乡林家遗址中发现的青铜刀，以及青海贵南尕马台出土齐家文化时代的铜镜等，这些皆说明了新疆地区的铜器冶炼技术，经西羌自西北向东南传播，有可能传入四川盆地。考古学证实，三星堆文化的青铜器因不含锌而有别于同时期的中原殷商文化，古蜀文化源于岷江上游，而这一带在青铜时代已深受早期西羌文化影响，因此，三星堆铜器技艺最有可能受到来自西北地区的铜器冶炼技术的影响。[①]三星堆铜器最突出的特点即是人面像上的"纵目"，这种形象亦不见于中原铜器，但在齐家文化为代表的西北玉器人面琮上，用人面琮的射孔来替代人的嘴，则是继承了马家窑蛙纹彩陶罐上蛙的嘴用罐口来替代的艺术特征。西北地区出土的这些人面琮，大多数有"纵目"的现象，虽然没有三星堆文化"纵目"那么明显、夸张，但与三星堆纵目人面铜器显然也有前后继承的关系。[②]

考古研究证实，三星堆出土的玉石标本的肉眼观察和显微结构光性观察结果按矿物学定名为闪石玉，即透闪石矿物集合体，具软玉结构，[③]从化学分析结果比较看，三星堆玉与殷墟妇好墓中出土玉器及新疆和田玉化学成分相近，而其中三星堆玉与妇好墓玉化学成分更为接近，说明它们的来源是相同的，[④]这说明三星堆软玉也来自新疆，但从数量和质地看，三星堆大多数玉器原料来源于岷江上游

---

①彭燕凝：《齐家文化玉器与三星堆文化的关系》，深圳大学学报（人文社会科学版），2008 年第 4 期。

②彭燕凝：《齐家文化玉器与三星堆文化的关系》，深圳大学学报（人文社会科学版），2008 年第 4 期。

③苏永江：《广汉三星堆出土玉器玉料来源的讨论》，《出土玉器鉴定与研究》，紫禁城出版社，2001 年版，第 49 页。

④苏永江：《广汉三星堆出土玉器玉料来源的讨论》，《出土玉器鉴定与研究》，紫禁城出版社，2001 年版，第 49—53 页。

的可能性更大。[①]由此可知，应当是西羌把来自新疆的和田玉通过羌中道南接河南道带入四川盆地的，至于岷江上游的玉料为三星堆文明所吸收，更能说明作为区域通道的河南道一直是北方文化南下的大通道。从三星堆玉石器的成型效果和加工痕迹看，运用了锯、凿、挖、琢、钻、磨、雕刻等工艺。其玉石器成品、半成品的璋、璧等，都留下有明显的切割痕迹和锯痕，[②]这些加工方法与甘青地区玉器的加工方法是一脉相承的，只不过由于它年代稍晚，更大量地使用了青铜工具罢了。[③]

金杖、雕像是三星堆出土的最具特色的代表性金属器物。三星堆金杖、雕像无论在中原、长江流域还是古蜀地本身都没有发现其文化来源，应与对外来文化的采借有关。段渝先生认为，综观世界古文明，西亚、近东是青铜雕像和权杖的渊薮，并有向南连续分布的历史，再联系到三星堆遗址出土的大量海贝、海洋生物、青铜造像和象牙等文化遗物，判定金杖、雕像文化因素来源于西亚、近东文明，是文化交流、传播的产物。[④]至于这种文明现象是如何传入四川盆地的，学者们也有过研究。李绍明先生认为，从三星堆青铜人物的冠式、体质及面部特征看，可分为两种，一种为华南濮越民族系，一种为西北氐羌系，前者的体质具有南蒙古利亚小种族的特征，后者具有北蒙古利亚小种族的特征。[⑤]换言之，这

①赵殿增：《三星堆文化与巴蜀文明》，江苏教育出版社，2005年版，第396页。

②陈显丹：《三星堆文化玉石器研究》，《四川文物》，1992年第A1期。

③彭燕凝：《齐家文化玉器与三星堆文化的关系》，深圳大学学报（人文社会科学版），2008年第4期。

④段渝：《论商代长江上游川西平原青铜文化与华北和世界文明的关系》，《东南文化》，1993年第2期。

⑤李绍明：《巴蜀民族史论集》，四川人民出版社，2004年版，第56页。

种文明现象一部分来自西北地区，一部分来自西南。有学者注意到甘青地区的一些遗址中比较普遍地出现了各类显示权力和威势的标志物，主要是以玉、石类材质制作的各类权杖头，其形状主要为球形和类似于齿轮形两类，而权杖这类不同于中原系统的象征权力和威势的特殊礼仪用具是由中亚一带传入的。[①]传说古蜀国第一代王蚕丛"其目纵"，始兴于"岷山石室之中"，蚕丛的形象与昆仑山正神烛龙"直目正乘"，即"纵目"是一脉相承的，始兴之地的考古文化又与甘青新石器时代文化有前后继承关系。因此，可以较肯定地说，三星堆金杖、雕像的文化因素源于西亚、近东，经过西羌的吸收与传播，进入四川盆地，进而对当地的早期文明产生重要影响。从文化传播的路线来看，近东、中亚文化因子通过四坝文化分布区甘肃河西走廊和卡约文化分布区青海渐次传入邻近的四川是极有可能的。因此，青海道南段也应该初步形成于卡约文化时期。[②]

　　大约在齐家文化、卡约文化时代，自新疆南部至白龙江上游等地，皆为西羌故地，他们不仅是这些区域的主人，也是西亚、中亚文明向东传播的重要中介，西羌掌握的铜器冶炼、玉器制作技术、象征权力的器物等上承西亚、近东文明，经过西羌自西向东、自北向南地传播，将上述文化因素传播至包括四川盆地在内的广大区域。

---

①王辉：《甘青地区新石器—青铜时代考古学文化的谱系与格局》，《考古学研究（九）》（上册），文物出版社，2012 年版，第 226 页；李水城：《文化馈赠与文明的成长》，《庆祝张忠培先生七十岁论文集》，科学出版社，2004 年版，第 16 页。
②张朋川：《从甘肃一带出土文物看丝绸之路形成过程》，《丝绸之路》，1999 年第 A1 期。

　　总之，距今 4 000 年左右，西羌开辟了作为国际通道的河南道，这条道路不仅承担了西羌人群不断南下的功能，也将来自西亚、中亚的文化因素传播至四川盆地。广泛分布于甘、青、新地区的西羌借助西域南道、羌中道与河南道，不仅维系了民族内部不同种落之间的关系，还利用上述国际通道保持了文化上的优势地位。作为国际通道的重要组成部分，河南道的地位与作用超越马家窑文化时期，成为贯通东西文明的重要交通要道。商周时期，西羌因气候变干变冷、北方民族的威逼挤压，一部分南迁至川西北地区，[①]一部分东迁，更多的部族在为争夺大、小榆谷、大允谷等地，展开旷日持久的争战。这一时期，三星堆文明为代表的四川区域文明开始崛起，不仅建立了酋邦形态的王权，[②]在文明发展程度上已远远超过了西北地区。笔者认为三星堆文明崛起后，产于蜀地的特产及其文化因素可能开始借助河南道向西北方向传播，并已抵达中亚，此时河南道的主要走向不再是自北向南的，当是自南向北。

　　综上所述，大约 3 万多年至 1 万年的旧石器及中石器时代晚期，人类在青藏高原进行季节性游猎，他们的足迹已踏上青海道的三大干线；距今约 5 800—4 200 年期间，仰韶文化人群及黄土高原粟作农业人群沿湟水谷地及青海境内黄河谷地自东向西迁徙，进入青海河谷地带；距今约 4 200 年以后，定居于河谷的人群向高海拔地区大规模扩张，一部分人则南下进入川西高原等地。根据人类迁徙活动及其行走路线，结合考古发现及传世文献可知，丝绸之路青海道

---

① 比如，商周时期的密人随战争迁往岷江流域形成黑水羌，参见武沐：《密国、岷人与黑水羌》，引自王希隆主编：《西北少数民族史研究》，民族出版社，2003 年版。

② 段渝：《酋邦与国家起源：长江流域文明起源比较研究》，中华书局，2007 年版，第 260—264 页。

源起于旧石器晚期及中石器时代，马家窑人群西进、南下过程中开辟了湟中道和河南道，大约在 4 000 年后，西羌兴起，成为沟通、促进中古文化交流的重要族群，他们把来自西亚的小麦种植技术、冶金术及昆仑山地区的玉料等传播至中原及西南地区，使丝绸之路青海道真正国际化。

贰 盛衰纪历：丝路青海道的发展演进

西汉前期，西羌掌握着青海道的主导权。随着汉王朝势力进入河湟地区，西羌被迫利用青海道西徙南迁，并联合匈奴对抗汉朝。其时，湟中道是中原王朝开发、经营的主要丝道。吐谷浑时期，特殊的历史条件和经济形态，促使青海道进入兴盛期，成为连通东西的交通枢纽，河南道和羌中道成为吐谷浑维护、经营的主要路线。安史之乱前，青海道的一些功能为河西道所取代，但唐蕃古道的兴起也促进了青海道的发展。回鹘、西夏阻塞河西道后，西域各国经唃厮啰政权辖地与北宋交往，北宋联合唃厮啰政权对抗西夏，这都促使了青海道的又一次兴盛。元明清时期，青海道的国际功能逐步弱化，区域内的交通功能因茶马贸易的繁盛得以进一步发展。清中后期，茶马贸易废弛，回乱频仍，内地市场为西方列强把持，诸种因素导致青海道衰败。

汉代的青海道

汉前期，青海道沿线为羌胡所居，道路凶险，汉武帝曾想借道"蜀身毒道"与大夏国交通。汉中期以来，随着中原王朝势力进入河湟，当地羌族被迫利用青海道或南迁西徙，或与匈奴联合反击汉军。汉王朝通过行政建置、屯田移民，逐步掌握了经营、开发青海道的主动权。

一、汉代史籍中的青海道

先秦时期，中原政权势力未进入青海地区，《尚书·禹贡》所载九州之一的雍州，其地理指涉达青海东北部，属荒服。《后汉书》卷87《西羌传》云："及舜流四凶，徙之三危，河关之西南羌地是也。滨于赐支，至乎河首，绵地千里。赐支者，《禹贡》所谓析支者也。南接蜀、汉徼外蛮夷，西北〔接〕鄯善、车师诸国。所居无常，依随水草。地少五谷，以产牧为业。"在华夏中心观的支配下，青海河曲被想象为"舜流四凶"之所。《后汉书》卷87《西羌传》亦载，无弋爰剑逃入河湟时，当地"少五谷，多禽兽，以射猎为事，爱剑教之田畜，遂见敬信，庐落种人依之者日益众。"这一记载也是华夏族"英雄祖先历史心性"规导而成的有关边疆史的模式化情节之一，是"英雄徙边记"的西部版本。①

汉初，匈奴"破东胡，走月氏，威震百蛮，臣服诸羌"②，西羌为匈奴所挟，时常侵袭汉朝西境。汉武帝时，确立"征伐四夷，开地广境，北却匈奴，西逐诸羌"③的战略，派兵攻击西羌，以断匈奴"右臂"。在这样的时代背景下，青海道沿线的地理条件、民族状况等信息开始进入汉文史籍的视域。

《史记》卷123《大宛列传》载，张骞出使西域时，曾取道湟水流域，经河西走廊时被匈奴俘获，后借机逃脱。从西域归汉时，途经于阗、鄯善，"并南山，欲从羌中归，复为匈奴所得"。④张骞先沿"南山"东行，然后试图借道"羌中"，说明他计划东归的路线中须经过今柴达木盆地，利用商周以来西羌开辟的连接南疆至河湟地区的通道避开匈奴回国。张骞试图行走的路线最有可能是从敦煌南下经当金山口从柴达木北线绕青海湖北岸至湟水流域。归国后，张骞曾详细描述了当时与西域相连接的丝道：

骞曰："臣在大夏时，见邛竹杖、蜀布。问曰：'安得此？'大夏国人曰：'吾贾人往市之身毒。身毒在大夏东南可数千里。其俗土著，大与大夏同，而卑湿暑热云。其人民乘象以战。其国临大水焉。'以骞度之，大夏去汉万二千里，居汉西南。今身毒国又居

---

①王明珂：《英雄祖先与弟兄民族》，中华书局，2009年版，第77—83页。

②《后汉书》卷87《西羌传》，中华书局，1965年版，第2876页。

③《后汉书》卷87《西羌传》，中华书局，1965年版，第2876页。

④《史记》卷123《大宛列传》，中华书局，1959年版，第3159页。

大夏东南数千里，有蜀物，此其去蜀不远矣。今使大夏，从羌中，险，羌人恶之；少北，则为匈奴所得；从蜀宜径，又无寇。"①

从上述文献看，西汉中期，蜀地通往中亚、西亚的丝道有两条：一条是大夏国人描述的西南丝道，这条道从今四川成都出发向西南经西昌、云南姚安、大理、永昌（保山）、腾冲，从缅甸至印度河流域，又称"蜀身毒道"②；另一条即是羌中道，因沿线有西羌活动，张骞认为此条道颇凶险，如果走羌中道北支线，会"为匈奴所得"。如前所述，自西羌将青海道国际化之后，这条通道承载起氐羌民族与中亚、西亚交流、沟通的功能，由于西羌与匈奴的阻隔，中原政权尚无法借助这一通道达到他们的政治、军事目的。因此，张骞建议从蜀地向西南借助"蜀身毒道"与大夏国交通。汉武帝试图借助此道与身毒国建立联系，因滇王"闭昆明"③，未能成功。这条史料说明西南丝道在当时已完全国际化，同时也从另一个侧面反映出汉政权还未控制青海道。当时的青海道所经之地皆为少数民族控制区域，④统治势力还未延及该地，造成区域统治及地理认知上的空白与盲区，是汉政权无法利用青海道直接与西域沟通的主要原因。由此可见，尽管张骞出使西域之前，青海道早已开辟，但对于中原而言，张骞的出使活动及他对西北地区地理通道的认知，的确可以称得上是"凿空"。

①《史记》卷 123《大宛列传》，中华书局，1959 年版，第 3166 页。
②徐作生：《"支那"源于古傣语考——从蜀身毒道诸种因素论梵语 cina 的由来》，《中国文化研究》，1995 年第 1 期。
③《史记》卷 116《西南夷列传》，中华书局，1959 年版，第 2996 页。
④陈良伟：《丝绸之路河南道》，中国社会科学出版社，2002 年版，第 10 页。

汉代史籍对青海道及其周边自然地理状况的认知，也与这一通道原有的一些功能相关。比如，《史记》卷123《大宛列传》云："汉使穷河源，河源出于寘，其山多玉石，采来，天子案古图书，名河所出山曰昆仑云。"[①]中原对"河源"的认知显然与事实不符，但利用这条通道获取玉料的现象则说明当时的中原王朝接续了齐家文化以来的传统，仍视昆仑山北麓及东麓为重要的玉料出产地。《史记·货殖列传》云："天水、陇西、北地、上郡与关中同俗，然西有羌中之利，北有戎翟之畜，畜牧为天下饶。""羌中之利"当不指一般所理解的畜牧产品，而是国际贸易，即陇东南经河湟地区也与西域的贸易往来，[②]说明当时青海道的贸易功能为世人所熟知。汉代史籍还记录武帝以来征伐匈奴、西羌的军事行动，为后世提示出汉代经略青海道的一些历史信息，如霍去病征匈奴的路线、赵充国伐西羌的行军过程，皆被一些学者认为是开辟"羌中道"的起始。[③]

二、西羌与汉代的青海道

两汉时，青海河湟地区羌族种落繁多，有烧当羌、彡姐羌、卑湳羌、累姐羌、罕种羌、湟中羌、义从胡、先零羌、煎巩、黄羝、开（小开、大开）羌、零吾羌等。[④]在中原王朝势力未延及河湟时，西羌处于松散的部落联盟阶段，各种落互不统属，以松散部落联盟的政治形态繁衍生息于青海高原。自汉政权势力进入河湟后，这些羌族部落与

---

①《史记》卷123《大宛列传》，中华书局，1959年版，第3173页。

②苏海洋：《再谈丝绸之路青海道的形成》，《青海民族大学学报》（社会科学版），2012年第4期。

③刘光华：《汉武帝对河西的开发及其意义》，《敦煌学辑刊》，1980年；吴礽骧：《两关以东的"丝绸之路"——兼与鲜肖威同志商榷》，《兰州大学学报》（社会科学版），1980年第4期；初师宾：《丝路羌中道开辟小议》，《西北师院学报》（社会科学版），1982年第2期。

④李健胜、武刚：《早期羌史研究》，人民出版社，2014年版，第114—116页。

汉的关系十分紧张，汉代史籍也多着眼于此，记录了与西羌有关的诸多史实。中原史籍所载西羌历史，集中于《汉书·赵充国传》《后汉书·西羌传》等，皆着眼于持续时间甚久的汉羌争战。汉代史籍所载汉政权经略河湟的历史过程，也是西羌的悲惨史，与之对应的则是汉政权开疆拓土、将才辈出的光荣史。正是在这样的史学书写视角中，西羌利用早已开辟的丝道与西域诸民族交往的历史，西羌在中西文化交流过程中所起的重要作用等，[1]几乎完全被遮蔽。透过这些记载，只能部分地窥见汉政权威逼下西羌利用丝绸之路谋求生存的艰辛与无奈。

《后汉书》卷87《西羌传》记载，居于河西的月氏胡被匈奴击败后，"余种分散，西逾葱领。其羸弱者南入山阻，依诸羌居止。"除阳关西南的月氏人外，还有一部分月氏人徙居于湟水与祁连山之间，称为"湟中月氏胡"。汉武帝后元元年（前88年），先零羌通使匈奴，匈奴使人至小月氏，"传告诸羌曰：'……羌人为汉事苦。张掖、酒泉本我地，地肥美，可共击居之。'"[2]河西四郡设立后，匈奴要想与湟水流域一带的小月氏联系，只能从河西走廊东西端南下。汉昭帝始元六年（前81年）设金城郡，加强了河西走廊东端的防御，匈奴与小月氏及河湟一带的羌人只能通过走廊西端相联系。可见，月氏胡南下河湟，后试图借匈奴势力恢复故地，因而与之取得联系时，皆须通过连接河西与河湟的丝道，因汉政权势力的干预，他们不得已改变了原来的行走路线。

西汉中期以来，在汉政权的进攻、挤压下，一些西羌种落不得

---

①李健胜：《夷夏羌东中西说》，《青藏高原论坛》，2014年第4期。

②《汉书》卷69《赵充国传》，中华书局，1962年版，第2973页。

不西徙南迁，以躲避汉的暴政。其中，卑湳羌南下、迷唐远徙河源即是典型事例。

《后汉书集解》引《说文》云"湳水出西河美稷县故羌人因水为姓"①。卑湳羌曾一度占有大、小榆谷，与先零并称强大。②东汉建初元年（76 年），安夷县吏掠卑湳羌妇，为其夫所杀，安夷县长派兵追捕，引起羌人反抗，陇西太守等派兵镇压，卑湳羌遭重创，余部南迁至岷江上游。③卑湳羌的南下说明河湟羌族借助河南道仍与白龙江、岷江流域发生联系。

汉政权的压迫，使西羌"群种蜂起。遂解仇嫌，结盟诅，招引山豪，转相啸聚，揭木为兵，负柴为械。〔毂〕马扬埃，陆梁于三辅；建号称制，恣睢于北地。东犯赵、魏之郊，南入汉、蜀之鄙，塞湟中，断陇道，烧陵园，剽城市，伤败踵系，羽书日闻"④。其中，滇零羌曾"招集武都、参狼、上郡、西河诸杂种，众遂大盛，东犯赵、魏，南入益州，杀汉中太守董炳，遂寇钞三辅，断陇道"⑤。可见，羌汉战争过程中，西羌民族曾借助河南道"南入汉、蜀之鄙""南入益州"，尽管史籍曾言战国时南下至川西地区的武都羌、广汉羌和越巂羌与河湟羌人"不复交通"⑥，但从上述史料看，河湟等地的羌族是借助了之前开辟的河南道与四川盆地西北缘边地区之间保持着较为紧密的联系。

东汉建初二年(77 年)，烧当羌首领迷吾起兵反汉，与汉军战于大、小榆谷，败降后被护羌校尉张纡毒杀，其子迷唐于永元（89—105 年）

---

① 〔清〕王先谦：《后汉书集解》，中华书局，1984 年版，第 1007 页。

② 冉光荣等：《羌族史》，四川民族出版社，1985 年版，第 59 页。

③ 闻宥：《论所谓南语》，《民族语文》，1981 年第 1 期。

④《后汉书》卷 87《西羌传》，中华书局，1965 年版，第 2899—2900 页。

⑤《后汉书》卷 87《西羌传》，中华书局，1965 年版，第 2886 页。

⑥《后汉书》卷 87《西羌传》，中华书局，1965 年版，第 2876 页。

年间联合诸羌与东汉军队作战，皆以失败告终。迷唐被迫远徙赐支河首（黄河河源一带），最后依发羌而居。迷唐率部众从河湟远徙黄河河源时，当借助了河南道西线及唐蕃古道的一部分路线。

在联合匈奴抗击汉政权过程中，西羌民族还利用青海道进行过一些军事行动。如西汉宣帝元康三年（前63年），"先零遂与诸羌种豪二百余人解仇交质盟诅"，赵充国担心西羌与匈奴联合反汉，匈奴可能会"遣使至羌中，道从沙阴地，出盐泽，过长阬，入穷水塞，南抵属国，与先零相直"。数月后，"羌侯狼何果遣使至匈奴藉兵，欲击鄯善、敦煌以绝汉道。"赵充国认为狼何为小月氏种，居于"阳关西南"，势力弱小，"势不能独造此计"①，这是匈奴使者抵达"羌中"且与先零等诸羌联合反汉的一个征兆。匈奴通过西域狼何羌地，借羌中道北支线沿南山南麓东行，再越过祁连山，经今张掖一带的"沙阴地""盐泽""穷水塞"等地，②与活动于金城、北地、三辅一带的先零羌取得联系，说明匈奴使者是绕过敦煌、酒泉两郡与先零羌取得联系的。

总之，在匈奴与汉政权的双重挤压之下，河湟地区的西羌被迫借助青海道西徙南迁，而他们的迁徙活动则促使了青海道的进一步发展，汉文史籍所载匈奴与西羌关系史料，则多着眼于二者联合反汉。匈奴疆域广大，控制了西域的大部分地区，除与西羌民族进行军事联合外，两族间也应当有商贸往来，作为国际通道的组成部分，当时青海道也发挥着东西文化交流的作用，只是相关情况未见于传世史籍罢了。

---

① 《汉书》卷69《赵充国传》，中华书局，1962年版，第2972–2973页
② 徐万和、王国华：《"沙阴池"、"盐泽"、"穷水塞"考述》，《西北史地》，1998年第1期（"沙阴池"应是"沙阴地"，原发表期刊标题有误）。

三、汉朝对青海道的经营

汉朝通过设置郡县、屯田移民等形式经营青海道,逐步成为这条丝路的主导者。

为抗击匈奴,汉武帝时,"数万人度河筑令居"[①],在河西走廊东端建起隔绝匈奴与西羌联系的桥头堡。汉政权势力深入河西后,"始筑令居以西,初置酒泉郡以通西北国。"[②]经过一系列征伐匈奴的战争后,汉"初开河西,列置四郡,通道玉门,隔绝羌胡,使南北不得交关"[③]。

完成在河西走廊的建置后,汉政权着力建构湟水流域的行政建置和邮驿系统。汉昭帝始元六年(前 81 年)秋七月,"以边塞阔远,取天水、陇西、张掖郡各二县置金城郡。"[④]据《汉书·地理志》,金城郡共辖 13 县,其中新设的允吾县治今青海民和县下川口,破羌县治今青海乐都县老鸦城,安夷县治今青海平安,临羌县治今青海湟源县东南。这四县分布在湟水流域,说明这一地区的大部正式纳入汉的行政体系。

西汉还设护羌校尉和金城属国管理羌务。护羌校尉是管理羌人事务的军政要职,始设于武帝元鼎六年(前 111 年),昭帝和宣帝前期省废,宣帝神爵年间,汉羌矛盾上升,匈羌联系又有反复的可能,所以在神爵二年(前 60 年)复置护羌校尉,成为常设官职[⑤]。同年,赵充国平定西羌,为安置归降羌人,"初置金城属国

---

① 《史记》卷 30《平淮书》,中华书局,1959 年版,第 1439 页。
② 《史记》卷 123《大宛列传》,中华书局,1959 年版,第 3170 页。
③ 《后汉书》卷 87《西羌传》,中华书局,1965 年版,第 2876 页。
④ 《汉书》卷 7《昭帝纪》,中华书局,1962 年版,第 224 页。
⑤ 李正周:《从悬泉简看西汉护羌校尉的两个问题》,《鲁东大学学报》(哲学社会科学版),2009 年第 5 期。

以处降羌。"①

西汉末年，王莽辅政，"欲燿威德，以怀远为名，乃令译讽旨诸羌，使共献西海之地，初开以为郡，筑五县，边海亭燧相望焉。"②西海郡所辖5县的名称及辖区史籍无载，根据考古发现可知，这5县故城：一是今青海海晏县三角城，在青海湖东北侧、湟水南岸。城呈梯形，东西长600—650米，南北宽600米。城有东、西、南、北4门。城内出土了篆刻有"西海郡虎符石匮，始建国元年十月癸卯，工河南郭戎造"铭文的虎符石匮。据学者考证，该城即王莽西海郡城。③二是今青海海晏县甘子河乡的尕海古城。三是今青海刚察县吉尔孟乡北向阳古城。四是今青海共和县曲沟乡的曹多隆古城，该古城现已被龙羊峡水库淹没。五是今青海兴海县河卡乡宁曲村的支东加拉古城。④

东汉"建安中置西平郡"⑤，从临羌县分置西都县（今西宁）以为郡治，辖西都、临羌、安夷、破羌四县，处在湟水下游的允吾县仍属金城郡。

屯田垦殖是汉政权安定边塞的重要举措。据《汉书·食货志》载："南粤反，西羌侵边。天子为山东不澹，赦天下囚，因南方楼船士二十余万人击粤，发三河以西骑击羌，又数万人度河筑令居。初置张掖、酒泉郡，而上郡、朔方、西河、河西开田官，斥塞卒六十万人戍田之。"⑥击败匈奴后，"汉度河自朔方以西至令居，往往通渠置

---

① 《汉书》卷69《赵充国传》，中华书局，1962年版，第2993页。

② 《后汉书》卷87《西羌传》，中华书局，1965年版，第2878页。

③ 安志敏：《青海的古代文化》，《考古》，1959年第7期。

④ 毕艳君、崔永红：《古道驿传》，青海人民出版社，2007年版，第18页。

⑤ （唐）杜佑：《通典》卷174《州郡四·鄯州》，中华书局，1984年版，第922页。

⑥ 《汉书》卷24下《食货志下》，中华书局，1962年版，第1173页。

田官，吏卒五六万人，稍蚕食，地接匈奴以北。"①河湟流域的屯田始自汉宣帝时期，赵充国平定羌乱后，奏请屯田河湟：

臣谨条不出兵留田便宜十二事。步兵九校，吏士万人，留屯以为武备，因田致谷，威德并行，一也。又因排折羌虏，令不得归肥饶之地，贫破其众，以成羌虏相畔之渐，二也。居民得并田作，不失农业，三也。军马一月之食，度支田士一岁，罢骑兵以省大费，四也。至春省甲士卒，循河湟漕谷至临羌，以视羌虏，扬威武，传世折冲之具，五也。以闲暇时下所伐材，缮治邮亭，充入金城，六也。兵出，乘危徼幸，不出，令反畔之虏窜于风寒之地，离霜露疾疫瘃堕之患，坐得必胜之道，七也。亡经阻远追死伤之害，八也。内不损威武之重，外不令虏得乘间之势，九也。又亡惊动河南大开、小开使生它变之忧，十也。治湟峡中道桥，令可至鲜水，以制西域，信威千里，从枕席上过师，十一也。大费既省，徭役豫息，以戒不虞，十二也。②

赵充国认为"屯田得十二便，出兵失十二利"③。"治湟峡中道桥，令可至鲜水，以制西域，信威千里，从枕席上过师"的主张，显然是认识到利用青海境内的丝道控制湟水上游及其以远地区的战略价值。

汉和帝永元年间，汉朝在河湟的开疆拓土达到顶峰，屯田规模达到 34 部，按每部 800 人计，当时屯田的士卒达 2 7000 人以上，加上一些地方官及军屯士卒家属，当时屯田人口达 30 000 人

---

① 《汉书》卷 94 上《匈奴传上》，中华书局，1962 年版，第 3770 页。
② 《汉书》卷 69《赵充国传》，中华书局，1962 年版，第 2987—2988 页。
③ 《汉书》卷 69《赵充国传》，中华书局，1962 年版，第 2988 页。

以上。①东汉垦荒屯田的区域包括湟水中下游，黄河流域的东、西邯地区，共和盆地缘边地区等，这些地区皆是青海道各干线的必经之地。东汉屯田的目的在于"隔塞羌胡交关之路，遏绝狂狡窥欲之源。又殖谷富边，省委输之役，国家可以无西方之忧"②。由此可见，在丝路沿线屯田具有争夺经营这些线路主导权的意味。

在西羌故地屯田自然会引起羌人的反感与抵抗。汉顺帝永建年间，"两河间羌以屯田近之，恐必见图，乃解仇诅盟，各自儆备。续欲先示恩信，乃上移屯田还湟中，羌意乃安。"③东汉主动从"两河间"撤屯田，意在平抚西羌，同时也说明当地西羌经营丝路青海道的主导权失而复得。阳嘉元年（132年），"以湟中地广，更增置屯田五部，并为十部。"④汉政权又恢复了对河湟部分地区的统治，但是规模不及和帝时期。不过，屯田"湟中"使东汉政权又取得了对湟中道的控制权。

汉朝以屯田经营边疆过程中，大量汉族移民徙入河湟，这些人主要由屯垦士卒及其家属、弛刑徒及犯禁之人构成。屯田士卒是军屯的主要劳动力，弛刑徒及犯禁之人也归入军屯进行管理。元鼎五年（前112年），汉武帝遣将军李息、郎中令徐自为率兵十万人攻击先零，"羌乃去湟中，依西海、盐池左右。汉遂因山为塞，河西地空，稍徙人以实之。"⑤这是汉政权移民河湟的开端。《汉书》卷12《平帝纪》、《汉书》卷99《王莽传》记载，汉末设西海郡后，大规模"徙

---

①李健胜等：《国家、移民与地方社会：河湟汉族研究》，人民出版社，2015年，第19页。

②《后汉书》卷87《西羌传》，中华书局，1965年版，第2885页。

③《后汉书》卷87《西羌传》，中华书局，1965年版，第2894页。

④《后汉书》卷87《西羌传》，中华书局，1965年版，第2894页。

⑤《后汉书》卷87《西羌传》，中华书局，1965年版，第2877页

天下犯禁者处之"，为充实人口，王莽不惜扩大"犯禁"的范围，"又增法五十条，犯者徙之西海。徙者以千万数，民始怨矣。"迷唐远徙河源后，护羌校尉邓训"遂罢屯兵，各令归郡。唯置弛刑徒二千余人，分以屯田，为贫人耕种，修理城郭坞壁而已。"①汉政府往往给予"赐田宅什器，假与犁、牛、种、食"②的优惠，鼓励移民徙往青海道沿线屯田。

考古工作者在青海都兰香日德发现了两处坞堡，被当地人称为"南坞堡""北坞堡"。崔永红先生认为香日德坞堡很可能始建于王莽当权的西汉末年，它们或许是《后汉书·西羌传》所言"边海亭燧相望焉"的"边海亭燧"的组成部分。如果此说成立，香日德坞堡不仅填补了汉代在柴达木盆地重要实物证据的空白，而且将汉族人成批迁居柴达木盆地腹地的历史，由过去熟知的始于在吐谷浑故地设郡县的隋炀帝时期，又向前提了几百年，换言之，早在西汉末年，汉族移民定居垦殖于羌中道沿线。③

汉族移民徙居河湟过程中，青海道成为中原文明向青海地区传播的大动脉。1980年，考古工作者在青海共和曲沟乡曹多隆古城发现了一件V型铁铧，其形制与战国以来中原地区常见的铁铧基本相同。20世纪70年代，青海大通上孙家寨东汉墓葬M3∶28中出土V字形铁铧，叶刃长22.8厘米、后端宽28.2厘米。④上述考古发现说明，最晚至新莽时期牛耕铁犁技术已推广至青海地区。孙家寨汉墓出土的中原文明遗存甚多，相关情况笔者拟在第四章中详述。

---

① 《后汉书》卷16《邓训传》，中华书局，1965年版，第611页。
② 《汉书》卷12《平帝纪》，中华书局，1962版，第353页。
③ 崔永红：《都兰香日德坞堡始建年代浅议》，《青海民族研究》，2013年第4期。
④ 青海省文物考古研究所：《上孙家寨汉晋墓》，文物出版社，1993年版，第155页。

总之，汉朝在青海道部分沿线地区设置郡县、移民、筑塞、屯田的活动可看作是经营青海道的开始，[①]正是这些行动，使青海道的开发、经营主导权逐步从当地世居少数民族转移至中央王朝手中，尽管这一过程有反复，但汉朝对青海道的经营在该丝道历史演进过程中具有转折性意义。

---

①初师宾：《丝路羌中道开辟小议》，《西北师院学报》（社会科学版），1982年第2期。

吐谷浑时期青海道的兴盛

吐谷浑为辽东慕容鲜卑慕容廆之庶长兄，公元四世纪初，"其父涉归分部落一千七百家以隶之。及涉归卒，廆嗣位，而二部马斗，廆怒曰：'先公分建有别，奈何不相远离，而令马斗！'吐谷浑曰：'马为畜耳，斗其常性，何怒于人！乖别甚易，当去汝于万里之外矣。'于是遂行。"①慕容廆追悔莫及，作《阿干之歌》遥寄思念。吐谷浑率部西迁至今内蒙古阴山一带，西晋永嘉之乱时，"始度陇，止于甘松之南，洮水之西，南极白兰，地数千里。"②。吐谷浑、吐延时，自号为王，叶延建政，以其祖父名为姓氏、国号和部族名。南朝宋、齐、梁时，吐谷浑统治区域在黄河之南，被封为"河南王"，故称"河

①《晋书》卷97《四夷·吐谷浑传》，中华书局，1974年版，第2537页。
②《旧唐书》卷198《吐谷浑传》，中华书局，1975年版，第5297页。

南"或"河南国"。^①

一、吐谷浑时期青海道兴盛原因探析

西汉中期以来，丝绸之路河西道很大程度上抑制了青海道的发展，使之在很长时间段内仅作为辅路使用。吐谷浑时期，青海道勃兴，究其缘由，可分为以下两大方面：

首先，"五胡乱华"、南北分裂的政治局面，为青海道的兴起提供了难得的历史机遇。

汉末，天下大乱，匈奴、鲜卑、羯、氐、羌等民族纷纷内迁，他们或建立割据政权称霸一隅，或入主中原建立统一王朝。在这样的时代背景下，原本由中原政权把控的河西道沿线成为地方政权争夺的对象。三国时期，因曹魏政权控制了河西，蜀汉与西域胡侯间可能经道青海相互联系。^②吐谷浑时期，其北部的河西走廊及周边区域先后出现前凉、前秦、后凉、西秦、南凉、北凉等政权，他们隔断了中原王朝与西域的联系，迫使中原政权和西域诸国寻找别的丝路通道相互联系。

东晋十六国时期，偏踞西北的前凉张氏政权，以姑臧（凉州）为中心，控制了河西、陇右。前凉东拒强邦，多次击败刘曜、石虎的进攻；西扩其土，在西域设高昌郡，一度成为河西丝路的主宰。为了直接与东晋来往，前凉花费四十多年时间打通从河南道南下益州再利用长江水道至建康的通道。^③前秦灭前凉等政权后，统一了北方，但淝水之战后，前秦崩溃，氐族吕光建立的后凉政权控制了河

①《梁书·诸夷传》记载："其地则张掖之南，陇西之西，在河之南，故以为号。""至其末孙阿豺，始受中国官爵。弟子慕延，宋元嘉末又自号河南王。"见《梁书》卷54《诸夷·河南传》，中华书局，1973年版，第810页。

②吴焯：《古代青海交通西域的路线及其历史沿革》，《西域研究》，1992年第2期。

③陈良伟：《丝绸之路河南道》，中国社会科学出版社，2002年版，第39—46页。

西、西域及湟水流域。吕隆执政时，遭后秦、南凉、北凉的交相逼攻，最后为后秦所灭。由秃发鲜卑建立的南凉政权和由卢水胡人建立的北凉政权之间也征战不断。以酒泉为中心兴起的李氏西凉政权和以陇西为中心的鲜卑西秦政权也加入河西走廊及缘边地区的争夺战。总之，十六国时期，河西及周边地区先后有"五凉"及后秦、前秦、西秦等政权，他们彼此仇视，征战不断，河西丝道因此被堵塞、中断。这些政权不想坐视吐谷浑壮大，时常攻占吐谷浑国土，吐谷浑或称臣纳贡，或与之争战，在夹缝中求生存。其中，与吐谷浑关系密切的西秦，数次征伐吐谷浑，抑制了吐谷浑的北扩，使得吐谷浑统治中心从东向西移动，在甘青丝道相连区域，扩充其实力。为取得南朝诸政权支持，吐谷浑继承了前凉利用青海道与南方政权保持联系的作法，以获取正统王朝封授的传统，打通了青海牧区至益州的丝道。西秦灭亡后，吐谷浑趁机壮大，"地兼鄯善、且末"[1]，连通了青海道和西域丝道，"蠕蠕、嚈哒、吐谷浑所以交通者，皆路由高昌，掎角相接。"[2]

北魏统一北方后，隔绝了柔然与南朝的联系，也堵塞了南朝通往西域的丝道，南朝只能经益州、吐谷浑向西、向北与西域、柔然等联系，吐谷浑国内丝道的重要性进一步凸显出来。北魏分裂后，西魏踞河西，南朝与西域的联系也须借助青海道，吐谷浑绕道西域经柔然与东魏相交。北齐、北周对峙时期，青海道的作用也较突出。隋前期，河西走廊复又畅通，青海道的地位迅速下降，隋末，青海道复又兴起。唐代前中期，唐蕃古道的兴盛，也带动了青海道的发

---

① 《隋书》卷 83《西域·吐谷浑传》，中华书局，1973 年版，第 1842 页。
② 《魏书》卷 103《高车传》，中华书局，1974 年版，第 2311 页。

展。①这都说明特殊的历史条件是青海道兴起的根本原因。

其次，游牧经济倚重商业贸易、吐谷浑以国际商贸立国等因素是吐谷浑时期青海道兴起的重要原因。

原始人类在狩猎过程中，对野生种群数量分布较多的动物习性开始有了一定的认识，并把捕获的一些野生动物以圈禁的形式进行驯化。由于这些动物的野生性状难以在短期内得以驯服，不可能很早就进行放牧活动，与之相较，植物的栽培相对容易，故游牧业的产生一般都晚于原始农业，在青海地区，游牧业出现于距今 3 700 多年的卡约文化时期，而距今 5 500 年左右，湟水下游已接触到来自华北的粟作农业。②游牧业无法像农业那样自给自足，它必须与邻近的农区、商贸城镇之间进行频繁的商业交易，以换取必须的生产、生活资料，这就决定了游牧业的经济特性更倚重商业贸易。③

在其民族起源之地，鲜卑人多从事游牧业。辽东慕容鲜卑南下辽河流域后，一部分人开始从事农业生产，从吐谷浑与慕容廆争夺牧场的记载看，当时吐谷浑部没有放弃游牧而定居，这也是他们远徙西北的一个原因。吐谷浑徙至湿川地区后，仍以游牧为业，除本民族的习惯使然外，这一地区世居民族西羌也长期"以畜产为命"④。吐谷浑所辖"地常风寒，人行平沙中，沙砾飞起，行迹皆灭。肥地则有雀鼠同穴，生黄紫花；瘦地辄有鄣气，使人断气，牛马得之，疲汗不能行"⑤。高寒的地理、气候条件也决定了吐谷浑人只能以游

---

①周伟洲：《吐谷浑史》，宁夏人民出版社，1985 年版，第 136—140 页。

②李健胜：《从考古资料看青藏高原原始农业畜牧业的发展历程》，《农业考古》，2012 年第 4 期。

③崔永红：《青海经济史（古代卷）》，青海人民出版社，1998 年版，第 32—33 页。

④《汉书》卷 69《赵充国传》，中华书局，1962 年版，第 2977 页。

⑤《南齐书》卷 59《河南传》，中华书局，1972 年版，第 1026 页。

牧为业，他们"有城郭而不居，随逐水草，庐帐为屋，以肉酪为粮"①，这都是适应草原环境的结果。②

由此可见，吐谷浑是一个以游牧业为经济基础的国家，它必须与周边地区特别是中原地区进行频繁的商业交易，以获取生存、社会发展的必要物质资源，这也就决定了它势必与内地其他政权保持密切交往，也势必重视与西域诸国间的商贸往来，这是我国古代民族关系史的基本特征。③

吐谷浑的财政收入主要依靠向商人征税，史称"国无常赋，须则税富室商人以充用焉"④。正唯如此，吐谷浑统治阶层也十分重视商业贸易，通过在丝道沿线架桥、修建城郭等形式，苦心经营这条丝道，以获取商业利益，维持国家发展。

吐谷浑曾在黄河上修建河厉桥和大母桥。《水经注》引段国《沙州记》："吐谷浑于河上作桥，谓之河厉。长百五十步，两岸累石作基陛，节节相次，大木从横更，镇压两边俱平，相去三丈，并大材以板横次之，施钩栏甚严饰。桥在清水川东也。"河厉桥修建于何处，学术界有争论，一般认为此桥架于今龙羊峡附近的黄河上。该桥无墩柱，系木材纵横相间叠起，层层向河中挑出，中间相握而成，故称之为"握桥"。桥的修建为黄河南边商团北上去西域、柔然等提供了便利。大母桥修建于浇河上游，即今贵南、兴海交界处尕毛羊曲的黄河之上，这座桥也是连通河南道和羌中道的重要桥梁。吐谷浑在青海道

---

①《晋书》卷97《四夷·吐谷浑传》，中华书局，1974年版，第2537页。
②陈东：《3~6世纪胡人入据岷江上游及对"岷江道"的开拓》，《贵州民族研究》，2007年第5期。
③周伟洲：《吐谷浑史》，宁夏人民出版社，1985年版，第31页。
④《魏书》卷101《吐谷浑传》，中华书局，1974年版，第2240页。

沿线修建了数个城郭，或作为政治中心，或以城池维护丝道，曼头城、伏俟城、树敦城、吐谷浑城等，[①]皆有连通、维护青海道的功能。

正是在吐谷浑的维护、经营下，青海道发挥着连接南北东西的重要功能。滑国等西域商人"待河南人译然后"[②]与南北朝通使、贸易；东南方向，吐谷浑"与益州邻，常通商贾，民慕其利，多往从之"[③]；吐谷浑与北方政权"徒以商译往来，故礼同北面"[④]；在北方，"芮芮常由河南道而抵益州"[⑤]。正如周伟洲先生所言："由于吐谷浑在中西交通所占的重要地位，致使其国内实行的政策和采取的措施，往往是从维持和发展中西交通的目的出发的。如吐谷浑的国都最后迁至青海西十五里的伏俟城，于鄯善置兵戍守；采取与北朝、南朝各政权保持名义上的臣属关系，接受封号，不断朝贡；统治阶级信奉佛教；抽取富室、商人赋税等等。这些政策和措施无一不与其加强和发挥在中西交通上的作用有关。"[⑥]

综上而观，特殊历史时期的政治形势，使原本寂寞无闻的青海地区成为连通东西的交通中心，吐谷浑因游牧重商业的社会经济状况促使其利用青海道发展商业贸易，这两大因素合在一起促成了吐谷浑时期青海道的兴盛。

二、吐谷浑维护、经营青海道的历史过程

吐谷浑的发展史实际上就是一部维护、经营青海道的历史，其统治重心的移动反映出维护、经营青海道重心的变化，这一点

---

① 周伟洲：《吐谷浑史》，宁夏人民出版社，1985 年版，第 112—115 页。
② 《梁书》卷 54《诸夷·河南传》，中华书局，1973 年版，第 812 页。
③ 《梁书》卷 54《诸夷·河南传》，中华书局，1973 年版，第 810 页。
④ 《宋书》卷 96《鲜卑吐谷浑传》，中华书局，1974 年版，第 2373 页。
⑤ 《南齐书》卷 59《河南条》，中华书局，1972 年版，第 1025 页。
⑥ 周伟洲：《吐谷浑史》，宁夏人民出版社，1985 年版，第 141 页。

可从西秦、大夏、北魏、刘宋等政权给吐谷浑的封号中窥得一二，这些封号皆为实封，[1]反映出吐谷浑统治重心的变化，从一个侧面印证了吐谷浑发展、兴盛、衰亡的历史进程与青海道的兴衰息息相关。

（一）前期的经营

吐谷浑率部众从阴山南迁陇西后，又徙至枹罕（今甘肃临夏）。《水经注》引阚骃《十三州志》云："广大坂至枹罕西北，罕开在焉，昔慕容吐谷浑自燕历阴山西驰，而创居此。"说明吐谷浑曾在罕开一带驻牧。

枹罕的地理位置十分重要，是西北向进入湟水流域、西向进入青海黄河谷地、西南向进入河曲地区、南向进入岷江流域的门户。吐谷浑以枹罕为跳板，沿上述区域内的丝道向东南、西北方向扩张，其国土"南界昂城、龙涸，从洮水西南极白兰数千里中"[2]。"昂城"即今四川阿坝、"龙涸"为今四川松潘，皆在岷江上游，是西蜀丝道北端的重要连接点。"白兰"指何处，学界有争议，李文实先生认为，白兰"故地就在今果洛地区，……颉刚先生说白兰当西倾山之西，指的正是今果洛地区"[3]。《青海通史》作者从此说，认为吐谷浑的西界至扎陵湖、鄂陵湖为中心的黄河源区。[4]也有学者认为，"白兰国址，在柴达木盆地东南部山区一带的说法是可信的。……所谓白兰，当指巴隆一带布尔汗布达山麓的一个较大的部落国而言，所谓'白兰山'，可能系指布龙山而言"[5]。周伟洲先生也认为，"史籍所记十六国南北朝、隋时的'白兰'，基本上是指吐谷浑统治下的白兰，

① 周伟洲：《吐谷浑史》，宁夏人民出版社，1985年版，第33页。
② 《魏书》卷101《吐谷浑传》，中华书局，1974年版，第2234页。
③ 李文实：《白兰国址再考》，《青海社会科学》，1984年第1期。
④ 崔永红等：《青海通史》，青海人民出版社，1999年版，第114—115页。
⑤ 聪喆：《白兰国址辨》，《青海社会科学》，1982年第2期。

其地在今青海湖西南柴达木盆地南沿。"[1]笔者从"白兰"为柴达木盆地南沿一带之说，这里是吐谷浑的重要活动区域，考古发现也证实了这一点，相关情况拟在第四章中详述。

从吐谷浑早期的领土四至看，这支鲜卑部族控制了川西北、甘南、青海黄南、海南及柴达木盆地南沿的广大西羌，国土从东南向西北延伸，恰好与河南道向西北和羌中道相连接的路线相一致，这一领土分布既是与前凉、前秦竞争、对峙的结果，也透露出吐谷浑以维护、经营丝路青海道为立国之本的历史信息。

吐谷浑吐延时期，经营青海道的主要方式当是镇压、降服沿线西羌。作为青海道的主人，西羌经营湟中道的主导权曾被汉王朝夺取，迫使他们西徙南迁，从而形成从柴达木盆地向东南至河曲，再向东南至洮河流域的民族分布带。吐谷浑未进入这一地区之前，西羌尚能维持对羌中道、河南道的经营主导权。然而，自古以来西羌一直处于不相统属的部落时代，在以亲属血统关系为纽带的"分枝性社会结构"中，大大小小的层级性羌人部落之间一直保持着松散的统属关系，没有形成真正的国家组织，这种情况一直持续到东汉甚至更晚。[2]至吐谷浑时，西羌仍没有建立国家体制，面对新的入侵者，他们激于家破人亡的仇恨而发难吐谷浑上层，吐延就是"为昂城羌酋姜聪所刺"[3]，但最终只能沦为一个外来民族政权的被统治者。由此可见，未能建立国家是西羌衰亡的主因，而吐谷浑之所以能够降服众羌、夺取丝道经营权是因为拥有相对稳定的国家体制。

---

① 周伟洲、黄颢：《白兰考》，《青海民族学院学报》（社会科学版），1983年第2期。
② 王明珂：《游牧者的抉择》，广西师范大学出版社，2008年版，第179—191页。
③ 《魏书》卷101《吐谷浑传》，中华书局，1974年版，第2234页。

晋咸和四年（329年），吐谷浑之孙叶延即位，正式建立吐谷浑国。其时，前凉据有河西、陇右，后赵统治中原和关中，皆对吐谷浑构成威胁，张骏趁石勒杀刘曜、长安大乱之机，"复收河南地，至于狄道，置武卫、石门、候和、漒川、甘松五屯护军，与勒分境。"①原属吐谷浑的漒川、甘松等领地被前凉夺去。叶延死后，碎奚嗣立。其时，氐族苻氏建立前秦，于公元370年灭前燕，擒仇池（今甘肃西和县南）氐王杨纂，前凉张天锡降而称藩，吐谷浑"惧而遣使送马五千匹、金银五百斤。坚拜奚安远将军、漒川侯"②。前秦封碎奚为"漒川侯"，这是吐谷浑与北方政权发生关系的开始，说明吐谷浑又从前凉手中夺回了漒川。漒川位于今甘肃南部西倾山东北、洮水中上游及白龙江上游一带，大概包括今甘肃甘南和青海黄南等地，这里是西蜀丝道和河南道的连接处，吐谷浑据有此地，意味着既可西北向至白兰，又可南下至龙涸，控制了向西北和东南两个方向延伸的丝路。

视连统治吐谷浑国时，曾一度统一北方的前秦政权崩解，从西域班师东归的前秦大将吕光杀梁熙自领凉州刺史、护羌校尉，割据姑臧为王，建立后凉。"所统郡县，大略兼张氏所析之五州。而凉州外，不闻别建州号"③。后凉的西平郡建置因袭前秦，后"改西平为西河郡"④，隶属于凉州，领"西都、临羌、长宁、安夷"⑤四县。后凉

---

① 《晋书》卷86《张骏传》，中华书局，1974年版，第2238页。
② 《晋书》卷113《苻坚载记上》，中华书局，1974版，第2894页。
③ （清）洪亮吉：《十六国疆域志》卷10《后凉》，中华书局，1985年，第341页。
④ （唐）李吉甫撰，贺次君点校：《元和郡县图志》卷39《陇右道上·鄯州》，中华书局，1983年，第991页。
⑤ （清）洪亮吉：《十六国疆域志》卷10《后凉》，中华书局，1985年，第344页。

还置湟河郡（治今青海循化西）、晋兴郡（治今甘肃临夏附近），在河曲一带的浇河郡也为"后凉置"①，说明后凉占据了今青海贵德一带，对吐谷浑维护、经营这一带的丝道构成重大威胁。东晋太元九年（385年），乞伏鲜卑建立西秦政权，这个政权对吐谷浑的威胁更大，据《晋书·乞伏国仁载记》，西秦设十二郡，其中漒川、甘松二郡为吐谷浑早期的大本营。东晋太元十四年（390年），视连向西秦"遣使贡方物"②，乾归还曾拜视连长子视罴为"白兰王"③。从封号看，吐谷浑的统治中心从漒川地区向西北方向移动至"沙州"一带。《水经注》卷2云："河水右迳沙州北。段国曰：浇河西南百七十里有黄沙。沙，南北百二十里，东西七十里。西极大杨川，望黄沙，犹若人委乾糒于地，都不生草木，荡然黄沙，周回数百里，沙州于是取号焉。"据此可知，"沙州"位于今青海贵南茫拉河流域。在后凉、西秦的威逼下，吐谷浑的统治中心向西北方向收缩，这导致从漒川地区经浇河向白兰的丝道中断，吐谷浑只能从沙州一带北上越黄河经今共和、兴海一带的草原、沙地前往白兰，架在黄河之上的大母桥等连通丝道的重要设施可能也修筑于这一时期。

视罴继位后，不受西秦册封，被击败后不得已向西秦称臣。东晋隆安四年（400年），视罴卒，其弟乌纥堤继位，当时建政于湟水的南凉政权从后凉吕光手中夺取乐都、湟河、浇河三郡，"岭南羌胡数万落皆附之。光将杨轨、王乞基率户数千来奔。"④东晋义熙元年（405年），复国后的乞伏乾归大败乌纥堤，视罴之子树洛干"率所

---

① （清）杨守敬撰：《隋书地理志考证附补遗》，《二十五史补编》第4册，开明书店民国二十五年版，第4727页。

② 《晋书》卷125《乞伏乾归载记》，中华书局，1974年版，第3116页。

③ 《晋书》卷97《四夷·吐谷浑传》，中华书局，1974年版，第2541页。

④ 《晋书》卷126《秃发乌孤载记》，中华书局，1974年版，第3142页。

部数千家奔归莫何川"①。"莫何川"即今青海贵南穆格滩,位于青海贵南县的黄河以南,西至龙羊峡库区,东与茫什铎草滩相连,北至沙沟河岸,南至茫拉河。②树洛干"自称大都督、车骑大将军、大单于、吐谷浑王。化行所部,众庶乐业,号为戊寅可汗,沙漒杂种莫不归附"③。吐谷浑与南凉争夺浇河,南凉太子武台"为洛干所败"④。东晋义熙九年(413年),西秦讨"树洛干于浇河,大破之"⑤,这说明吐谷浑已夺取浇河一带。树洛干死后,阿豺继位,他趁西秦、北凉征战之机,夺回漒川,向南拓至龙涸、平康。阿豺还与刘宋政权交好,"遣使通宋,献其方物。宋少帝封为浇河公。"⑥

阿豺被封"浇河公",意味着今贵德、化隆一带为吐谷浑势力范围,阿豺又夺回漒川,向南拓至龙涸,这使得原本丢失的丝道及其沿线区域重又回到吐谷浑手中,阿豺还和刘宋政权交好,这又为南朝经吐谷浑前往西域等地奠定了政治基础,可见,阿豺统治时期是吐谷浑维护、经营青海道的一个关键时期。

从吐谷浑、吐延时期自称为王,叶延建政,到阿豺被封"浇河公",吐谷浑的统治重心从漒川一带向西延伸至沙州、浇河,且在不同时期,从东南向西北来回移动,这一现象固然与当时的政治形势相关,但从客观上促进了吐谷浑对青海道的开发、利用。换言之,正是利用了白兰、沙州至漒川、龙涸之间的丝道,吐谷浑才能在强国林立的时代获得夹缝中求生存的机遇,也正是吐谷浑维护、经营了这条丝道,

---

① 《晋书》卷97《四夷·吐谷浑传》,中华书局,1974年版,第2541页。
② 杨峰节:《青海穆格滩与沙州吐谷浑探微》,《攀登》,2006年第5期。
③ 《晋书》卷97《四夷·吐谷浑传》,中华书局,1974年版,第2541页。
④ 《晋书》卷126《秃发傉檀载记》,中华书局,1974年版,3154页。
⑤ 《晋书》卷125《乞伏炽磐载记》,中华书局,1974年版,第3123页。
⑥ 《北史》卷96《吐谷浑传》,中华书局,1974年版,第3180页。

才能在诸国争雄的时代逐步壮大。

（二）中期的经营

南朝刘宋元嘉三年（426年），慕璝嗣位。其时，西秦、大夏衰亡，"慕璝招集秦凉亡业之人及羌戎杂夷众至五六百落，南通蜀汉，北交凉州、赫连，部众转盛。"慕璝因送赫连定入平城有功，北魏封慕璝为"西秦王"①。慕璝遣司马赵叙向刘宋朝献，刘宋"加其使持节、散骑常侍、都督西秦河沙三州诸军事、征西大将军、西秦河二州刺史、领护羌校尉，进爵陇西王"②。吐谷浑开始与南北两朝的双边外交，兼收南北之利。③

"西秦王""陇西王"的封号说明，当时吐谷浑几乎兼并了西秦领地，拥有沙州全部，河州、秦州大部及凉州的一小部分。自此，吐谷浑进入兴盛阶段，成为当时举足轻重的强国。

南朝刘宋元嘉十三年（436年），慕利延立，次年，北魏遣使改封慕利延为"西平王"④，说明吐谷浑的势力已扩展到湟水中上游一带。南朝刘宋元嘉十六年（439年），封慕利延为"河南王"，自此，其疆域四至"东至叠川，西邻于阗，北接高昌，东北通秦岭，方千余里"⑤，河南道、羌中道及部分湟中道皆由吐谷浑掌控，真正进入鼎盛阶段。同年，北魏太武帝"征凉州，慕利延惧，遂率其部人西遁沙漠。世祖以慕利延兄有禽赫连定之功，遣使宣喻之，乃还。后慕利延遣使表谢，书奏，乃下诏褒奖之"⑥。南朝刘宋元嘉二十一年

---

①《魏书》卷101《吐谷浑传》，中华书局，1974年版，第2235页。

②《宋书》卷96《鲜卑吐谷浑传》，中华书局，1974年版，2372页。

③姚崇新：《吐谷浑佛教论考》，《敦煌研究》，2001年第1期。

④《魏书》卷101《吐谷浑传》，中华书局，1974年版，第2237页。

⑤《梁书》卷54《诸夷·西北诸戎传》，中华书局，1973年版，第810页。

⑥《魏书》卷101《吐谷浑传》，中华书局，1974年版，第2237页。

（444年），吐谷浑内部出现纷争，"慕利延兄子纬代惧慕利延害己，与使者谋欲归国，慕利延觉而杀之。纬代弟叱力延等八人逃归京师，请兵讨慕利延。"为报复吐谷浑向刘宋遣使称臣，北魏拜叱力延归义王，诏晋王伏罗率诸将讨伐，"军至大母桥，慕利延兄子拾寅走河西，伏罗遣将追击之，斩首五千余级。慕利延走白兰。慕利延从弟伏念、长史鸦鸠黎、部大崇娥等率众一万三千落归降。"①慕利延的牙帐仍在沙州一带，北魏大军至大母桥后，他率部北却白兰，说明当时过大母桥向西北至白兰的丝道完全是由吐谷浑掌握的。

南朝刘宋元嘉二十二年（445年），北魏试图灭掉吐谷浑。"遣征西将军、高凉王那等讨之于白兰，慕利延遂入于阗国，杀其王，死者数万人。"②此战，北魏一时灭了吐谷浑。次年，慕利延从于阗回故土复国，但枹罕为北魏所并。失去枹罕后，吐谷浑不得不变更原来的丝道路线，由原先经行枹罕东南至清水河的道路，改为经今甘肃夏河县八角城、斯柔城，从隆务河流域北上的路线。③

当时，从羌中道至西域的通道至少有三条：一是由伏俟城经白兰，西北至小柴旦、大柴旦，到今甘肃敦煌，出阳关至鄯善并入西域南道；二是由伏俟城经白兰至今青海格尔木，西北经孖斯库勒湖，越阿尔金山至西域鄯善，慕利延西遁于阗走的就是这条路；三是由伏俟城经白兰、格尔木，西南至布伦台，溯今楚拉克阿干河谷入新疆，西越阿尔金山，至且末，与前两条路线相合。④尽管受到北魏攻击，但青海道的真正兴盛，"始于吐谷浑慕利延在位的后期，即公元五世纪

①《魏书》卷101《吐谷浑传》，中华书局，1974年版，第2237页。
②《魏书》卷101《吐谷浑传》，中华书局，1974年版，第2237页。
③陈良伟：《丝绸之路河南道》，中国社会科学出版社，2002年版，第145页。
④周伟洲：《吐谷浑史》，宁夏人民出版社，1985年版，第135—136页。

四十年代前后"，①得益于青海道的贯通和经营主导权的稳固，慕利延才能在北魏的攻击下仍保持强大。

南朝刘宋元嘉二十九年（452年），"慕利延死，树洛干子拾寅立，始邑于伏罗川，其居止出入窃拟王者。拾寅奉修贡职，受朝廷正朔，又受刘义隆封爵，号河南王。世祖遣使拜为镇西大将军、沙州刺史、西平王。"②从刘宋授予的封号看，拾寅时期的吐谷浑仍控制着大部分青海道。伏罗川在何处，学界也有不同看法，一说在共和县曲沟和曼头城构成的三角地带，一说在今贵德西顿曲上游塔卡尔川，一说在今都兰县巴隆乡铁奎一带。③综合各说，巴隆铁奎一带的说法可信。巴隆在今都兰香日德西，是沿羌中道南线通向今格尔木地区的必经之地，拾寅居邑于此，说明拾寅时期吐谷浑对羌中道的经营进一步深化。

拾寅自恃险远，对北魏颇不恭命，除攻扰北魏边境外，还通使于刘宋。南朝刘宋大明四年（460年），北魏伐吐谷浑，主要目的是掠夺吐谷浑的牲畜和财物，"拾寅走南山，诸军济河追之……获驼马二十余万。"④次年，吐谷浑向刘宋"献善舞马，四角羊"⑤。北魏对此举甚为反感，派军攻打吐谷浑。南朝刘宋泰始六年（470年），北魏又伐吐谷浑，拾寅战败上表，"辞旨恳切，显祖许之。"⑥北魏重视吐谷浑的作用是从孝文帝即位开始的，⑦这一时期，吐谷浑遣使北

---

① 周伟洲：《吐谷浑史》，宁夏人民出版社，1985年版，第135页。

② 《魏书》卷101《吐谷浑传》，中华书局，1974年版，第2237页。

③ 毛文炳、程起骏：《伏罗川吐谷浑古国寻觅录》，《柴达木开发研究》，1989年第5期。

④ 《魏书》卷101《吐谷浑传》，中华书局，1974年版，第2238页。

⑤ 《宋书》卷96《鲜卑吐谷浑传》，中华书局，1974年版，第2373页。

⑥ 《魏书》卷101《吐谷浑传》，中华书局，1974年版，第2238页。

⑦ 胡小鹏：《吐谷浑与南北朝关系述论》，《社会科学》，1990年第4期。

魏的次数明显增多，两国的战争因而减少，这为吐谷浑的安定与发展提供了难得的机遇。

南朝萧齐永明八年（490 年），伏连筹嗣位，他"内修职贡，外并戎狄，塞表之中，号为强富"。他执政期间，鄯善、且末一带为"吐谷浑所吞"①。西蜀南道北端、几乎整个青海道及西域南道皆在吐谷浑境内，这为南朝与西域的商贸往来提供了前所未有的便利，吐谷浑也借丝路的兴盛获得巨大利益。大约在此时，吐谷浑形成了四个"大戍"，"一在清水川，一在赤水，一在浇河，一在吐屈真川，皆子弟所治。"②这四个"大戍"分别位于今青海循化清水河、共和曲沟、贵德南及乌兰茶卡盐池一带，自东向西正好分布在河南道东线至羌中道东端的沿线上，这种设置不仅意在确保吐谷浑在上述地区的行政力量，同时也有维护青海道畅通的战略考量。

伏连筹死后，夸吕嗣位，他自号为可汗，"居伏俟城，在青海西十五里。虽有城郭而不居，恒处穹庐，随水草畜牧。其地东西三千里，南北千余里。"③伏俟城的营建意味着吐谷浑的牙帐移至青海湖地区，借助当地便利的交通条件，吐谷浑以伏俟城为中心构建起四通八达的丝路网络。

夸吕不仅"通使于齐"④，他还借湟中道横切河西道，北上漠北柔然，联合东魏、北齐牵制西魏、北周。据《北史》卷 96《吐谷浑传》："兴和中，齐神武作相，招怀荒远，蠕蠕既附于国，夸吕遣使致敬。"据同书《蠕蠕传》记载，柔然在兴和年间最早一次遣使是在东魏兴和

① （北魏）杨衒之撰，范祥雍校注：《洛阳伽蓝记校注》卷 5《城北》，古典文学出版社，1958 年版，第 252 页。
② 《南齐书》卷 59《河南传》，中华书局，1972 年版，第 1026 页。
③ 《魏书》卷 101《吐谷浑传》，中华书局，1974 年版，第 2240 页。
④ 《北史》卷 96《吐谷浑传》，中华书局，1974 年版，第 3187 页。

二年 (540 年) 春，其使龙无驹至东魏，吐谷浑使臣也于此年随柔然使至东魏。夸吕又向东魏请婚，东魏以广乐公主妻之。西魏遣使吐谷浑后，夸吕也遣使西魏，献"舞马"及牛羊等，"然寇抄不已，缘边多被其害"①。南朝萧梁天正二年（553 年），"太祖勒大兵至姑臧，夸吕震惧，遣使贡方物。是岁，夸吕又通使于齐氏。凉州刺史史宁觇知其还，率轻骑袭之于州西赤泉，获其仆射乞伏触扳、将军翟潘密、商胡二百四十人，驼骡六百头，杂彩丝绢以万计。"②南朝萧梁绍泰二年（556 年），西魏联合突厥夹击吐谷浑，拔吐谷浑树敦、贺真二城。经过数次战争后，西魏、北周除了夺取吐谷浑洮阳、洪和及龙涸等地，分置洮州、扶州外，还夺取一些原属吐谷浑土地，设置州郡，即廓州、覃州、芳州、叠州、宕州和邓州。③上述史料说明，北魏分裂后吐谷浑又面临着夹缝中求生存的政治局势，从西魏截获商团的规模看，吐谷浑维护、经营的青海道已成为当时国际贸易的中心路线，正唯如此，吐谷浑也积聚了无数财宝。

夸吕还向南朝梁纳贡，试图借南朝梁牵制西魏。史载，南朝萧梁天监十三年（514 年），"遣使献金装马脑钟二口，又表于益州立九层佛寺，诏许焉……其使或岁再三至，或再岁一至。"普通元年（520 年），"又奉献方物。"④南朝梁也以吐谷浑为中继站，与西域嚈哒、波斯、龟兹、于阗等通好。吐谷浑为使节往来提供方便，史称"与旁国通，则使旁国胡为胡书，羊皮为纸……其言语待河南人译然后通"⑤。南朝萧梁承圣二年（553 年）后，西魏夺取益州，自此，吐

---

① 《北史》卷 96《吐谷浑传》，中华书局，1974 年版，第 3187 页。
② 《周书》卷 50《吐谷浑传》，中华书局，1971 年版，第 913 页。
③ 周伟洲：《吐谷浑史》，宁夏人民出版社，1985 年版，第 52 页。
④ 《梁书》卷 54《诸夷·西北诸戎传》，中华书局，1973 年版，第 810—811 页。
⑤ 《梁书》卷 54《诸夷·西北诸戎传》，中华书局，1973 年版，第 812 页。

谷浑与南朝的交往中断。

总之，这一时期吐谷浑进入了其发展的鼎盛阶段，势力强大。吐谷浑采取诸多措施经营河南道，修建了树敦城、伏罗川城、伏俟城这样的大城，为行旅、商人提供方便；设立清水川、浇河、赤水、吐屈真川四大戍地，派子弟防守，维护中西交通的安全；组织大规模的商团，派兵保护商业贸易；掌握汉语和西域各族的语言，解决了中西交通中语言上的障碍。通过上述措施确保了青海道繁荣，[①]也为吐谷浑的强大提供了雄厚的经济基础。

（三）后期的经营

隋初，夸吕数次寇边，文帝虽曾派兵攻打吐谷浑，但与之基本保持友好关系。隋开皇十年（591年）夸吕死，世伏继位。文帝将光化公主嫁于世伏，开皇十七年（579年），世伏被杀，伏允被立为可汗。伏允上表请依吐谷浑"兄死妻嫂"风俗，娶光化公主，文帝许之。

仁寿四年（604年），隋炀帝即位，命铁勒攻击吐谷浑以自效。铁勒"大破其众。伏允遁逃，部落来降者十万余口，六畜三十余万"，隋炀帝派宇文述从临羌城向东追击，"伏允惧，南遁于山谷间。其故地皆空，自西平临羌城以西，且末以东，祁连以南，雪山以北，东西四千里，南北二千里，皆为隋有。置郡县镇戍，发天下轻罪徙居之。"[②]隋军东撤，伏允复其故地。

大业五年（609年），隋炀帝亲征吐谷浑。右屯卫副将柳武建击破吐谷浑车我真山（今祁连默勒山一带）守军，遣卫尉卿刘权"出

---

①秦红卫：《魏晋南北朝时期的河南道》，《青海民族研究》，2004年第3期。

②《隋书》卷83《吐谷浑传》，中华书局，1973年版，第1845页。

伊吾道"，左武大将军周法尚由州道夹击吐谷浑，隋军"乘胜至伏俟城"，伏允率 2 000 骑南奔党项，"吐谷浑余烬远遁，道路无壅。"①

得胜后，隋炀帝率百官、宫妃及各路大军越大斗拔谷（扁都口）至张掖，登燕支山（今甘肃山丹南），朝会高昌、伊吾等西域二十七国王及使臣，"西域诸胡，佩金玉，被锦罽，焚香奏乐，迎候道左。帝乃令武威、张掖士女，盛饰纵观。衣服车马不鲜者，州县督课，以夸示之。"②

隋炀帝西征吐谷浑、朝会西域各国王及使臣意味着隋全面开通了河西道，吐谷浑苦心经营的青海道因之衰落。为巩固丝绸之路的经营主导权，隋在吐谷浑故地及西域设西海郡、河源郡、鄯善郡和且末郡。西海郡"置在古伏俟城，即吐谷浑国都"③；河源郡"置在古赤水城。有曼头城、积石山，河所出"④；鄯善郡"置在鄯善城，即古楼兰城也。并置且末、西海、河源，总四郡"⑤；且末郡"置在古且末城。有且末水、萨毗泽。"⑥隋末，伏允返回故地，但吐谷浑的兴盛已如昨日黄花，在历史条件完全改变的情形下，伏允已无法借助青海道再次崛起。

唐朝初年，吐谷浑遣使长安，双方约定在承风戍互市，双方关系以友好为主，但"伏允耄不能事，其相天柱王用事"⑦，经常派兵寇扰唐之西境，双方也有战争。贞观八年（634 年），唐军大破吐谷浑，

① 《隋书》卷 63《刘权传》，中华书局，1973 年版，第 1504 页。

② 《隋书》卷 24《食货志》，中华书局，1973 年版，第 687 页。

③ 《隋书》卷 29《地理志上》，中华书局，1973 年版，第 816 页。

④ 《隋书》卷 29《地理志上》，中华书局，1973 年版，第 816 页。

⑤ 《隋书》卷 29《地理志上》，中华书局，1973 年版，第 816 页。

⑥ 《隋书》卷 29《地理志上》，中华书局，1973 年版，第 816 页。

⑦ 《新唐书》卷 221 上《吐谷浑传》，中华书局，1975 年版，第 6225 页。

伏允败走突伦碛（今新疆且末与和田间的沙漠），唐军穷追不舍，伏允被其手下人员所杀，伏允长子大宁王慕容顺杀天柱王，次年，唐太宗诏复吐谷浑国，封慕容顺为"西平郡王"，吐谷浑国内亲吐蕃的势力趁乱杀慕容顺，唐又封其子诺曷钵为"河源郡王"，允其请婚，"以弘化公主妻之，"①奉唐所号，吐谷浑成为唐之属国。唐高宗龙朔三年（663年），吐蕃尽占吐谷浑领土，诺曷钵率千帐投奔凉州，立国青海草原350年之久的吐谷浑亡国。

综上，隋初南北统一，河西道复又畅通，维持青海道兴盛的历史条件瓦解；隋炀帝西巡，吐谷浑国势衰落，青海道也因之萧条、萎缩；吐蕃北上及唐王朝的拓边，皆对吐谷浑国构成大的威胁，吐谷浑疲于战事，无暇维护、经营青海道，吐谷浑亡国后，青海道迎来新的主人，那就是吐蕃王朝。

三、吐谷浑经营青海道的历史意义

吐谷浑苦心经营青海道数百年，为后世留下诸多弥足珍贵的历史遗产，相关情况笔者拟在第五章中详述，此处仅以当时南朝首都建康、益州通往吐谷浑的丝道为核心，论述吐谷浑经营青海道的历史意义。

首先，在特殊的历史条件下，吐谷浑从西羌及一些地方政权手中夺得青海道经营主导权后，使之成为名副其实的国际通道。

魏晋时期，河西走廊以及由此分支的南北两条故道皆阻塞不通，②吐谷浑自西晋永嘉年间迁居陇右后，自东南向西北沿西羌开辟的丝道开疆拓土，经过百余年的较量，最终降服了西羌，并借

---

①《旧唐书》卷198《吐谷浑传》，中华书局，1975年版，第5300页。
②丁柏峰：《"吐谷浑路"的形成及其历史影响述略》，《中国土族》，2011年第4期。

西秦、大夏、北凉衰亡的历史机遇，几乎占据了整个青海道。

笔者认为吐谷浑经营青海道的意义并不在于其开辟了青海道（或吐谷浑道），事实上，自商代前中期开始这条通道已被西羌民族国际化，吐谷浑的贡献在于：利用河南道与羌中道，打通了西域通往益州的丝道；举全国之力，苦心经营青海道，在其沿线架桥设戍，最终形成以伏俟城为中心的四通八达的丝路交通网络。正如周伟洲先生所言："在公元五世纪中至七世纪初，吐谷浑所据之青海地区事实上成了中西交通的中心之一。从青海向北、向东、向东南、向西、向西南，都有着畅通的交通路线，联系着中国与漠北、西域、西藏高原、印度等地的交往，其地位之重要，可想而知。"[1]

马家窑人群开辟出区域内通道以来，从岷江上溯，经卡坝古城等至青海南部的交通路线多掌握在当地少数民族手中。该丝道沿线的地理、气候条件复杂、严酷，社会发展滞后，是中央王朝统治的薄弱区域，汉代的青海道多倚重湟中道及经洮河流域西进至青海黄河沿岸地区的丝道，未见中原王朝利用该通道进行商业贸易的记录。然而，当地少数民族西羌、胡人等，利用这条丝道进行过数千年的彩陶、玉石、食盐、皮毛等交易。这条丝道隐藏于中原史志文字之外，亦为中原王朝势力所忽略，近现代以来的考古发掘才逐步揭开其神秘面纱。

吐谷浑借助这条通道建立了国家，利用这条通道上大规模的商业贸易，建构国家管理与社会控制的经济基础。在吐谷浑的开发下，一条从南朝首都建康出发，溯长江西进，至益州，然后经岷江流域北上至龙涸、昂城，经甘松、漒川、清水河、沙州等地，北上至树墩城、

---

[1]周伟洲：《吐谷浑史》，宁夏人民出版社，1985年版，第141页。

曼头城，经伏俟城向西至白兰、格尔木，越阿尔金山至西域，或沿布哈河北溯，经大柴旦等地，越当金山至敦煌，过阳关至西域的丝路，跃然于世人眼前。作为区域内通道，这条丝道将益州与青海草原地区紧密联系在一起，成为西南先进文化北上的大通道，也成为西南汉族移民草原地带的通道，史称吐谷浑"其地与益州邻，常通商贾，民慕其利，多往从之"[1]。

立国青海草原的吐谷浑亡国后，从西南至青海草原的通道沉寂下来，除部分路线与唐蕃古道紧密相关而得到进一步开发外，整体上不再是中央王朝及地方政权经营、维护的对象，但沿线各民族百姓仍在使用这条通道，直到近代，"玉树远番之货，南泄于打箭炉、松、茂之川商"[2]，说明这条丝道仍是青海藏区特产销往四川等地进行商业贸易的重要通道。

如今，在"一带一路"建设的时代大背景下，如何重新开发吐谷浑在一千二百多年前经营的这条通道，成为一个重要的课题。而吐谷浑经营这条丝道的意义恐怕也在于提醒世人，在历史的长河里寻踪觅迹，获取漫长岁月洗练后的宝贵智慧，才是我们进一步发展的动力所在。

其次，吐谷浑维护、经营这条丝道的历史意义还在于构建起了一条佛教文化向西南地区传播的路线。

作为建康、益州与西域交往的中继站，吐谷浑佛教一方面源自南朝，另一方面又受佛国高昌等影响，[3]西域僧侣亦多假诸"河南道"

---

① 《梁书》卷 54《诸夷·河南传》，中华书局，1973 年版，第 810 页。

② （清）杨治平编纂，何平顺等标注：《丹噶尔厅志》卷 5《商务出产类》（青海地方旧志五种），青海人民出版社，1989 年版，第 284—285 页。

③ 姚崇新：《吐谷浑佛教论考》，《敦煌研究》，2001 年第 1 期。

达于益州等地，南朝僧人也借此道往西域求法。①

　　考古发现证实，在今成都北面的岷江流域一带，在南朝齐、梁时期，是佛教传播发展的一个重要的"十字路口"，在历史上起着连接我国西北以及长江中游、下游地区佛教文化的枢纽作用。②陈良伟先生把这条从成都向北偏西，经灌县鲤鱼沱、汉代紫坪摩崖遗址、蚕崖关（茶关）、汶川桃关、佛堂坝、姜维城、茂汶汶山县城、茂汶较场坝佛教造像遗址、松潘镇坪龙涸故城、尕里台草地、迭部县加阿卡古城、卡坝古城、然闹古城，抵白龙江的古道，称之为西蜀丝道松灌支道。③在这条丝道沿线，相继发现许多佛教遗址，如成都万佛寺遗址、灌县灵岩寺遗址、汶川佛堂坝遗址、汶川威师佛教造像遗址、茂汶较场坝遗址等，说明松灌丝道是西域向南朝输入佛教的重要线路。④

　　在这条丝道上曾经行走过诸多求法传道的高僧大德。酒泉人慧览，"曾游西域，顶戴佛钵，仍于罽宾从达摩比丘谘受禅要……览还至于阗，复以戒法授彼方诸僧，后乃归。路由河南。河南吐谷浑慕延世子琼等，敬览德问，遣使并资财，令于蜀立左军寺，览即居之。"⑤可见，慧览是由于阗至吐谷浑，再从吐谷浑至蜀地的。他经由的路线大致应当是从于阗至且末、鄯善，东入青海柴达木盆地，再从青

①郭盛：《青海"河南道"佛教传播源流考释》，《青海师范大学学报》（哲学社会科学版），2010年第1期。

②霍巍、罗进勇：《岷江上游新出南朝石刻造像及相关问题》，《四川大学学报》（哲学社会科学版），2001年第5期。

③陈良伟：《松灌丝道沿线的考古调查——丝绸之路河南道的一支》，《中国社会科学院研究生院学报》，1996年第6期。

④陈良伟：《松灌丝道沿线的考古调查——丝绸之路河南道的一支》，《中国社会科学院研究生院学报》，1996年第6期。

⑤（梁）释慧皎撰，汤用彤校注：《高僧传》，中华书局，1992年版，第418页。

海湖南，经洮水至龙涸（今四川松潘），沿岷江而下至益州。慧览经吐谷浑国时慕利延还在世，说明慧览当在 445—452 年之间经过吐谷浑国的。①

敦煌人道法曾"游成都，至王休之、费铿之，请为兴乐、香积二寺主"②。幽州黄龙人昙无竭"以宋永初元年，……发迹北土，远适西方。初至河南国，仍出海西郡，进入流沙，到高昌郡。"③僧伽跋摩，"天竺人也。……以宋元嘉十年，出自流沙，至于京邑。"④冀州人慧叡"少出家，执节精峻。常游方而学，经行蜀之西界，为人所抄掠。常使牧羊，有商客信敬者，见而异之，疑是沙门，请问经义，无不综达，商人即以金赎之。既还袭染衣，笃学弥至。游历诸国，乃至南天竺界。"⑤西海延水人法献"以宋元徽三年，发踵金陵，西游巴蜀，路出河南，道经芮芮。既到于阗，欲度葱岭。"⑥上述僧人东行西走的路线均为同一条丝道，即由益州西出郫县经广阳（茂汶）、龙涸而至吐谷浑，或从吐谷浑至龙涸、广阳至益州。至于慧叡被赎后再去天竺，当从被掠的地方——"蜀之西界"直入吐谷浑，经西域而至。⑦

总之，经过这条丝道，龟兹、于阗乃至更为遥远的葱岭以西诸佛教国家的佛牙、佛舍利、金锤鍮像以及阿育王像、金箔像等各种

---

①周伟洲：《古青海路考》，《西北大学学报》（哲学社会科学版），1982 年第 1 期。

②（梁）释慧皎撰，汤用彤校注：《高僧传》，中华书局，1992 年版，第 420 页。

③（梁）释慧皎撰，汤用彤校注：《高僧传》，中华书局，1992 年版，第 93 页。

④（梁）释慧皎撰，汤用彤校注：《高僧传》，中华书局，1992 年版，第 118 页。

⑤（梁）释慧皎撰，汤用彤校注：《高僧传》，中华书局，1992 年版，第 259 页。

⑥（梁）释慧皎撰，汤用彤校注：《高僧传》，中华书局，1992 年版，第 488 页。

⑦吴焯：《青海道述考》，《西北民族研究》，1992 年第 2 期。

石刻造像的蓝本，源源不断地沿着这条通道被传播到四川成都，在这里被改造、变形，最后形成南北朝时期具有中国化特点的佛教艺术作品。①作为文化反馈，已经在中国扎根并且发展了的佛教"倒传西域"，吐谷浑是一个很重要的传播媒介，它把华言译为胡语，行于天竺，成为这条文化反馈路线的主导者。②

---

①霍巍、罗进勇：《岷江上游新出南朝石刻造像及相关问题》，《四川大学学报》（哲学社会科学版），2001 年第 5 期。

②吴焯：《青海道述考》，《西北民族研究》，1992 年第 2 期。

第三节

唐宋时期青海道的进一步发展

隋控制河西走廊后，青海道的商贸功能因之衰退。安史之乱前，河西走廊成为连通唐与西域的交通要道，青海道连通西域的功能进一步萎缩，地位进一步下降，但唐蕃古道的兴起，使青海道连通吐蕃、尼泊尔乃至印度的交通功能得以进一步发展。吐蕃攻占陇右、河西之地后，青海道自然成为吐蕃与中原、西域等地往来的必经之路。北宋时，河西道复又堵塞，经青唐城（今西宁）至西域的丝道复又兴盛，青海道迎来第二个大发展时期。

一、隋、唐对青海道的经营

隋统一中原后，攻取吐谷浑甘松、涅川、枹罕、廓州、浇河等地。开皇三年（583 年），隋"于河西，勒百姓立堡，营田积谷"[①]，这是隋代在北方和西北边境屯田的开

①《隋书》卷24《食货志》，中华书局，1973年版，第681页。

始。①大业五年（609年），隋炀帝西巡河陇，击灭吐谷浑，置西海、河源、鄯善、且末四郡，命刘权"大开屯田，留镇西境。在边五载，诸羌怀附，贡赋岁入"②，隋还"谪天下罪人，配为戍卒，大开屯田，发西方诸郡运粮以给之"③。以巩固在上述四郡的统治。隋还置枹罕郡④、浇河郡⑤和西平郡⑥，把控了青海道的东部门户和中部核心区域。隋在青海道沿线的屯田、移民、驻军、建置等活动，迫使伏允"南遁于山谷间"⑦，经营青海道的主导权复由中原王朝掌握。

隋末，群雄纷起，薛举"自称西秦霸王"⑧，攻陷"枹罕……又克鄯、廓二州，数日间，尽有陇西之地，众至十三万"⑨。李轨"自称河西大凉王"⑩，攻陷"张掖、燉煌、西平、枹罕，尽有河西五郡之地。"⑪伏允趁乱至故地，以伏俟城为中心复国，隋在河西、陇右的行政建置毁于战乱，青海道成为群雄竞逐的战争热区。

武德二年（619年），唐高祖遣使与伏允通好，"令击轨以自效"⑫，双方共灭李轨。同年，置鄯州、廓州。鄯州治今乐都，所辖基本包括今湟水流域，初置二县，即湟水县和龙支县，仪凤三年（678年），从湟水县析置鄯城县，治今青海西宁。鄯州于天宝元年（742年）

---

① 村渭：《隋唐青海屯田述论》，《青海社会科学》，1990 年第 6 期。

② 《隋书》卷 63《刘权传》，中华书局，1973 年版，第 1504 页。

③ 《隋书》卷 24《食货志》，中华书局，1973 年版，第 687 页。

④ 《隋书》卷 29《地理志上》，中华书局，1973 年版，第 814 页。

⑤ 《隋书》卷 29《地理志上》，中华书局，1973 年版，第 814 页。

⑥ 《隋书》卷 29《地理志上》，中华书局，1973 年版，第 814 页。

⑦ 《隋书》卷 83《吐谷浑传》，中华书局，1973 年版，第 1845 页。

⑧ 《旧唐书》卷 55《薛举传》中华书局，1975 年版，第 2245 页。

⑨ 《旧唐书》卷 55《薛举传》中华书局，1975 年版，第 2246 页。

⑩ 《旧唐书》卷 55《李轨传》，中华书局，1975 年版，第 2249 页。

⑪ 《旧唐书》卷 55《李轨传》，中华书局，1975 年版，第 2249 页。

⑫ 《旧唐书》卷 198《吐谷浑传》，中华书局，1975 年版，第 5298 页。

至至德二年（757年）间曾改为西平郡。廓州,治今化隆县群科古城,辖境包括今拉脊山以南黄河两岸地区,含有今化隆、贵德、尖扎及同仁、循化之各一部分。廓州领有三县,即广威、达化和米川。

控制河湟地区后,唐与吐谷浑的关系变得紧张起来,武德五年（622年）,伏允"寇洮、旭、叠三州,岷州总管李长卿败之"[1],同年,"寇岷州,益州道行台左仆射窦轨败之。……己巳,吐谷浑陷洮州。"[2]唐太宗即位之年（627年）,伏允"遣其洛阳公来朝,使未返,大掠鄯州而去"[3]。贞观九年（635年）,李靖"平吐谷浑于西海之上,获其王慕容伏允。"[4]降服吐谷浑后,唐之西境暂时得以安定,吐谷浑"与中国互市"[5],丝路青海道得以发展。

唐与吐蕃对峙时期,在青海地区大开屯田,"岁调山东丁男为戍卒,缯帛为军资,有屯田以资糗粮,牧使以娩羊马。大军万人,小军千人,烽戍逻卒,万里相继,以却于强敌。"[6]黑齿常之还"以河源军正当贼冲,欲加兵镇守,恐有运转之费,遂远置烽戍七十余所,度开营田五千余顷,岁收百余万石"。吐蕃亦"屯于青海"[7]。两国主要在湟中道与河南道连接处展开激烈的较量。至唐玄宗开元二十一年（733年）,陇右道屯田属今青海境内的有:临洮军（今乐都）,三十屯;河源军（今西宁）,二十八屯;安人军（今海晏）,十一屯;白水军（在今湟源）,十屯;积石军（在今贵德）,十二屯;绥和守捉（今

---

① 《新唐书》卷1《高祖本纪》,中华书局,1975年版,第14页。

② 《新唐书》卷1《高祖本纪》,中华书局,1975年版,第14页。

③ 《旧唐书》卷198《吐谷浑传》,中华书局,1975年版,第5298页。

④ 《旧唐书》卷3《太宗本纪下》,中华书局,1975年版,第45页。

⑤ 《旧唐书》卷57《李安远传》,中华书局,1975年版,第2302页。

⑥ 《旧唐书》卷196上《吐蕃传上》,中华书局,1975年版,第5236页。

⑦ 《旧唐书》卷109《黑齿常之传》,中华书局,1975年版,第3295页。

贵德县千户庄),三屯;鄯州(治乐都),六屯;廓州(治今化隆县群科),四屯。以上合计一百零四屯。[①]

隋及唐前期,除经营今青海境内的丝道外,还积极开拓西域丝道。隋炀帝西巡后,西域诸国始臣服于隋,除设鄯善、且末二郡外,于隋末置伊吾郡,并与高昌建立紧密联系。[②]隋曾设安西都护,派专人管理各国使节、商贾。[③]贞观十四年(640年),唐以高昌王麴文泰强占焉耆五城为由,派兵进击高昌,麴文泰忧惧而死,其子麴智盛降唐。贞观十八年(644年),唐进攻焉耆五城,获其王奚骑支,贞观二十一年(647年),俘龟兹王诃黎布失毕。贞观二十三年(649年),于田王向唐朝称臣。唐高宗时,攻灭西突厥,在原昭武九姓各属国设州、县,势力一度达到今锡尔河和阿姆河流域。[④]唐在西域设安西都护府和北庭都护府,隶属陇右道。

隋、唐与西域的紧密关系,为河西道与西域丝道间的畅通无阻奠定了坚实的政治基础,青海道的交通功能也因之衰退。不过,作为辅路,从秦陇南道至湟中道,从西平经大斗拔谷(今扁都口)至张掖的丝路仍是使用较为频繁的通道,隋炀帝西巡就曾使用此道。

大业五年(609年)三月,隋炀帝亲率百官、宫妃及各路大军从长安出发,跨陇山,经陇西、枹罕,四月二十七日出临津关(今甘肃积石山县大河家),渡黄河,至西平郡(治今青海乐都)。隋炀帝巡狩西平,意味着将攻灭吐谷浑的指挥与军事部署全部置放于河湟地区。五月九日,隋炀帝大猎于拔延山(今青海化隆北马场山),

①村涠:《隋唐青海屯田述论》,《青海社会科学》,1990年第6期。
②李惠兴:《隋朝内地与西域关系述略》,《西北史地》,1996年第4期。
③郭勤华:《隋炀帝的开放政策与丝绸之路经济的开发》,《宁夏社会科学》,2014年第6期。
④穆舜英:《唐朝统治下的西域》,《西北民族研究》,1988年第1期。

长围周亘 2 000 里,以耀兵威。十四日进至长宁谷(今青海西宁北川),十六日度星岭 (今青海大通景阳西北),十八日宴群臣于金山 (今青海大通金娥山)。二十四日,抵浩门川 (今青海大通河),渡河时桥坏,隋炀帝斩散朝大夫黄亘及督役者 9 人,数日后桥成,炀帝乃行。六月八日,炀帝一行经大斗拔谷(今青海、甘肃交界的扁都口)前往张掖。十一日抵张掖。十七日登燕支山 (今甘肃山丹县南),裴矩引高昌、伊吾等西域二十七国王及使臣盛装觐见,表示归顺。返回时,仍经过大斗拔谷,时遇大风雪,"士卒死者十二三焉,马驴十八九"[1],九月二十五日,返回长安。[2]

唐贞观九年 (635 年),伏允"走图伦碛,将托于阗"[3],说明当时通向西域的青海道仍未废弃。但是,随着吐谷浑的亡国,河西道的繁盛,作为辅路的青海道曾一度沉寂。不过,据冯汉镛先生考证,"唐人所说的'西山',不仅包括了现在四川省境内藏族自治区的高山,甚至连青海、新疆南部的高山,也同样被认为是西山了。"他认为唐代的河南道即是"西山道",这条丝道是"从川西所属彭州到西域的一条路线"[4]。如若这一说法成立,那么唐前期西南至西域之间有一条唐王朝支配下的丝道。

二、唐蕃古道的兴起

唐蕃古道的兴起是丝路青海道历史上的又一件大事。唐蕃古道是一条连接中原与西藏、尼泊尔、印度的古丝绸之路,它的兴起使

---

[1]《隋书》卷 24《食货志》,中华书局,1973 年版,第 687 页。
[2] 崔永红等:《青海通史》,青海人民出版社,1999 年版,第 128—129 页。
[3]《新唐书》卷 221 上《吐谷浑传》,中华书局,1975 年版,第 6226 页。
[4] 冯汉镛:《关于"经西宁通西域路线"的一些补充》,《考古通讯》,1958 年第 7 期。

青海道部分丝道得以兴盛。唐蕃古道的开通加强了青藏高原与中原内地间的联系，也使青藏高原成为中原与南亚之间的中继站。

唐蕃古道的发展可分为两个时期，安史之乱前，这条道路是唐与吐蕃的友好交往之路，也是两国间的主要贸易通道；安史之乱后，唐蕃古道仍在使用，但其历史意义已与前期有所不同，吐蕃强盛时期，还利用此道与羌中道、河南道相连接，加强其国内各区域以及与西域的政治、商贸关系。

贞观十年（636年），松赞干布奉表求婚被拒，吐蕃"发兵以击吐谷浑。吐谷浑不能支，遁于青海之上，以避其锋，其国人畜并为吐蕃所掠"①。贞观十四年（640年），"吐蕃遣使献黄金器千斤以求婚"②，还大破党项、白兰诸羌，集兵20万于松州（今四川松潘）西境。唐太宗审时度势，同意与吐蕃联姻，"以文成公主妻之，令礼部尚书、江夏郡王道宗主婚，持节送公主于吐蕃。弄赞率其部兵次柏海，亲迎于河源。"③

文成公主一行出长安，经咸阳，过陇山，从天水向西经唐蕃古道到达逻些（今拉萨）。唐蕃古道东起于渭河，沿西行至临洮渡黄河，再至河州凤林关渡黄河，进入河湟地区，经过今鄯州境内龙支城，再傍湟水西行直达鄯城，逾赤岭（今日月山）转而西南行，经今青海海南共和、兴海两县境入果洛州之花石峡，至玛多之黄河沿，即柏海。松赞干布在此处以隆重仪式迎接文成公主。仪式毕后，李道宗返回长安，松赞干布、文成公主一行渡河至众龙驿（今野牛沟），逾巴颜喀拉山，至当达（今青海玉树称多清水河），折而向西，渡西月河（今扎曲河），入年错部落境，再南下通天河（牦牛河），渡河

---

①《旧唐书》卷196上《吐蕃传上》，中华书局，1975年版，第5221页。

②《旧唐书》卷3《太宗本纪下》，中华书局，1975年版，第52页。

③《旧唐书》卷196上《吐蕃传上》，中华书局，1975年版，第5221页。

至今玉树县安冲境，前行至达木云，至今杂多县子曲河截支桥（今子曲河食宿站），过桥至婆驿（今青海杂多县境），渡大月河（今杂曲河），逾瓦里昂山口，进入杂多县当木曲河流域的达木云（即阿克达木云），西达悉逻诺驿（今达木云之卧金云），由此西南行至查午拉山，进入西藏境内，至黑河，南抵逻些。文成公主进藏之前，唐蕃古道早已被开辟，其东段龙支城至赤岭实际上就是湟中道，而赤岭经青海湖南至今青海兴海一带的丝道又是湟中道与河南道连接区域的丝道。文成公主进藏后，唐蕃古道成为汉藏兄弟民族友好往来，进行政治、文化交流的纽带和经济贸易的大动脉。①

文成公主进藏加强了两国的政治、文化交往，吐蕃通过学习唐朝典章制度、礼乐文化，迅速成为高原强国。吐蕃模仿唐的君主集权制度，用"天之子""神之子""圣"尊称赞普，吐蕃政府设置"参议国事大相国"，这一官职的职权与唐朝的宰相十分相似，就连称谓也非常接近，说明吐蕃的"大相国"制度本身就是受唐朝的影响而设立的。②松赞干布还仿照唐朝的府兵制，把吐蕃全境划分为五个茹，每个茹又分为十个千户府。每个千户府下设总管一人，老年和青年军官各一人。每个茹的旗子呈不同颜色。将十八个部族的土地划分给私人占有。行政制度方面，将百姓划分为四小王、七品官、奴隶、皂隶、工匠、商人等不同的等级。同时还设置了六大诏命、六个益仓、六文告手印、六缘、六豪杰等组织机构。③

---

①崔永红：《文成公主与唐蕃古道》，青海人民出版社，2008 年版，第 25—26 页。

②（美）李方桂著，吴玉贵译：《唐蕃会盟碑（821—822 年）考释》，《国外藏学研究译文集》，第 8 辑，西藏人民出版社，1992 年版，第 66、15、17 页。

③（元）蔡巴·贡嘎多吉著，东嘎·洛桑赤列校注，陈庆英、周润年译：《红史》，西藏人民出版社，2002 年第 2 版，第 173 页。

传说文成公主进藏时带有镶金书橱、金玉器具、食谱、缎锦绫罗及各类书籍。《旧唐书》卷196上《吐蕃上》载，"公主恶其人赭面，弄赞令国中权且罢之，自亦释毡裘，袭纨绮，渐慕华风。"受文成公主影响，松赞干布"自褫毡罽，袭纨绡，为华风"[1]"请中国识文之人典其表疏"[2]。文成公主嫁入吐蕃既是唐朝和亲政策的组成部分，同时也开启了儒学及其文化传统传入吐蕃统治核心的历史篇章，文成公主的入藏也成为儒家文化第一次传入吐蕃的重要标志。[3]

文成公主嫁入吐蕃后不久，松赞干布就"遣酋豪子弟，请入国学以习《诗》、《书》"[4]，从此，长安国子监中有了吐蕃贵族子弟习学儒学的身影，《旧唐书》卷189上《儒学上》云："高丽及百济、新罗、高昌、吐蕃等诸国酋长，亦遣子弟请入于国学之内。"《贞观政要》卷7《崇儒学》亦云："太宗又数幸国学，令祭酒、司业、博士讲论，毕，各赐以束帛。四方儒生负书而至者，盖以千数。俄而吐蕃，及高昌、高丽、新罗等诸夷酋长，亦遣子弟请入于学。于是国学之内，鼓箧升讲筵者，几至万人，儒学之兴，古昔未有也。"

唐长安五年（705年），器弩悉弄的继任者弃隶缩赞派使臣到唐朝奉献，并称表请婚，"中宗以所养雍王守礼女为金城公主许嫁之"。[5]景

---

①《新唐书》卷216上《吐蕃传上》，中华书局，1975年版，第6074页。

②《旧唐书》卷196上《吐蕃传上》，中华书局，1975年版，第5222页。

③陈炳应先生认为唐蕃和亲增进了两族交往，这为儒学传入藏地提供了条件；韩锋先生认为和亲是儒学传入藏地的重要途径之一；魏冬先生认为文成公主入藏标志着儒学在吐蕃的初步传播。参见陈炳应：《从敦煌资料看儒学对吐蕃的深刻影响》，《敦煌研究》，2004年第4期，第95页；韩锋：《儒学在吐蕃的传播及其影响》，《齐鲁学刊》，2007年第3期，第25页；魏冬：《儒家文化在吐蕃的传播及其影响》，见韩星主编《中和学刊》第1辑，陕西师范大学出版社，2008年版，第64页。

④《旧唐书》卷196上《吐蕃传上》，中华书局，1975年版，第5222页。

⑤《旧唐书》卷196上《吐蕃传上》，中华书局，1975年版，第5226页。

龙三年（709年）十一月，吐蕃的迎亲使者一千多人在重臣尚赞吐名悉猎的带领下来到长安。次年，中宗便下制书正式将金城公主嫁给弃隶缩赞，并下令由左骁卫大将军杨矩护送公主入藏。金城公主入藏时，又将儒学典籍带入藏地，《旧唐书》卷196上《吐蕃上》载："吐蕃使奏云：'公主请《毛诗》、《礼记》、《左传》、《文选》各一部。'制令秘书省写与之。"

金城公主进藏后，唐蕃两国间仍有战争，双方为之付出了巨大代价，都有息兵停战的愿望。唐玄宗开元十八年（730年），遣使臣皇甫惟明及张元方等人入蕃以探视金城公主为名，向吐蕃表达和平意愿。双方约好以赤岭为界，更不相侵。开元二十二年（734年），双方在赤岭分界立碑，相约"无相侵暴"①。吐蕃曾多次请求在沿边开互市，武则天时在益州互市、玄宗时在赤岭开马市。②随着交往的深入，饮茶等生活方式为吐蕃上层所接受，而唐朝战马又须仰赖藏区，这就促使了早期茶马贸易的兴起。③

合而观之，安史之乱前，唐蕃古道成为唐与吐蕃两国进行政治、文化交流的友好之路，它的兴起也在一定程度上促进了青海道部分丝道的发展。

开元二十四年（736年），吐蕃出兵西域，攻破小勃律国，唐在西域的利益受到威胁，两国之间又展开了大规模的战事。开元二十五年（737年），唐傀史孙诲和宦官赵惠琮乘吐蕃无备，矫诏领河西节度使崔希逸对驻青海的吐蕃大论乞力徐军实施突袭，于青海

①《新唐书》卷216上《吐蕃传上》，中华书局，1975年版，第6085页。
②金勇强：《"唐宋变革"下的青海交通格局演变》，《柴达木开发研究》，2014年第2期。
③聂和平、杨洋：《古代巴蜀地区对外陆路交通小考》，《齐齐哈尔大学学报》（哲学社会科学版），2012年第6期。

湖北侧大破之。开元二十六年（738 年），吐蕃入河西，赤岭界碑被捣毁，双方关系全面恶化。开元二十九年（741 年），"吐蕃四十万攻承风堡，至河源军，西入长宁桥，至安仁军……十二月，吐蕃又袭石堡城，节度使盖嘉运不能守，玄宗愤之。"[①]唐军依赖有效的防御体系，屡有胜绩，并将战事从陇右推进到河曲一带。天宝十二年（753 年），唐朝大将哥舒翰集中兵力攻破吐蕃洪济城和大漠门城，进而收复黄河九曲之地。次年唐朝于九曲之地置洮阳（治今甘肃碌曲县一带）、浇河（治今青海贵南沙沟一带）两郡和宛秀、神策两军。

天宝十四年（755 年），安史之乱爆发，唐以哥舒翰为太子先锋兵马元帅，统陇右、河西及朔方大军入中原靖难。陇右、河西边备空虚，吐蕃乘机大举东进，唐肃宗至德二年（757 年），廓州失陷，广德元年（763 年）鄯州亦失陷。吐蕃在 10 年间尽取河西、陇右之地，还于广德元年攻陷长安，并长期侵扰唐朝西境。此后，在唐将郭子仪、李晟等的奋力抵御下，吐蕃军没能再越陇山东进，但唐也无力收复河西、陇右故地。

安史之乱后，吐蕃政权对河西、陇右汉族采取强制同化的政策，当时汉族处境悲惨，[②]《通鉴考异》卷 17 引《建中实录》云："河陇之士约五十万人，（吐蕃）以为非族类也，无贤愚，莫敢任者，悉以为婢仆，故其人苦之。"随着吐蕃统治的深化，时间已久，"逾代之后，斯人既没，后生安于所习"，出现了"汉儿尽作胡儿语，却向城头骂汉人"[③]的情形。诗人贾至作《送友人使河源》云："举酒有遗恨，论边无远谋。河源望不见，旌旆去悠悠。"感叹国无良谋，边塞沦丧。

①《旧唐书》卷 196 上《吐蕃传上》，中华书局，1975 年版，第 5235 页
②汶江：《吐蕃治下的汉人》，《西藏研究》，1982 年第 3 期。
③《全唐诗》卷 633《河湟有感》，中华书局，1960 年版，第 7261 页。

隋、唐在青海道沿线的行政建置、移民屯田或毁于一旦，或为吐蕃所据，原来由中原王朝控制的唐蕃古道东段线也为吐蕃掌握。此后，双方仍利用唐蕃古道进行政治、经济等往来，然而这种交往的意义与之前已有很大不同。

《新唐书》卷216下《吐蕃下》记载了长庆二年（822年）刘元鼎入吐蕃会盟的行走路线：

> 元鼎逾成纪、武川，抵河广武梁，故时城郭未隳，兰州地皆秔稻，桃李榆柳岑蔚，户皆唐人，见使者麾盖，夹道观。至龙支城，耆老千人拜且泣，问天子安否，言："顷从军没于此，今子孙未忍忘唐服，朝廷尚念之乎？兵何日来？"言已皆呜咽。密问之，丰州人也。过石堡城，崖壁峭竖，道回屈，虏曰铁刀城。右行数十里，土石皆赤，虏曰赤岭。而信安王祎、张守珪所定封石皆仆，独虏所立石犹存。赤岭距长安三千里而赢，盖陇右故地也。曰阁恒卢川，直逻娑川之南百里，臧河所流也。河之西南，地如砥，原野秀沃，夹河多柽柳。山多柏，坡皆丘墓，旁作屋，帻涂之，绘白虎，皆虏贵人有战功者，生衣其皮，死以旌勇，徇死者瘞其旁。度悉结罗岭，凿石通车，逆金城公主道也。至麇谷，就馆。臧河之北川，赞普之夏牙也。①

刘元鼎入藏会盟，沿途见"桃李榆柳岑蔚，户皆唐人"；"耆老千人拜且泣，问天子安否"，国土沦丧，前途茫茫，唐蕃古道上往来使臣的心情、境遇已与唐前期相去甚远。

安史之乱后，双方仍利用唐蕃古道往来不绝。据统计，从公元

---

① 《新唐书》卷216下《吐蕃下》，中华书局，1975年版，第6102—6103页。

634 年松赞干布首次遣使入唐至 846 年吐蕃王朝崩溃的 213 年间，双方往来使者共 191 次，其中唐入蕃 66 次，蕃入唐 125 次，[1]唐蕃古道在此期间颇为繁盛。唐蕃古道向南延伸至中尼、中印边界，文成公主曾资助唐朝僧人借此道前往天竺，唐也曾征吐蕃等军队从此道攻击天竺。唐高宗永徽年间，新罗人玄太法师者，曾"取土蕃道，经泥波罗，到中印度。礼菩提树，详检经论。旋踵东土，行至土峪浑，逢道希法师，覆相引致，还向大觉寺"[2]。可见，借道唐蕃古道往来于天竺与中原间的僧人为数不少。

有学者认为，吐蕃占领河西后，唐与西域无法交往，吐蕃可从今西藏西北部进入西域，因此，从青海经柴达木盆地入西域的青海路，对吐蕃来说意义不大，这都导致青海道更加衰落。[3]从现在的考古发现看，这种观点值得商榷。利用青海道进行民族迁徙的活动，促进了青海道的进一步发展，吐蕃北上后，苏毗为吐蕃所并，"天宝中，王没陵赞欲举国内附，为吐蕃所杀，子悉诺率首领奔陇右，节度使哥舒翰护送阙下，玄宗厚礼之。"[4]苏毗北上陇右的路线当与河南道西边的线路是相合的。此外，作为统治民族，吐蕃族北上、西进过程中也利用了青海道。按吐蕃俗制，在军事行动中，特别是重大的联合作战时，是以部落的名义参加的，因而整体部落及其名称随战争的进展而移动。安西四镇地区出现的吐蕃部落名称不少，如那雪部落，原驻地那曲地区；管仓部落，原驻地后藏；鸟岱部落，原住

---

① 崔永红等：《青海通史》，青海人民出版社，1999 年版，第 209 页。

② （唐）义净著，王邦维注：《大唐西域求法高僧传校注》，中华书局，1988 年版，第 43 页。

③ 周伟洲：《古青海路考》，《西北大学学报》（哲学社会科学版），1982 年第 1 期。

④ 《新唐书》卷 221 下《苏毗传》，中华书局，1975 年版，第 6257 页。

地拉萨北郊。陇右、河西地区亦有不少吐蕃部落来自西藏高原。此种侨置部落乃属吐蕃的军事殖民，是当地的统治部落，①他们的西进、北上，使青海道复又成为民族大迁徙的通道。

更为重要的是，吐蕃攻灭吐谷浑后成为河南道和羌中道的新主人，这一点可从青海都兰出土的上千座吐蕃墓随葬品为证据。从已开掘的60座墓葬出土文物中，人们发现了丝绸残片350件，其中112种为中原织造，18种为中亚、西亚地区织造。通过分析，中原丝绸均可确定为初唐、盛唐时期所织造，多出产于四川的蜀锦，属"瑞锦"的范畴。②中亚、西亚织品以粟特锦居多，还有粟特金银器③、玛瑙、红色蚀花珠、铜盘残片等出土。大量东西方文物汇于一地，说明今都兰一带是吐蕃时代青海道的交通枢纽，也是羌中道与河南道、唐蕃古道东段相连接的贸易中转站。

三、唃厮啰时期青海道的进一步发展

唐、蕃两大王朝衰落后，中原地区进入五代十国时期，河西、陇右割据政权纷纷建立，除瓜、沙归义军政权外，还有甘州回鹘政权、党项羌族拓跋部建立的西夏政权，以及青唐吐蕃政权。其中吐蕃赞普后裔唃厮啰建立的青唐吐蕃政权建政河湟，对当地的政治、经济及文化产生了重要影响。

当时，吐蕃失去了经营河西道的主导权后，瓜、沙归义军政权

---

① 任树民：《唐代吐蕃与西部民族大迁徙》，《青海师专学报》（教育科学），2008年第4期。
②许新国：《吐蕃墓出土蜀锦与青海丝绸之路》，《藏学学刊》第3辑，四川大学出版社，2007年版。
③许新国：《都兰吐蕃墓中镀金银器属粟特系统的推定》，《中国藏学》，1994年第4期。

也没有力量控制整个河西道，通往西域的主道由甘州回鹘和西夏政权把持；建政河西走廊中部的回鹘政权阻断东西方商贸，对往来商品抽收过境税，西域商人不堪重负，只能绕道而行。北宋天圣八年（1030 年），西夏灭回鹘，控制了河西走廊。西夏占领河西后，整个西域至中原的贸易路线都发生了重大的改变，河西道基本瘫痪，当时通西域的路线只能走青海道，即从开封到长安过渭水，从秦州入通远军（甘肃陇西），过熙州（甘肃临洮）、过秦陇南道，由河州的河关、临津关或凤林关（甘肃临夏县西北黄河南岸）渡口过黄河后，沿湟水谷地到今乐都县，由乐都循沿湟水西行到鄯城（今西宁）。[①]和吐谷浑一样，以游牧立国的唃厮啰政权十分重视国际商贸，对往来河湟的西域商人照抚有加，和宋朝也基本保持了友好往来的关系。以上诸因素导致河西道的衰落，而为青海道的复兴提供了难得的历史机遇，青海道再次迎来兴盛。

（一）青唐政权的建立、发展及其对青海道的影响

青唐政权的建立者唃厮啰（997—1065 年），亦译为"嘉勒斯赍"，据《宋史·吐蕃传》，唃厮啰为吐蕃赞普之后，本名欺南陵温钱逋，生于"高昌磨榆国"，即今西藏日喀则一带。[②]12 岁时，唃厮啰被客居高昌的河州吐蕃人何郎业带到河湟地区，由于此人相貌奇伟，又有高贵的血统，当地人称之为"佛子"。

从 1015 年至 1032 年的 17 年间，唃厮啰先后为李立遵、温逋奇尊立为"主"，但始终未能摆脱这二人对他的控制。[③]先是，唃厮

---

①杨瑾：《于阗与北宋王朝的贸易路线初探》，《新疆大学学报》（哲学·人文社会科学版），2008 年第 4 期。

②钱伯泉：《唃厮啰生于高昌磨榆国辩正》，《民族研究》，1990 年第 2 期。

③祝启源：《青唐盛衰——唃厮啰政权研究》，青海人民出版社，2010 年版，第 30 页。

啰被湟水流域的宗哥部大首领李立遵和邈川部大首领温逋奇联手劫到廓州（今青海化隆），并拥立为主。不久，李立遵又独挟唃厮啰至宗哥城（今乐都县碾伯镇），自任论逋，"论逋者，相也"①，李立遵以论逋位执政，被北宋封为保顺军节度使。大中祥符八年（1015 年），唃厮啰、李立遵等向宋"遣使贡马，充赐行李物色茶药，诏估其直得钱七百六十万，诏赐袍笏、金带、器币、供帐、什物、茶药有差，凡有金七千两、他物称是"②。同年，李立遵与唃厮啰聚吐蕃各部"立文法"，以宗哥部为核心通过"质帐"之法来控制其他部落，众至 10 万。之后，唃厮啰与李立遵之间产生矛盾，北宋天圣初年，唃厮啰率所属部众离开李立遵，前往邈川，并以温逋奇为论逋，二人一起遣使宋朝，请求内附。明道元年（1032 年），宋朝封唃厮啰为宁远大将军，爱州团练使，以温逋奇为归化将军。温逋奇不愿屈居唃厮啰之下，发动叛乱，将唃厮啰囚禁于井中，屠杀唃厮啰族众。唃厮啰被看守士卒释放后，杀死温逋奇，平息了叛乱。因在温逋奇长期经营的邈川无法立足，唃厮啰决定前往青唐城，开始他独立从事政治活动的历程。唃厮啰摆脱李立遵、温逋奇的控制后，将青唐城作为自己的立足之地。

　　宗哥城往西过今日月山，是青海大草原；往北有祁连山峻岭阻隔，道路崎岖，但有越洪池岭（今乌鞘岭）至武威的丝道；往东南，顺湟水、黄河而下，地势越趋平缓，可达陇右、秦渭间，这里是丝绸之路秦陇南道的必经之地。③

---

①《宋史》卷 492《吐蕃传》，中华书局，1977 年版，第 14160 页。
②（清）徐松辑：《宋会要辑稿》蕃夷六之一，中华书局，1957 年版，第 7819 页。
③祝启源：《青唐盛衰——唃厮啰政权研究》，青海人民出版社，2010 年版，第 24—25 页。

唃厮啰建立的青唐吐蕃政权在内外施政上采取了一些结合当地实际的措施，以巩固和发展新建立起来的政权。对内，他利用宗教这一精神武器来加强对族人的统治，史称"吐蕃重僧，有大事必集僧决之，僧丽〔罹〕法无不免者。城中之屋，佛舍居半"[1]。他还利用类似于"立文法"的盟誓制度维持所属各部之间的统属关系，以达到控制各部族之目的。西夏占领河西走廊后，唃厮啰利用青唐城是西域诸国与宋朝往来的主要通道的特殊地位，发展商业贸易，以增强经济实力。对外，主要是依附于宋朝抵御西夏以自保，他接受了宋朝的册封、赏赐，以取得宋的支持，同时，他还向外用兵，征服一些不愿臣服的部落，以扩大统治区域。[2]唃厮啰之子瞎毡和磨毡分别在龛谷（今甘肃榆中小康营）、宗哥城，别"立文法"，与青唐政权不相统属，但构成这一政权的政治外围。[3]

北宋景祐二年（1035年），西夏以苏奴儿为主帅，统兵2.5万进攻青唐，唃厮啰率吐蕃军民奋起抵抗，"兵临河湟，厮啰知众寡不敌，壁鄯州不出，阴间元昊，颇得其虚实。元昊已渡河，插帜志其浅，厮啰潜使人移植深处以误元昊。及大战，元昊溃而归，士视帜渡，溺死十八九，所卤获甚众。"[4]元昊攻取北宋西凉府后，"潘罗支旧部往往归厮啰，又得回纥种人数万。厮啰居鄯州，西有临谷城通青海，高昌诸国商人皆趋鄯州贸卖，以故富强。"[5]北宋也认识到联合青唐

①（宋）李远撰，马忠辑注：《青唐录》（青海地方旧志五种），青海人民出版社，1989年版，第10页。
②祝启源：《青唐盛衰——唃厮啰政权研究》，青海人民出版社，2010年版，第38页。
③崔永红等：《青海通史》，青海人民出版社，1999年版，第219页。
④《宋史》卷492《吐蕃传》，中华书局，1977年版，第14161页。
⑤《宋史》卷492《吐蕃传》，中华书局，1977年版，第14161—14162页。

吐蕃政权共击西夏的战略意义，于宝元元年（1038 年），加封唃厮啰为"保顺军节度使，仍兼邈川大首领……赐帛二万匹"①，并定岁赐彩绢千匹，角茶千斤，散茶 1 500 斤。接着又派左侍禁鲁经持帝诏"仍赐对衣带、绢二万匹"②，出使青唐，要求其攻打西夏。

北宋治平二年（1065 年），唃厮啰去世，其子董毡继位，承袭了其父邈川首领、保顺军节度使、河西节度使等名号，仍奉行联宋抗夏的政策。治平四年（1067 年），宋廷赐董毡为检校太保。同年，董毡遣使入贡，宋依旧例，给予丰厚回赐。除与宋交好外，董毡还向辽朝贡，《辽史》中载有"吐蕃遣使来贡"③的诸多记录。辽为了"与之共图夏国"④，以"女妻董毡"。⑤

熙宁元年（1068 年），年仅 20 岁的宋神宗继位，任用王安石为相，实行各项政治、经济改革，并采取拓边政策，以抵御辽及西夏的内侵。其年，王韶诣阙上《平戎策》三篇，认为"西夏可取。欲取西夏，当先复河、湟，则夏人有腹背受敌之忧。夏人比年攻青唐，不能克，万一克之，必并兵南向，大掠秦、渭之间，牧马于兰、会，断古渭境，尽服南山生羌，西筑武胜，遣兵时掠洮、河，则陇、蜀诸郡当尽惊扰"⑥。王安石上台后，任用王韶发动"熙河之役"。王韶西进开边活动，引起青唐主董毡的担忧，他曾遣大首领鬼章参与吐蕃部落抗宋的战争，"熙宁开边"活动也因各种原因宣告结束。

---

① 《宋史》卷 492《吐蕃传》，中华书局，1977 年版，第 14162 页。
② 司义祖整理：《宋大诏令集》，中华书局，1962 年版，第 936 页。
③ 《辽史》卷 20《兴宗纪三》，中华书局，1974 年版，第 243 页。
④ 《续资治通鉴长编》卷 197，嘉佑七年八月癸未记事，中华书局，1985 年版，第 4774 页。
⑤ 《续资治通鉴长编》卷 197，嘉佑七年八月癸未记事，中华书局，1985 年版，第 4774 页。
⑥ 《宋史》卷 328《王韶传》，中华书局，1977 年版，第 10579 页。

王韶在攻取熙州、河州后，招纳30多万吐蕃人垦种，扩地1 200余里。[①]宋在上述地区的屯田垦殖，既为进一步攻取河湟奠定了基础，也为历经此处的丝路贸易提供了较好的社会经济条件。

宋朝停止开边西进后，董毡主动与宋朝恢复臣属关系。熙宁十年（1077年）十月，董毡和鬼章遣使进贡，同年十一月，宋朝授鬼章为廓州刺史，授阿里骨为松州刺史，十二月，授董毡为西平军节度使，双方关系恢复如初。西夏曾遣使青唐，欲修两国之好，被董毡拒绝，后又以割地、官禄相诱，皆为董毡所拒。西夏兵围攻北宋永乐城（今陕西米脂县）时，董毡趁机进攻西夏，有效地牵制了西夏。

董毡执政时期，青唐城已完全成为西域商人与中原贸易往来的中继站，《宋会要辑稿·蕃夷四·拂菻国》记载："元丰四年十月六日，拂菻国贡方物，大首领你厮都令厮孟判言：其国东南至灭力沙，北至大海，皆四十程。又东至西大石及于阗王所居新福州，次至旧于阗，次至约昌城，乃于阗界。次东至黄头回纥，又东至达靼，次至种榅，又至董毡所居，次至林擒城（青海），又东至青唐（西宁），乃至中国界。"[②]

北宋元丰六年（1083年），董毡病故，养子阿里骨继位。阿里骨为于阗人，因他非吐蕃族，虽得到董毡信任，常以董毡名义发号施令，也得到了宋廷的承认，但他为稳固地位，诛杀异己，搞得属下人人自危，加之他为崇佛佞佛，耗费巨大，引起了吐蕃内部的不满和反抗。为了转移内部矛盾，他一改联宋抗夏的政策，转而与西夏结盟，并在熙河地区挑起对宋的战争。元祐二年（1087年），阿里骨派鬼章率部袭据洮州，并和西夏联合进攻熙州。游师雄率军进

---

①蒲文成：《宋代河湟开发述略》，《青海民族学院学报》（社会科学版），2005年第4期。
②（清）徐松辑：《宋会要辑稿》蕃夷四之一九，中华书局，1957年版，第7723页。

攻鬼章，并派人焚烧黄河飞桥，断其后路，擒获鬼章及其大首领9人，斩首1700级，阿里骨反宋活动以失败告终。

北宋绍圣三年（1096年），阿里骨病故，其子瞎征继位，他仍以高压政策对付国内矛盾，致使政局政荡，统治基础逐步瓦解，特别是黄河以南各部落纷纷脱离瞎征而归附董毡疏族溪巴温。青唐政权内外交困之时，宋哲宗欲效法神宗故事，欲进取青唐。元符二年（1099年）七月，王赡统河州兵为先锋，西进湟水流域，很快占领邈川，八月，宋军进据宗哥城。此时瞎征已被逐出青唐，为保命，他最终携家人亲信投宗哥城降宋。溪巴温之子陇拶入青唐，立为国主，然而，大权握在心牟族大首领心牟钦贴手中。元符三年（1100年），宋哲宗去世，徽宗继位，二月诏令王赡撤出青唐至湟州。崇宁元年（1102年），宋徽宗起用新派人物蔡京为相，并效法神宗开拓西境，任用王韶之子王厚知河州兼洮西安抚使，主持收复鄯湟诸州事宜。崇宁二年（1103年）六月，宋军挺进河湟，龟兹公主青宜结牟及李可温等开城出降，唃厮啰政权灭亡。

唃厮啰政权中后期，虽与北宋间战事不断，但青唐城作为国际贸易中继站的地位并没有因此动摇，从唃厮啰政权上层人物出身西域，青唐政权瓦解时龟兹公主青宜结牟率众降宋等史实看，当时的西域人不仅是青唐城经济贸易的主体，也对这一政权的政治产生着很大影响。

灭掉青唐政权后，宋军西进青海湖，南下廓州。据《续资治通鉴长编拾补》卷23"崇宁三年二月庚午条"记载，宋军"开拓疆境幅员三千里，其四至：正北及东南至夏国界，西过青海（湖）至龟兹国界，西至卢甘国界，东南至熙、河、兰、岷州，连接阶、成州界。"丝路青海道沿线皆为北宋攻据。北宋在河湟地区的行政建置为三"州一军"，"三州"即西宁州、湟州和廓州。其中西宁州由鄯州改称，崇宁三年（1104年）五月更名，湟州在宣和元年（1119年）改称为乐州，治今青海民和县境，廓州即原宁塞城（今青海化隆群科），"三州"各辖一县，同时各辖大量城、寨、堡等。"一军"即积石军，即原溪哥城，政和二年（1116年），北宋还在今门源境内置有震武军。北宋亦以移民屯田经营青海道沿线，何灌为湟州知州时，修渠引邈川水溉田千顷，使百姓受益，称"广利渠"，赵隆知西宁州时，也曾主持修渠引湟水，以灌溉西宁州周围的土地，并从河州招募人丁前往耕种。[1]宋室南迁后，唃厮啰族孙、小陇拶弟益麻党征被封为陇右郡王，赐名赵怀恩，受招"措置湟鄯事"[2]，经营青海道的主导权复又回到河湟吐蕃贵族集团手中。

（二）青唐政权时期青海道沿线的商贸活动

如前所述，西域商人因种种原因，以青唐城为中继站，往来于西域与北宋之间。宋初，往来中西的商人多走灵州（今宁夏吴忠市境内）路。此路道途平坦，便于大型商队活动，[3]灵州为枢纽，经河西走廊以达于阗、印度、大食的交通非常畅通，被称之为灵州道。宋真宗咸平五年（1002年），西夏李继迁攻陷灵州，灵州的枢纽位置也因此丧失。[4]

河西走廊被西夏控制后，中原与西域间的联系亦需青海道支撑。北宋既无经营河西道、青海道的主导权，又遇到北方崛起诸族的强

---

[1]陈新海：《唃厮啰首府青唐城试探》，《中国藏学》，2000年第3期。
[2]（清）徐松辑：《宋会要辑稿》蕃夷六之四二，中华书局，1957年版，第7839页。
[3]祝启源：《青唐盛衰——唃厮啰政权研究》，青海人民出版社，2010年版，第153页。
[4]杨方方：《北宋时期西北地区民族分布与交通格局的改变》，《丝绸之路》，2009年第6期。

大压力，只能对河湟地区诸吐蕃部族采取怀柔政策，并接纳吐蕃诸部为宋朝的贸易伙伴。①

当时，秦州（今甘肃天水）是宋朝通西域的一个重要枢纽。从王韶熙河之役的行军路线看，当时从秦州至青唐城有两条路线：一越鸟鼠山经庆平堡，循东峪沟到临洮城（宋熙州）；一经竹牛岭，循抹邦山过会州城至临洮城，过洮西又合为一路，经康乐寨、当川堡至定羌城，往西越南阳城入牛精谷至河州。由河州经北原至安乡城，由炳灵寺渡河，过宋家城、川城至邈川，循湟水至青唐城。自河西走廊被西夏阻隔，青唐城及其西 40 里之林金城，就成为西来的贡使、商人往来宋朝必经之中转枢纽。②当时，河州至青唐的路途并不平坦，《续资治通鉴长编》卷 520 "元符三年春正月壬辰记事"记载："从河州到湟州二百四十五里，道路险厄，不通车乘，惟是头口驮载，人夫担负，瓦吹峡中，多遇寇掠。道无宿顿，人无饮食，畜无刍秣，雇到头驮及管押之人，如赴死地。"③

宋初，大食国（阿拉伯帝国）"入贡路由沙州，涉夏国，抵秦州。乾兴初，赵德明请道其国中，不许"，为此，阿拉伯一带的商人"取海路由广州至京师"。④河西道阻塞后，拂菻国（东罗马帝国）使臣"东自西大食及于阗、回纥、青唐，乃抵中国。"⑤于阗遣使东土的情形亦见于史籍：

---

①张雪慧：《试论唐宋时期吐蕃的商业贸易》，《西藏研究》，1998 年第 3 期。
②杨方方：《北宋时期西北地区民族分布与交通格局的改变》，《丝绸之路》，2009 年第 6 期。
③《续资治通鉴长编》卷 520，元符三年春正月壬辰记事，中华书局，1995 年版，第 12383 页。
④《宋史》卷 490《大食传》，中华书局，1977 年版，第 14121 页。
⑤《宋史》卷 490《拂菻国传》，中华书局，1977 年版，第 14124 页。

四年①，遣部领阿辛上表称"于阗国偻罗有福力量知文法黑汗王，书与东方日出处大世界田地主汉家阿舅大官家"，大略云路远倾心相向，前三遣使入贡未回，重复数百言。董毡使导至熙州，译其辞以闻。诏前三辈使人皆已朝见，锡赉遣发，赐敕书谕之。神宗尝问其使去国岁月，所经何国及有无钞略。对曰："去国四年，道途居其半，历黄头回纥、青唐，惟惧契丹钞略耳。"因使之图上诸国距汉境远近，为书以授李宪。八年九月，遣使入贡，使者为神宗饭僧追福。赐钱百万，还其所贡师子。②

　　从上述材料看，于阗对东土中原"倾心向同"，曾遣使三次皆未西归，说明西域与北宋往来路途险远，此次使臣经黄头回纥至青唐，说明他是从河西走廊西端酒泉一带南下至今柴达木盆地，经羌中道至青唐城的，后由董毡派人引至熙州，还助"译其辞"，这才完成此次朝贡。

　　从于阗、回纥、大食、拂菻等西域诸国的入贡路线可以看出当时青唐城向东至宋境的交通线路，其入贡路线有二：一是自青唐经湟州（青海乐都）循宗河（今湟水支流南川河）而下，出京玉关（今兰州西北），过西关堡（在京玉关东）到兰州，再由兰州东出会宁关（靖远县西北黄河岸旁），过石门关（固原县西北，即汉萧关故地），后出木峡关（今甘肃镇原县西南）而入渭州；或由木峡关入原州过泾州和邠州（陕西彬县）而到长安。二是自青唐经廓州渡黄河出河州凤林关（今临夏县西北黄河南岸），再循玛尔巴山经通远军的古渭寨（今甘肃陇西县）进入伏羌县（今甘肃甘谷县），再经三阳寨（今天

_____

① "四年"指宋神宗元丰四年，即公元 1081 年。
② 《宋史》卷 490《于阗国传》，中华书局，1977 年版，第 14109 页。

水市西北）到秦州城（今天水市），出大震关（今陕西陇县西北）到达长安。①

1980 年至 1981 年，考古工作者在清理新疆吐鲁番柏孜克里克石窟窟前堆积物时，发现了一件南宋时期杭州（临安）泰和楼大街某行铺招帖，上有木刻墨色印记一方，有文字五行：

□□□家打造南□

佛金诸般金箔见住

杭州泰和楼大街南

坐西面东开铺□□

辨认不误主顾使用

这个招帖当为石窟寺绘制壁画时遗留的物品，它应该是经四川通西域的丝道，先由临安运至成都，复由成都西北经松潘，取道柴达木，越过阿尔金山口进入塔里木的青海道的南段和西段，一如南北朝时期南朝与西域间的交通。②具体而言，从成都北上后，经松潘等地，过境今甘肃夏河到青海，由此西北行经捏工川（今青海同仁一带）、莽剌川（今青海贵南芒拉河一带）可至归德（今青海贵德）等藏区，与西去联系西域的丝绸之路相接。③

总之，由于河西道的阻塞，北宋只能通过青唐吐蕃政权与西域

---

①杨方方：《北宋时期西北地区民族分布与交通格局的改变》，《丝绸之路》，2009 年第 6 期。

②吴焯：《青海道述考》，《西北民族研究》，1992 年第 2 期。

③郑国穆、韩华：《甘南藏区茶马古道文化遗产考察研究——甘肃茶马古道文化线路遗产考察之二》，《鲁东大学学报》（哲学社会科学版），2014 年第 6 期。

交通，西域各国或从海路向北宋朝贡，或从酒泉、敦煌一带南下经羌中道至青唐城，北宋收复熙、河二州后，熙州成为西域使臣接受检验办理入贡许可的边卡，而作为唃厮啰政治中心的青唐城则成为青海道的中转枢纽。①南宋与西域的往来之路，则借助了吐谷浑时代南朝与西域各国间的丝道。

北宋时期，由秦州至青唐城的丝路，既是东西朝贡贸易的必经之路，也是北宋与唃厮啰间友好往来的重要区域内通道，两国间的贸易往来形成了当时的茶马、绢马贸易。茶马、绢马互市始于汉唐，一直延续到明清时期。茶马、绢马互市的对象主要是长城以北的蒙古人，西北的吐谷浑、吐蕃、回纥及西南地区诸羌，②互市的主要渠道则推动了民族贸易城镇的形成与发展，如青唐、邈川、河州（临夏）、洮州（临潭）、松潘、雅州（雅安）等城镇就是在茶马、绢马贸易的发展过程中扩大或形成的。③起初，宋廷用以市马的货物当中，布帛的量最大，至元丰年间，官府申明"专以茶博买马"，茶马贸易发展起来，从总体上取代了绢马贸易。④唃厮啰时期，饮茶之风从上层逐渐向普通老百姓的生活扩散，对茶叶的需求量增加，两宋因对北方少数民族的战争而对战马的需求，促使宋朝政府开始介入汉、藏间茶马贸易，因而茶马古道上的往来人群大增，茶马古道一度繁荣。⑤当时的茶马贸易是由宋朝官府在四川、陕西、甘肃以及青海等地接

---

①殷红梅：《喀喇汗王朝与中原的贸易往来》，《新疆地方志》，2000年第3期。

②李明伟：《贸易路上的西北商镇》，《兰州商学院学报》，1990年第4期。

③石培基：《甘、川、青交接区域区际联系与民族经济社会开放开发研究》，《民族研究》，2000年第3期。

④张雪慧：《试论唐宋时期吐蕃的商业贸易》，《西藏研究》，1998年第3期。

⑤聂和平、杨洋：《古代巴蜀地区对外陆路交通小考》，《齐齐哈尔大学学报》（哲学社会科学版），2012年第6期。

连吐蕃等族的特定区域所直接经营和垄断的，它的目的不是追求商业贸易的经济利益，而是保证军事上对战马的需要。①

在西北，秦州、熙州、河州、洮州等茶马互市机构所在的地方也逐渐成为西北民族贸易的中心市场。大致在熙宁之前，西北茶马互市主要以秦州为中心，熙宁后则西移至熙河洮岷诸地，主持贸易的机构名目则有买马场、买马司、市易务、折博务等等。②唃厮啰以"河曲马"交换产自内地的茶叶、布帛等，宋朝亦通过设在缘边地区的马市与唃厮啰保持长期的经济往来，区域内的这种经济活动也促进了青海道的进一步发展。

---

①贾大泉：《宋代四川同吐蕃等族的茶马贸易》，《西藏研究》，1982 年第 1 期。
②杜常顺：《民族贸易与西北地区城镇的发展》，《北方民族大学学报》（哲学社会科学版），2012 年第 5 期。

第四节

元明清时期青海道的衰落

元明清时期，海上丝绸之路逐步取代了陆路丝绸之路的部分商贸功能；中亚地区的政治局面也阻碍了中国与西亚、近东及欧洲的交流；中原王朝对河西地区的有效统治也弱化了青海道的作用。种种原因致使青海道的国际化程度大大萎缩。不过，作为区域性通道，青海道仍发挥着作用。

一、元明时期的青海道

元时，西藏地区归入我国版图，藏传佛教也受到元朝的崇信，西藏与中原的交往愈加密切，除利用唐蕃古道外，还开辟了从河州经循化、化隆藏区至西藏的通道，青海道的区域功能借此得以进一步发展。当时，蒙古帝国控制着东亚至西亚的广大区域，大大方便了东西间的商贸往来，撒拉族祖先循丝路东进，最终徙驻循化一带，青海道因此影响到了当时的民族分布格局。明时，青海道的国际通道功能进一步弱化，青海道日趋衰落。不过，作为区域内通道，青海道因茶马贸易的兴起而发挥了较显著的作用。

（一）元代的青海道

蒙古统一青藏高原，攻伐南宋、大理时，曾借助过青海道及其缘边地区。如忽必烈南下大理以洮岷地区为其后方补给，[①]利用自北向南的丝道作为行军路线顺利南下。

窝阔台汗时，蒙古大军进入乌斯藏地区，西藏上层为之震动。1244年，西藏归顺蒙古。1260年，忽必烈封藏传佛教萨迦派首领八思巴为国师。元朝将青藏高原纳入统治版图后，曾封驸马章古为宁璞郡王，镇西宁，"于河州设吐番宣慰司，以洮、岷、黎、雅诸州隶之，统治番众。"[②]同时，在今青海东部农业区，湟水流域设西宁州，归甘肃行省管辖；黄河以南设贵德州、积石州，归陕西行省管辖。贵德州、积石州的藏族部落则隶于设在河州的"吐蕃等处宣慰使司都元帅府"，青海牧区属宣政院辖地。这种地方行政设置是历史上属国制、羁縻州府制的发展，[③]集中体现了元朝在行政体制上的特殊性。元代在青海的地方官设置也具有一定的特殊性，如贵德州设"达鲁花赤、知州各一员，同知、州判各一员，脱脱禾孙一员，捕盗官一员"[④]。其中一部分职官与前朝相同，一部分则明显具有时代性。

元在河湟地区的行政建置，既为维护地方稳定奠定政治基础，也为沿线丝路的使用、维护提供了方便。为维持对整个藏区的统治，元朝还开通了内地至朵思麻（甘青）、朵甘思（康区）、乌斯藏（西藏）的三条驿道，并在沿线设立驿站，方便了中原与藏区的联系，也加

---

① 王一清：《历史上甘南的民族贸易简述》，《中国藏学》，1993年第3期。

② 《明史》卷330《西番诸卫传》，中华书局，1974年版，第8539页。

③ 芈一之：《论历代对青海地区的特殊政策——青海地区开拓史的回顾》，《青海民族学院学报》（社会科学版），1990年第2期。

④ 《元史》卷87《百官志三》，中华书局，1976年版，第2196页。

强了元朝对藏区的军事控制。[①]其中，内地通朵思麻藏区的驿道多沿用既有的丝路及沿线城堡。《汉藏史集》记载，忽必烈曾派答失蛮入藏选点设站，指示其"自萨迦以下，可视道路险易、村落贫富，选择适宜建立大小驿站之地，仿照汉地设立驿站之例，立起驿站来"[②]。答失蛮携带着给吐蕃各级僧俗首领赏赐所需的物品，前往藏区，"首先，他到了吐蕃地方佛教再弘的发源地——朵思麻的丹底水晶佛殿，依次经过朵堆（即朵甘思）、卓多桑珠、藏，最后到了具吉祥萨迦寺。……从汉藏交界之处起，直到萨迦以下，总计设置了二十七个大驿站。若分别叙述，由朵思麻站户（支应的）七个大站，在朵甘思设立了九个大站，在乌斯藏设置了十一个大站。"[③]丹底寺在今青海化隆县境内，朵堆（朵甘思）在通天河北岸、巴颜喀拉山脉一带。答失蛮一行设置的驿站，是由青海进入西藏，[④]说明当时沿今青海黄河一带向西，经沿途既有驿站，依循原唐蕃古道即可进藏。[⑤]元朝还在河州、洮州、西宁等地设置贸易场所，[⑥]周边各民族沿原有丝道从四面八方聚此交易，回回商人从松潘等处购得的茶叶等商品也出现在这些市场上，[⑦]民族贸易因之繁盛。

---

① 陈光国：《青海藏族史》，青海民族出版社，1997 年版，第 219 页。

②（明）达仓宗巴·班觉桑布著，陈庆英译：《汉藏史集》，西藏人民出版社，1986 年版，第 168 页。

③（明）达仓宗巴·班觉桑布著，陈庆英译：《汉藏史集》，西藏人民出版社，1986 年版，第 168 页。

④ 赵毅：《明代内地与西藏的交通》，《中国藏学》，1992 年第 2 期。

⑤ 祝启源、陈庆英：《元代西藏地方驿站考释》，《西藏民族学院学报》，1985 年第 3 期。

⑥ 王一清：《历史上甘南的民族贸易简述》，《中国藏学》，1993 年第 3 期。

⑦ 张泽洪：《茶马古道的松潘回族与伊斯兰教》，《北方民族大学学报》（哲学社会科学版），2014 年第 1 期。

元代青海道在沟通中西方面的一大盛事即是撒拉族沿丝绸之路东行，最终定居于青海循化。撒拉族原是中亚撒马尔罕一带突厥乌古斯部的一支，元初，在其首领尕勒莽兄弟的率领下经河西走廊，辗转至甘南夏河县的甘家滩，随后赶来的 45 人"经天山南路进入青海地区"[1]，最终定居在今青海循化一带。撒拉族的西迁与元设置在积石州的重要驿站有一定关系，这一驿站是连接甘青两地的主要驿道，也是设于河州的吐蕃等处宣慰使司都元帅府有效管理河湟一带的驿站及藏区事务的关键通道，战略位置相当重要。蒙古征服者长年东征西战，麾下疆域广而兵卒少，故派遣撒拉先民到此地并赐予世袭达鲁花赤之职，以安抚积石州驿道上的吐蕃庶民。[2]总之，连通西域的青海道成就了一个民族的东迁，元朝对青海道沿线驿站的经营、维护则促使其进一步发展、壮大，青海道对当时民族分布格局的重要影响可见一斑。

（二）明代的青海道

明时，青海道的功能进一步弱化为区域内通道，即便是区域内，青海道与其他丝道的连接及走向也因种种原因发生着变化，如岷江支道由原来的南北走向改为东西走向，成为从成都、经甘南至汉中及秦州、关中等的通道，[3]由此北上与青海道相接的路线虽仍通行，但不再受到重视，这与由此至西域路线的荒废不无关系。不过，由中央政府主导的茶马贸易体系中，青海道成为连通中原与藏区茶马交易的重要通道，丝路青海道借此也有一定发展。

历史上，汉藏茶马贸易的路线以川藏道、滇藏道与青藏道三条

---

①崔永红等：《青海通史》，青海人民出版社，1999 年版，第 274 页。

②尕藏扎西、昂毛吉：《论元初撒拉族东迁及其与藏族文明的互动》，《内蒙古民族大学学报》（社会科学版），2013 年第 2 期。

③何效祖：《丝绸之路河南道》，《丝绸之路》，2006 年第 1 期。

大道为主线，辅以众多的支线、附线，构成一个庞大的交通网络，地跨川、滇、青、藏四区，外延达南亚、西亚、中亚和东南亚各国。[①]明朝是汉藏茶马贸易的繁盛时期，茶叶的运输、买卖等由茶马司办理，以杜绝茶叶走私，[②]茶马贸易不仅是一种经济关系，也是一种政治关系，明人以为"番人恃茶以生，故严法以禁之，易马以酬之，以制番人之死命，壮中国之藩篱，断匈奴之右臂，非可以常法论也"[③]。明政府通过茶马贸易全面巩固了对藏区的统治。[④]

明洪武三年（1370年），邓愈统率诸将攻克洮州、岷州、河州、西宁等地，并由东而西设置了数十座关隘，史称"明代二十四关"或"明代边墙"[⑤]。明朝在上述重要地区设置卫所，加强管理并使河湟洮岷地区逐步成为西北茶马贸易的中心区域，这一区域是秦陇南道、青海道和西蜀丝道的枢纽，从此区域可东下三陇，南通益州，北控河湟，西蔽河源。黄河盘桓其间，白龙江、洮河、大夏河在叠嶂峰峦间劈开一条条自然通道，给各族人民互通往来、交流贸易创造了便利条件。[⑥]

明初，先后在秦州、洮州、河州、雅州、甘州、庄浪、西宁等地设立茶马司。此外，岩州（宕昌）、松潘、打箭炉、中卫、民乐也

---

① 任新建：《茶马古道的历史变迁与现代功能》，《中华文化论坛》，2008年第S2期。
② 濮蕾：《试论明朝政府的"茶马互市"管理制度》，《贵州大学学报》（社会科学版），2013年第3期。
③ 《明史》卷80《食货志四》，中华书局，1974年版，第1951页。
④ 张永国：《茶马古道与茶马贸易的历史与价值》，《西藏大学学报》，2006年第2期。
⑤ 陈世明：《明代甘肃境内二十四关考略》，《西北民族学院学报》（哲学社会科学版），1990年第1期。
⑥ 王一清：《历史上甘南的民族贸易简述》，《中国藏学》，1993年第3期。

是茶马交易的市口。①洪武五年（1372 年），明设秦州茶马司，主持入藏茶马贸易。当时西北的茶马交易从陕西紫阳始发，经石泉、西乡到汉中，经汉中"批验所"检验后分两路进入藏区。一路经勉县、略阳、徽县、西和到达临潭，从此处向西进入藏区；另一路经凤县、两当到达秦州，后经甘谷、武山、陇西、临洮到河州，从此处进入藏区。②川茶则从成都启运，经绵阳、昭化、广元，集中到汉中的南郑，在南郑加工后再经略阳、徽县运至秦州，以此为集散地，再分路运至陇右、青海等地。③上述茶马贸易的路线包括了湟中道和河南道的部分路线。

洪武七年（1374 年），明朝廷设河州茶马司，甘、青藏区马匹至此交易。洪武二十六年(1393 年)，明政府在雅州(今雅安市)、黎州(今汉源县)设茶马司，康藏茶马古道自此始兴。之后，茶马司迁往汉藏贸易中心的康定，主持入藏茶马交易，令将雅安、天全、名山、射洪、邛崃五县所产茶 240 万斤（明中叶后增为 340 万斤，清代为 1 100 万斤），在雅安压制成茶砖，经背夫翻雪山背运至康定，然后分三路入藏。一路由康定越雅砻江至理塘、巴塘到昌都，再行 300 里至拉萨；一路由康定经道孚、甘孜渡金沙江至昌都，再由昌都趋玉树、结古入青海；另一路为经懋功达藏县趋松潘入甘南藏区。④陕甘茶马古道到达临潭、河州后，与康藏茶马古道连在一起，沿线草原流传的歌谣"三脑九坪十八关，一锣一鼓上松潘，上一次松潘过一次冬，下一次灌县

---

① 李明伟：《贸易路上的西北商镇》，《兰州商学院学报》，1990 年第 4 期。
② 李刚、李薇：《论历史上三条茶马古道的联系及历史地位》，《西北大学学报》（哲学社会科学版），2011 年第 4 期。
③ 贾大泉、尉艳芝：《浅谈茶马贸易古道》，《中华文化论坛》，2008 年第 S2 期。
④ 李刚、李薇：《论历史上三条茶马古道的联系及历史地位》，《西北大学学报》（哲学社会科学版），2011 年第 4 期。

过一次春"，形象地记述了这两条茶马古道的联系。①

洪武三十年（1397 年），"改设秦州茶马司于西宁"②。西宁成为汉藏茶马贸易的中心，河湟藏族部落、海西蒙古部落贡马皆须至西宁交易，青海道因茶马贸易的繁盛迎来了新的发展机遇。正统十四年（1449 年），明廷敕谕光禄寺寺丞张如宗等从陕西、四川运茶至西宁时说："尔等务要公廉详慎……严禁管运茶课官吏差使人等……假公营私，生事剥削。"③可见西宁茶马司之重要。

明初，一改从河州经循化、化隆、河曲一带进藏的传统，复又经营从西宁至拉萨的大道，西宁又成为进藏的桥头堡。为了方便使者道途往来，永乐五年（1407）三月，明成祖"谕怕木竹巴灌顶国师、阐化王吉剌思巴监藏巴里藏卜、同同护教王、赞善王、必力工瓦国师、川卜千户所、必里、朵甘、陇答王，卫川藏等族，复置驿站，以通西域之使。令洮州、河州、西宁三卫，以官军马匹给之"④。同月，"辛未敕都指挥同知刘昭、何铭等往西番、朵甘、乌思藏等处设立站赤，抚安军民。"⑤历时一年多时间，何铭等完成了修复驿站的使命，永乐七年（1409）二月，"陕西都指挥同知何铭等六十人往乌思藏等处分置驿站，还奏。"⑥永乐十二年（1414 年），这条驿道进行了第二次整修，史载：

---

①李刚、李薇：《论历史上三条茶马古道的联系及历史地位》，《西北大学学报》（哲学社会科学版），2011 年第 4 期。

②《明史》卷 80《食货志四》，中华书局，1974 年版，第 1948 页。

③《明英宗实录》卷 179，中央研究院历史语言研究所校印本，1966 年版，第 3452 页。

④《明太宗实录》卷 65，中央研究院历史语言研究所校印本，1966 年版，第 918 页。

⑤《明太宗实录》卷 65，中央研究院历史语言研究所校印本，1966 年版，第 919—920 页。

⑥《明太宗实录》卷 88，中央研究院历史语言研究所校印本，1966 年版，第 1170 页。

"己卯遣中官杨三保赍敕往谕乌思藏怕木竹巴灌顶国师、阐化王吉剌思巴监藏巴里藏卜、必里工瓦阐教王领真巴儿吉监藏、管觉灌顶国师护教王宗巴斡即南哥巴藏卜、灵藏顶国师赞善王著思巴儿监藏巴藏卜及川卜、川藏、陇答、朵甘、答笼、匝常、剌恰、广迭、上下邛部、陇卜诸处大小头目，令所辖地方驿站有未复旧者，悉如旧设置，以通使命。"[1]据学者考证，必里卫在河州以西地区，朵甘卫地辖今四川甘孜、青海玉树、西藏昌都等地区，川卜、川藏族在今甘肃境内的河州（临夏）、洮州（临潭）一带。明初经西宁进藏的主要线路为从西宁经日月山、和尔曲（倒淌河）、琐力麻川（玛多）、鄂灵海（鄂陵湖）、查灵海（扎陵湖）、毕力术江（通天河[2]）、当拉岭（唐古拉山脉）、必力工瓦（止贡）、墨竹（墨竹工卡）至拉萨。[3]通过这两次整修，汉藏驿道畅通无阻，使臣往还无虞。

宣德二年（1427年），乌思藏怕木竹巴灌顶国师阐化王遣使入贡，回还途中，"归至西宁，与驿丞子斗争，杀其子事闻，上以其远人，特宥之，遣还。仍敕阐化王，谕令改过。"由此可知，当时贡使往还皆取经西宁的青藏道。正统五年（1440年），"乌思藏等处番使已遣人护送回还，至西宁札木地方，散于丹的寺等簇寄住。"[4]

明朝"绸缪边防，用茶易马，固番人心，且以强中国"，试图"用

---

①《明太宗实录》卷147，中央研究院历史语言研究所校印本，1966年版，第1725页。

②吴均先生综合考证认为毕力术江即通天河上游，参见吴均：《安定、曲先、罕东、必里等卫地望及民族琐议》，《青海师范大学学报》（社会科学版），1988年第3期。一说为青海湖布哈河，参见妥超群等：《毕力术江考——明代曲先卫地望及相关地名考》，《民族研究》，2011年第6期。

③赵毅：《明代内地与西藏的交通》，《中国藏学》，1992年第2期。

④《明英宗实录》卷65，中央研究院历史语言研究所校印本，1966年版，第1245页。

陕西汉中茶三百万斤，可得马三万匹，四川松、茂茶如之"①。实际上，西北地区茶马贸易规模远不及此。中原对马的需求及朝贡贸易中不对等的贸易交换也刺激了茶叶走私，至明中期，一些奸商、豪右及边关将吏相互勾结破坏茶法、马政②，致使茶马司"所积渐少"③。弘治三年（1490年），明政府允许洮州、河州、西宁三茶马司召令商人从内地运茶，所运之茶十分之四官收，其余十分之六可由茶商与边民自由买卖，④对其做出一些限制，以加强对茶马贸易的控制、管理，尤其对与青海蒙古部落间的茶马互市进行严格限制。⑤嘉靖十五年（1536年），"御史刘良卿上言：'……洮、岷、河责边备道，临洮、兰州责陇右分巡，西宁责兵备，各选官防守。失察者以罢软论。'……于是茶法稍饬矣。"⑥据统计，"从公元1490—1601年（弘治三年至万历二十九年）的111年中，仅四川、陕西等地行销甘青藏区的茶叶，分别为30万到80万斤。"⑦明代文学家汤显祖曾赋诗："黑茶一何美，羌马一何殊。羌马与黄茶，胡马求金珠。"足见当时茶马贸易的兴盛。⑧经青海道进行的汉藏茶马贸易，促进了汉藏间的文化、商贸交往，加深了两族间的友谊，因而具有深远的历史意义。⑨

---

① 《明史》卷80《食货志四》，中华书局，1974年版，第1949页。

② 吴仁安：《明代川陕茶马贸易浅说》，《中国社会经济史研究》，1984年第2期。

③ 《明史》卷80《食货志四》，中华书局，1974年版，第1950页。

④ 聂静洁：《略论历史上的茶马贸易》，《黑龙江民族丛刊》，1999年第1期。

⑤ 秦川：《明朝中期茶马贸易的民间化与政府的对策》，《西北师大学报》（社会科学版），1991年第4期。

⑥ 《明史》卷80《食货志四》，中华书局，1974年版，第1952页。

⑦ 陈光国：《青海藏族史》，青海民族出版社，1997年版，第325页。

⑧ 张永国：《茶马古道与茶马贸易的历史与价值》，《西藏大学学报》，2006年第2期。

⑨ 郭弘：《略论明代汉藏民族间的茶马贸易》，《开发研究》，2001年第4期。

二、清代青海道的衰落

清初，因袭前明旧制，湟水中下游地区归西宁卫管辖，黄河以南的今青海尖扎、贵德等地归河州卫归德千户所管理，均隶属于陕西行都司和陕西布政使司。雍正三年（1725年），改西宁卫为西宁府，隶甘肃布政使司。西宁府下辖二县一卫一所，分别为西宁县、碾伯县、大通卫和贵德所。平定罗卜藏丹津叛乱后，鉴于青海牧业区经济社会发展明显落后于内地的实际情况，采取了特殊的统治体制，由中央设置西宁办事大臣对青海蒙藏地区进行管理。[①]清政府在青海的移民屯田范围远远超出前朝范围，不仅在河湟地区实施民屯，还出于军事目的，在柴达木盆地的额色尔津、哈尔海图、夏日哈、诺木洪等地实施军屯，在适宜于农业的蒙藏民族聚居区移民屯垦，[②]这些屯田活动促进了当地社会经济的发展。[③]

清初，西宁以东仍保留了明以来的7个驿站，并在明代基础上扩大了驿站规模，驿马、驿夫均有增加。清乾隆至清道光初，西宁府根据实际需要，新设了一些驿站，乾隆元年（1736年），在西宁城北20公里设长宁驿（今大通县长宁乡），又北35公里设在城驿，后改称向阳驿，由大通卫守备管理。此二驿设于湟中道的支线上，是由大通北上经扁都口至甘州(张掖)的重要驿站。乾隆十一年(1746年)，在西宁西25公里设镇海驿（今湟中县多巴镇南通海村），又西20公里设丹噶尔驿（今湟源县城关镇），又西南30公里设哈拉库图尔驿（今湟源县日月乡哈城村）。这三个驿站设在湟中道的干线上，

---

①崔永红等：《青海通史》，青海人民出版社，1999年版，第340页。

②崔永红：《清初青海东部的兴屯开荒和屯田民地化问题》，《青海社会科学》，1991年第4期。

③崔永红：《清雍正年间青海额色尔津、哈尔海图屯田述略》，《青海师范大学学报》（社会科学版），1991年第3期。

由此向西、向南与羌中道、河南道相连，可通往西藏、新疆。乾隆七年（1742年），在西宁南25公里设申中驿（今湟中县上新庄乡申中村），又南40公里设朝天堂驿（约在今贵德县尕让乡），又南45公里设贵德驿（今贵德县河阴镇）。这些驿站的设立改变了西宁只有向东走才有驿站的状况，向北、向西、向南行都有了驿站。[①]当时，由河州至西宁多经循化，巴州驿、古鄯驿因之衰落，乾隆七年被裁撤。总之，清初，中央王朝在青海的行政建置、屯田、邮驿设置及对蒙藏地区的有效管理，为青海道的畅通奠定了坚实的政治、经济基础。

清初，因袭明制，在青海等地举办茶马交易，"司茶之官，初沿明制。陕西设巡视茶马御史五：西宁司驻西宁，洮州司驻岷州，河州司驻河州，庄浪司驻平番，甘州司驻兰州。寻改差部员，又令甘肃巡抚兼辖，后归陕甘总督管理。"[②]当时，茶叶先由潼关、汉中二处盘查，运至巩昌，再经通判察验，然后分赴各司，交纳官茶贮库，"商茶听商人在本司贸易。凡于寺院番族中获之马，拨解京营西安八旗督标以及提镇各营。"[③]雍正三年（1725年），"西司茶务归西宁府管理。"[④]茶马贸易的持续发展也为青海道沿线经济的繁荣及其交通功能的发展提供了历史机遇。

作为区域内通道，当时的青海道促进了民族贸易的发展。清初，河州、松潘一带为青海蒙古互市之地，平定蒙古叛乱后，年羹尧上"善后事宜十三条"，其中第三条选定"西宁西川边外有那拉萨拉地方，

①毕艳君，崔永红：《古道驿传》，青海人民出版社，2007年版，第96页。

②《清史稿》卷124《食货志五》，中华书局，1977年版，第3651页。

③（清）杨应琚纂修，李文实校注：《西宁府新志》卷17《田赋》，青海人民出版社，1988年版，第431页。

④（清）杨应琚纂修，李文实校注：《西宁府新志》卷17《田赋》，青海人民出版社，1988年版，第433页。

请指定为集"①。那拉萨拉即日月山,这里是清廷最初选定的互市之地。
《清实录》:"今查亲王察汗丹津、公拉查卜等诸台吉部落居住黄河之
东,切近河州,去松潘亦不甚远,向来原在河州松潘两处贸易,今
若止令在于那拉萨拉一处恐不足供黄河东西两翼蒙古易卖,莫若仍
令在河州、松潘贸易,终觉稳便……再查郡王额尔得尼厄尔克托克
托奈、郡王色卜腾扎尔等诸台吉部落住牧黄河西边,相近西宁,请
将贸易之地移在西宁口外丹噶尔寺。至蒙古贸易,全藉牲畜,每在
六月以后,请每年不定限期,仍听不时贸易,则蒙古商贩均获利益
矣。"②清廷采取因利就便之策,最终确定黄河之南的蒙古部落在河州、
松潘互市,而海西蒙古则在丹噶尔互市,原定为每年二、八月贸易
两次,后改为四季贸易,以示优遇。③雍正三年(1725 年),清廷把
"蕃夷贸易之事"改迁至东科尔。乾隆六年(1741 年)、乾隆八年
(1743 年),清廷与准噶尔部有过两次大的互市交易,皆在东科尔
办理交易事务。第一次"收买各项夷货。除硫黄四十五斤、香牛皮
三百四十二张已在西宁变价外,先后共收买黄狐皮八万四千九十六
张、沙狐皮三万三千五百九十二张、白羊羔皮二万九千九百四十二
张、狼皮三千八百二十张、黑羊羔皮三千五百六十二张、红羊羔
皮九百三十四张、野狸皮三百张、硇砂二万二千三百二斤、葡萄
四千八百斤、羚羊角八万五千九百六十三枝。"④第二次交易时,动
用"官帑、绸缎、茶叶,与之公平易换"⑤。

---

① 《清世宗实录》卷 20,雍正二年五月,中华书局,1985 年版,第 331 页。
② 《清世宗实录》卷 32,雍正三年五月,中华书局,1985 年版,第 482—483 页。
③ 夏阳:《清代丹噶尔贸易简论》,《青海社会科学》,1987 年第 4 期。
④ 中国第一历史档案馆:《乾隆前期准噶尔部与内地的贸易史料(上)》,《历史档案》,1992 年第 2 期。
⑤ 中国第一历史档案馆:《乾隆八至十五年准噶尔部在肃州等地贸易》,《历史档案》,1984 年第 2 期。

　　清中期以来，茶马贸易废弛、驿道管理松懈，致使青海道衰败；同治、光绪年间，青海河湟地区回乱不止，社会经济因之凋敝[1]；西方列强入侵使中国沦为西方资本主义国家商品的倾销之地，原有的一些产业因之败落，加之一些口岸的开放，使得商品的流通渠道发生大的变化，从而加速了青海道的衰落。以丹噶尔为例，清前期，玉树藏货在丹噶尔的销售额为"银六、七万两"，至近代萎缩至"二、三万两而已"[2]。这座闻名于世的民族商贸城镇，在清嘉庆、道光之际仍较兴盛，"青海、西藏番货云集，内地各省客商辐辏。"然而，至咸丰、同治时期，"久经戎马，番货委积，顾问无人，丹地商业之衰，未有甚于当时者也。"过去，蒙古、西藏、玉树等地的商品皆须运至丹噶尔销售，"毫无他泄"，但"近来藏、番之货，西泄于英吉利、印度之商，玉树远番之货，南泄于打箭炉、松、茂之川商；蒙古近番之货，北则甘、凉、瓜、沙，南则洮、岷、河州，无所不之。甚则川、甘边属商民之狡者，私行出口。溷居番地，希图渔利，为之播弄而倡导，紊乱定规，以致蒙、番贸易之途，纷歧多方，事不归一……"[3]由此可见，茶马贸易的废弛，清政府对民族贸易管理权的沦丧，西方商品的涌入等导致了丹噶尔的衰落，而这一贸易重镇的衰败也意味着青海道的衰落。

　　清中期以来，青海道交通功能逐步衰退，但这并不意味着这条古老的丝道不再为人使用，实际上它仍然在发挥区域内人员往来、商品运输的功能。民国时期，"湘西王"陈渠珍从西藏经柴达木回内

---

①李健胜：《清代—民国西宁社会生活史》，人民出版社，2012年版，196—200页。

②（清）杨治平编纂，何平顺等标注：《丹噶尔厅志》（青海地方旧志五种），青海人民出版社，1989年版，第280页。

③（清）杨治平编纂，何平顺等标注：《丹噶尔厅志》（青海地方旧志五种），青海人民出版社，1989年版，第284—285页。

地时，曾在蒙古地方受人款待，见到"挂面质白而良，闻购自西宁者"①，还遇到汉族商人，"新自西藏来，过谈甚欢洽，云：'来此已久，乃贩运西宁布匹、麦面、磁、铁器物至青海各处易皮革、茸麝者。'"②这说明直到近代青海道仍在发挥着连通青藏的交通功能。

---

①陈渠珍：《艽野尘梦》，西藏人民出版社，2009 年第 2 版，第 225 页。

②陈渠珍：《艽野尘梦》，西藏人民出版社，2009 年第 2 版，第 235 页。

叁 路贯东西：丝路青海道的交通网络

本章以吐谷浑时期的青海道交通网络为基准，结合各个时期的发展、变迁，在厘清河南道、羌中道、湟中道三大干线内部支线网络的基础上，研探三大干线的交并，以及青海道与其他丝道相连通的具体状况，从整体梳理青海道的交通网络。

青海道干线及其内部交通网络

第一节

河南道是丝路青海道向南的干线，共有东、中、西三条支线。三条支线间有丝道相连，支线内也有不同的岔路。羌中道有南、北两条支线，每条支线在东西两端有不同的走向，二者间也有丝道相连。湟中道的干线基本与湟水流向一致，有乐都—武威、西宁—张掖等支线。

一、河南道支线探析

如前所述，河南道是丝路青海道向南的干线，其内部又有几条支线与青海北部丝道、甘肃及四川地区丝道相连接，从而发挥区域内通道及国际通道的作用。学术界对河南道的支线组合已有较翔实的研究，除部分线路描述与事实不符外，基本能揭示河南道内部的交通网络构架。

青海省内学者对河南道支线的考察以张得祖、崔永红等人为代表，张得祖先生认为，河南道有两条支线：一条是吐谷浑早期牙帐所在地慕贺川（今青海贵南县茫拉河流域）沿黄河南东达洮河上游，经龙涸再沿岷江南下至益洲；另一条是经洪和城（今甘肃临潭县）沿嘉陵江或汉江入长江，而后自长江而下抵达建康的道路，即是河南道东段的主要线路。①毕艳君、崔永红合著《古道驿传》所述河南道支线为：

河南道东段起自龙涸（今四川松潘），然后有北中南三条支线。北线经洪和（今甘肃临潭），西至今甘南合作，抵夏河，经甘家滩，入今青海黄南州境的同仁瓜什则，至保安，西行经兰采（今同仁县兰采乡）、周屯（今贵德县东沟乡）抵浇河（今贵德河阴），然后从龙羊峡过黄河，从共和县切吉草原西去吐谷浑城或伏俟城。中线经今四川若尔盖、青海河南、泽库，到贵南县茫拉川，即达吐谷浑早期的总部（都城）沙州慕贺川（今贵南穆格塘沙碛一带），由慕贺川西行，从尕马羊曲西渡黄河，经曼头城（今兴海县河卡乡东南），至吐谷浑城（今都兰）。南线是从今四川若尔盖西北行，循阿尼玛卿山北麓，过今同德县并在曲什安河口一带过黄河，经今兴海县大河坝河流域，越扎梭拉山口至吐谷浑城或伏俟城。这三条支线互相并行，但又不是互不相连的，根据需要串行的情况较为多见。②

上述关于河南道三条支线的描述虽较翔实，但与事实多不相符。文中所谓"河南道北线"东面还有一条支线未涵括于内，有关"北线""中线"的描述中忽略了河南道经贵南穆格滩草原从拉乙亥黄河渡口至共和曲沟再北上切吉草原通往伏俟城的一条线路。

最能清楚地描述河南道交通网络架构的是陈良伟先生，他不

---

① 张得祖：《古玉石之路与丝绸之路青海道》，《青海师范大学学报》（哲学社会科学版），2008年第5期。

② 毕艳君、崔永红：《古道驿传》，青海人民出版社，2007年版，第42—43页。

仅利用文献资料考察了河南道支线的具体状况，还通过实地考古调查充实了相关认识，较清晰地勾勒出河南道的支线网络。陈先生所定义的河南道基本包括了青海道的全部，就青海黄河以南的丝道而言，陈先生认为自东向西可分为洮河支道、隆务河支道和河源支道，[①]它们自南向北，从西蜀丝道至岷江、白龙江上游，经今甘肃迭部县卡坝乡等地向北、向西贯穿甘南草原、青海海东、黄南、海南等地，越黄河北上与其他丝道相连接。陈先生从广义上的"河南道"理解、命名各支线，其概念的涵括和指涉已超出了具体的河南道，比如，从白龙江流域向西北行至青海海东地区的丝道，所经区域基本上不在洮河流域，因此以"洮河支道"命名这条丝道是不合理的。

笔者拟在上述研究基础上，以东、中、西三条支线命名河南道支线，以这三条支线自南向北的方向概述其路线与走向，重点探析沿途古道、古城、渡口、关隘等与三条支线的关系，以确定支线形成的时间及其兴衰历程。

（一）东线概述

这条支线在白龙江流域南接西蜀丝道向北经甘肃卓尼、合作、临夏，进入青海循化县境，经化隆群科镇北上至平安，向西到达西宁，或从化隆群科向西进入隆务河流域与中线相交。

东线进入青海境内，首先与循化道帏乡起台堡古城相遇。起台堡由三座小城组成，呈品字形，其中东城和南城称为东关、南关。据《循化志》卷2《城池》载，该城"周围长一百九十二丈，高四丈，明时建"。这座古城与起台堡黑城和张沙古城皆相距1公里左右，其

---

① 陈良伟：《丝绸之路河南道》，中国社会科学出版社，2002年版，第11页。

中，起台堡黑城内出土四系罐等唃厮啰遗物，张沙古城内出土有清代及民国时期的钱币。[①]从起台堡城中出土的板瓦和筒瓦残件看，该城可能始筑于吐谷浑时期。[②]

从起台堡城往北至循化白庄乡张尕村起台河与科哇河交汇处，即是著名的张尕塌城，该城"周长约一公里，呈不规则形，基宽约 6 米，残高约 8 米。开东门。城内曾出土刻有'大唐贞观××年'纪年的门限、宋代'大观通宝'钱和唐宋时期的砖、瓦、陶片等遗物"[③]。该城筑于何时，甚难确定，据李智信先生考辨，该城应当是唐米川旧县故城，宋代沿用。南北朝至隋唐间，由张尕塌城经起台堡、双城和麻当古城前往洮河流域的卓尼、临潭，道路比较畅通。

从张尕塌城向北有黄河，因河面甚宽不宜渡过，因此，古代交通主要由张尕古城西向至群科古城。群科古城位于化隆县群科乡内，城垣周长 2 000 米，南距黄河不足 0.5 公里。该古城实为群科下城，城址范围大于清代金钢城，是东晋时期的河湟城和唐代廓州故城。在黄河和昂斯多河的冲击下，此处形成良好的河谷地，地势宽阔，交通便利，是西接河南道中线，北上至湟水流域的交通要道。

这里有著名的廓州渡。《水经注》卷 2 云："河水又东北迳黄河城南，西北去西平二百一十七里。"《水经注疏》引董佑诚曰，黄河城"在当今西宁县东南，巴燕戎格厅西境"。可知廓州渡即在今化隆群科镇，这一渡口当是过黄河后经群科古城北上至昂斯多的必经之地。据刘满先生实地考察，廓州渡位于今群科村南。[④]

---

①李智信：《青海古城考辨》，西北大学出版社，1995 年版，第 168—169 页。
②陈良伟：《丝绸之路河南道》，中国社会科学出版社，2002 年版，第 171 页。
③李智信：《青海古城考辨》，西北大学出版社，1995 年版，第 164—165 页。
④刘满：《西北黄河古渡考（一）》，《敦煌学辑刊》，2005 年第 1 期。

过黄河北上即至今化隆昂斯多镇，该镇交通条件十分便利，"由此向南经廓州可西通贵德，南通同仁，东南通卓尼；由此北行，经平安、西宁、刚察可通伏俟城；由此东南行，经化隆、甘都、循化可往河州。"[1]

化隆境内还有邯川城渡。《水经注》卷2云："河水又东迳邯川城南，城之左右，历谷有二水，导自北山，南迳邯亭，注于河。"邯亭，是汉代东、西邯，为屯田之地，今化隆甘都镇。邯川渡出现较早，它是南下的重要通道，也是沟通甘肃河州地区与湟水流域的要冲。这一渡口连接了河南道东线的另一条支线，即从此处东行经河州至今甘肃临潭，沿嘉陵江或汉江入长江，而后自长江而下抵达建康的丝路。

据《旧唐书·吐蕃传》记载，唐玄宗开元二十六年（738年），鄯州都督杜希望"从鄯州发兵夺吐蕃河桥，于河左筑盐泉城"，《循化志》卷2《古迹》记载："盐泉城亦号镇西军……河岸皆出盐，回族以为生业。"据上述史料判断，盐泉城在今循化县城西甘都镇一带，此处河面宽阔，水流平缓，适宜摆渡。此外，《西夏书事》卷41记载，西夏于1222年攻打金的大通城，在大通城北架起浮桥过兵，占领了大通城，但很快被金攻夺，后被焚毁。大通城的位置在今循化县查汗大寺一带，对岸是化隆县甘都镇阿河滩村。

河南道东线当是湟水流域马家窑人群和西羌南下时经常使用的一条通道，吐谷浑全盛时期，这条通道是当时国际贸易、使团往来的主要通道，青唐吐蕃政权也曾维护、使用过该道，明清时期，这条通道是西北茶马贸易的重要线路之一。

---

[1]陈良伟：《丝绸之路河南道》，中国社会科学出版社，2002年版，第175页。

（二）中线概述

从白龙江流域卡坝古城北上，经今甘肃迭部、夏河一带，从青海同仁、贵德越黄河北上的丝路，即是河南道中线。

中线从甘肃进入青海同仁，沿隆务河谷北上首先要经过位于该县年都乎乡的向阳古城。这座古城位于向阳村南1公里处，"城东、南、北三面依地形弯曲构筑，不太规整。就总体外观而言，略呈长方形……隆务河从东侧流过。"[①]该城始筑于何时已无考，《新唐书·地理志四》载："廓州宁塞郡……南二百里黑峡川有曜武军。"宁塞郡之南即为隆务河流域，年都乎至保安一带共有古城7处，向阳古城是其中面积较大的一个，可能唐代曜武军即设于该城内。

从向阳古城北上至隆务镇。该镇系同仁县城所在地，有吾屯等古堡寨。吾屯堡位于隆务镇上吾屯村，当地人称"大城"。洪武八年（1375年），明朝在元代贵德州地方设置"归德守御千户所"。永乐九年（1411年），归德所下属10屯，保安有4屯，吴屯堡是明代在此屯田时修筑的堡寨之一。

从隆务镇北上即至保安。保安有铁城山古城、保安古城两座。据《循化志》卷2《城池》，清代保安城是在保安堡基础上扩修而成，保安堡不知建于何时，"闻其初乃脱屯之堡也……周围长三百四十二丈，与今异，其后当又增筑。"

从保安古城东北向经隆务峡即至隆务河与黄河交汇处，此处有广违古城，附近有广违渡。《水经注》卷2："河水又东北迳广违城北，右合乌头川水，水发远川，引纳支津，北迳城东而北流，注于河。"乌头川水即隆务河，从南向北注入黄河，其入河口是今尖扎、化隆、

---

① 李智信：《青海古城考辨》，西北大学出版社，1995年版，第270—271页。

循化三县交界，广违城在隆务河口西，隆务河大桥处当是广违渡。河南道中线至此渡黄河向东接群科下城与东线交汇。

由保安西北向经群吾、黄乃亥、塘拉卡，进入今贵德县境，从曲马塘、马格塘向西即至藏盖古城。藏盖古城位于贵德县新街乡藏盖村北约二社，北距黄河约 40 公里。李智信先生根据出土遗物及相关史料记载，认为该城是西夏的祈安城，元时为归德州治所。①从藏盖古城西行，穿越今贵南县穆格滩沙地即可到达黄河南岸，此处为贵南县原拉乙亥乡所在地，现为龙羊峡水库，经拉乙亥渡口渡黄河至共和曲沟；从藏盖古城西北行，沿沙沟河即可到达龙羊峡，越黄河即至共和盆地东端。从藏盖古城北行约 40 公里即至今贵德县城，从此处过黄河，经贵德尕让地区亦可与其他丝道相连。

从藏盖古城西行经穆格滩沙地至黄河南岸的丝道是河南道中线的主干道。如第二章所述，吐谷浑初兴之时，曾以慕贺川为牙帐，驻牧于今贵南茫拉河流域。当时，吐谷浑也控制着贵南县境内黄河南北岸地区，原拉乙亥乡尕马台一带是其活动的重要区域。从藏盖古城经穆格滩草原即可到达尕马台。南北朝时期，此处称为"沙州"。穆格滩沙地东南起沙沟河西岸，西北至黄河南岸台地，北起唐乃亥南至贵南县城北，大致包括了贵南穆格滩、哇什滩和巴洛滩，范围与段国《沙州记》所述大致相同。这片沙地的主要分布带在茫拉河和黄河东岸台地上，整体上是一个沙漠与绿洲交互存在的区域。拉乙亥渡口是连通河南道中线与共和曲沟至伏埃城的重要渡口，直到现代仍是黄河东南岸前往共和曲沟及以北地区的必经之地，现被龙羊峡水库淹没。

从藏盖古城西北行至龙羊峡的丝道也是中线的重要组成部分，具体走向当是先从藏盖西行至今贵南过马营一带，再经沙沟河西北

①李智信：《青海古城考辨》，西北大学出版社，1995 年版，第 233—236 页。

行至沙沟河与黄河交汇处,龙羊峡在河口偏西处。龙羊峡位于贵南县、贵德县和共和县三县交界处,两岸高山耸立,峡谷十分狭窄。贯友率兵攻迷唐时,可能架浮桥于峡口偏西之地。吐谷浑在此处修河厉桥,唐时修洪济桥,《元和郡县图志》卷 39《陇右上》记有"积石军,州(廓州)西南一百五十里","金天军,在积石军西南一百四十里洪济桥"。积石军在今贵德县城,与龙羊峡相距 70 公里左右,可知洪济桥即在龙羊峡口。

从藏盖古城北行至今贵德县城亦是河南道中线的一条支线。此处是后凉浇河郡所在地,南凉、西秦、后周、北魏、隋皆在此设浇河郡。唐"武德二年置廓州,天宝元年改为宁塞郡"[1],浇河郡不再复置。《西宁府新志》卷 9《建置·城池》载,清代贵德城"南去府治二百二十里……周回三里八分。长六百三十八丈五尺,高三丈五尺,根宽二丈八尺,顶宽一丈二尺。设南北二门。"这座城池在今贵德河阴镇,从此处渡河后北向经贵德尕让乡可与其他丝道相连接。

(三)西线概述

从白龙江流域北上,经甘肃迭部进入青海河南县,过泽库、贵南两县,从尕毛羊曲渡河北上的丝道是河南道的西线。

从迭部西北向经碌曲一带进入河南县北上,经过南部草原地带,可抵达拉干木塘古城,该城位于河南县北部的优干宁镇。据考察,该城"略呈正方形,东西长 230 米,南北宽 220 米,残高 1.5 米,基宽 7 米,开东门"[2]。

从拉干木塘古城北上到达智合罗合古城。该城位于泽库县南约 2

---

① (宋)乐史撰,王文楚等点校:《太平寰宇记》卷 155《陇右道六·廓州》,中华书局,2007 年版,第 2983 页。

② 李智信:《青海古城考辨》,西北大学出版社,1995 年版,第 275 页。

公里处，从该古城向北到达恰日如来古城，该城位于今泽库县东北约 3.5 公里处，向北即是夏德日滩，此处有数处古城遗址，从此向东北可进入隆务河流域，与河南道中线相通。

从恰日如来古城西北行，在泽库县城西北约 50 公里处有和日古城，该城位于和日乡境内，其西南方向的宁秀乡有宁秀古城。这些古城位于泽库县和同德县的交界处。

从和日古城西北行可到达贵南县的森多乡，此处是茫拉河的上源，自东南向西北坐落着卡加、青科羊、拉才恰龙尕脱、合豆贡么、多江堂和肉仓尕吐海六座古城，它们多处于茫拉河岸附近，当是吐谷浑驻牧慕贺川时修筑的，这些古城"分别坐落在贵南前往泽库的通道沿线以及贵南通往贵德和曲沟的通道沿线上"[①]，支撑着该丝道的运行。

从肉仓尕吐海西北行，即至今贵南茫拉乡塔吐古城、上堡子古城和多果滩古城，沿茫拉河至白刺滩，沿黄河南岸经原拉乙亥乡沙拉、昂索等地可至拉乙亥渡口处，与河南道中线相连。

从肉仓尕吐海西行经贵南塔秀乡，即与冬次多古城相遇。该城位于塔秀乡技校西约 4 公里处，"城呈长方形，南北长 360 米处，东西宽 260 米，墙残高约 1.5 米，基宽约 7 米，城内有四排房址。"[②]这座古城靠近贵南至共和的公路，是河南道西线的重要支撑。

由冬次多古城西北行，约 30 公里处是尕毛羊曲，从此处渡河即可与黄河北岸的丝道相连。吐谷浑在此处架大母桥。《资治通鉴》卷124 "元嘉二十一年条"记载，北魏派晋王伏罗率大军攻伐吐谷浑，

---

①陈良伟：《丝绸之路河南道》，中国社会科学出版社，2002 年版，第 125 页。
②李智信：《青海古城考辨》，西北大学出版社，1995 年版，第 243 页。

"引兵从间道袭吐谷浑，至大母桥。吐谷浑王慕利延大惊，逃奔白兰，慕利延兄子拾寅奔河西；魏军斩首五千余级，慕利延从弟伏念等帅万三千落降于魏。"从伏罗间道袭击吐谷浑的路线来看，大母桥当在浇河上游（今兴海县与贵南县相夹的尕毛羊曲一带），这是吐谷浑在黄河上建造的第二座桥。[1]唐景龙四年（710年），杨矩任鄯州都督、上表奏请将河西九曲之地作为金城公主汤沐邑，唐与吐蕃以黄河为界，吐蕃也在此建桥。唐玄宗开元十六年（728年），鄯州都督张志亮，战于青海西，破吐蕃大莫门城，焚毁骆驼桥，该桥可能也在今尕毛羊曲一带。

陈良伟先生认为，由泽库县和日古城出发，西行有两条丝道，一条即是笔者上述的河南道西线，另一条经同德、兴海可往茶卡，与河南道西线相汇于共和县支冬加拉古城附近。[2]

河南道西线是青海湖地区、共和盆地西部与河曲地区相联系的主要通道。商周以来，居于环湖及大允谷一带的羌人南下占据大、小榆谷，必定会从此道越黄河进入茫拉河流域，从此处东进与榆谷一带的羌人争夺黄河河谷。吐谷浑时期，河南道沿线是其统治的北部与南部地区的衔接地带。东晋至唐代中期，中原王朝与吐谷浑、吐蕃在此沿线时常发生大的战争，该通道往往成为调兵遣将的交通要冲。

二、羌中道支线网络

羌中道所历经的柴达木盆地基本为荒漠地区，盆地北端与南端自东向西分布着很多绿洲，其核心区内也有数处绿洲，这种自然地理条件决定了人们只能利用柴达木盆地南北两边开辟通道，通过核

---

①毕艳君、崔永红：《古道驿传》，青海人民出版社，2007年版，第48页。
②陈良伟：《丝绸之路河南道》，中国社会科学出版社，2002年版，第120页。

心区内的绿洲完成南北两线的连接。羌中道以南北两条干线为主要通道，以格尔木至敦煌的支线等为主，构成其基本交通网络。南北二线皆从青海湖西岸出发，以吐谷浑伏俟城为东起点，向西北、西南方向延伸。南线经阿尔金山口与新疆境内丝道相接，北线越过赛什腾山与甘肃境内丝道相接。

（一）羌中道北线

羌中道北线东起伏俟城，溯布哈河西北行，经天峻、德令哈、怀头他拉和大柴旦，越赛什腾山、当金山口，至敦煌，再西出阳关，与西域北道相接。羌中道北线又称"伊吾道"，曾是青海湖西布哈河至伊吾（哈密）的通道。①

伏俟城又称铁卜恰古城，位于共和县石乃亥乡铁卜恰大队西南，南距石乃亥乡驻地约 2.5 公里。切吉河绕行城北，向北为布哈河，东距青海湖约 7.5 公里。这座古城城墙保存完好，东西长 220 米，南北宽 200 米，城高 12 米左右，城墙基宽 17 米。只开东门，门宽 10 米，门外有一折角形遮墙。城内布局非常整齐紧凑，自城门向西有一中轴大道，大道两旁各有长约 50 米、宽 30 米相连的房屋基址遗迹。②吐谷浑全盛时期，伏俟城东西南北皆有丝道相通，是名副其实的交通中枢。

从此城沿布哈河谷西北行，沿途经过天峻县天棚乡鲁芒沟，该处有古代岩画，据汤惠生先生研究，天峻天棚岩画最早可追溯至公元前 1000 年至公元前 500 年，是游牧民族所为，刻制方法包括凿刻和磨制。③

---

① （日）佐藤长：《隋炀帝征讨吐谷浑的路线》，《青海社会科学》，1982 年第 1 期。

②青海省文物考古队：《青海湖环湖考古调查》，《考古》，1984 年第 3 期。

③汤惠生、高志伟：《岩画断代技术、方法及其应用——兼论青海岩画的微腐蚀断代》，《文物科技研究》第 2 辑，科学出版社，2004 年。

从天棚乡西北行经今天峻县城至其西北面的快尔玛乡，此处的快尔玛城为南北朝时乙弗屈国都城。陈良伟先生认为此处的金泉古城系明代古城，位于距快尔玛乡政府东南约 2 公里处，"城址平面呈圆形，稍不规则，直径约 100 米。城垣夯筑，宽 3.5、残高 0.3—1 米。因破残严重，无从判断城内布局和城门所在。"①

从金泉古城向西傍布果特山，经生格、休格隆和野马滩及汗德尔森草原，至德令哈。陈良伟先生考察此道时在德令哈市西约 5 公里的宗务隆乡马察汗村北侧发现了一处烽燧，称其为马察汗村烽燧。马察汗村烽隧位于巴音河北岸的台地上，基座平面呈正方形，边长约 8 米、残高 6.6 米。烽隧台基夯筑而成，顶部遭到明显破坏。这处烽燧和金泉古城一样，同为明代经营柴达木北支道的证据。②

从德令哈西行至怀头他拉，在距 40 公里处的宗务隆山南麓也有岩画。岩画主要分布在哈其布切沟内，汤惠生先生认为这处岩画是公元 7—9 世纪出现的，在青藏高原岩画史中属于第四期，带有明显的佛教因素。③从怀头他拉西行至大柴旦，大柴旦以盐湖资源闻名于世，1984 年夏，青海省盐湖研究所和中国科学院古脊椎动物研究所在大柴旦镇小柴旦湖南岸发现了一处旧石器时代遗址，出土各种打制石器 100 余件，其中有石核、石片、砍砸器，刮削器、尖状器、雕刻器等。石器制作精良，器形规整。是当时青海省发现的唯一一

---

①陈良伟：《丝绸之路河南道》，中国社会科学出版社，2002 年版，第220 页。

②陈良伟：《丝绸之路河南道》，中国社会科学出版社，2002 年版，第221 页。

③汤惠生、高志伟：《青藏高原岩画年代分析》，《青海社会科学》，1996 年第 1 期。

处旧石器时代晚期遗址。[1]

从大柴旦向南可至格尔木，说明羌中道北线与南线之间可在大柴旦相汇。从大柴旦向北经大鱼滩、鱼卡、努力克、花海子、加仁普里、萨豆江，穿过当金山口，抵达敦煌。

（二）羌中道南线

从伏俟城出发，经黑马河至茶卡，过香日德、格尔木，再向西越阿尔金山口的丝道称为羌中道南线。

今茶卡镇属海西州乌兰县，以产盐而闻名。远古时期，当地羌人即已开始盐业贸易，[2]据《汉书》卷28《地理志下》，新莽时期称此地的羌人为"盐羌"。魏晋时期，当地主要居民为白兰羌。吐谷浑控制此地后，茶卡成为沟通四方的交通要道。

从茶卡西行至乌兰希里沟镇。此处是柴达木南缘重要的青铜遗址分布区，该镇河东村有魏晋南北朝至唐代遗址，希里沟镇有佛教塔基遗址。从希里沟镇西向至都兰夏日哈，进入一个较大的绿洲区域，此地也有青铜时代文化遗址分布，皆属诺木洪文化系统。

从夏日哈西行至都兰县，其东南约10公里处即是著名的热水吐蕃墓葬区。1982年，青海省文物考古研究所考古队在都兰县热水乡血渭草场发现了一个庞大的唐代吐蕃陵墓群，发掘工作迄今已持续进行了19年之久。1985年，青海省文物局的考古工作队发掘了两座吐蕃古墓，其中一座命名为"都兰一号大墓"，被国家文物局学术委员会评选为"1996年全国十大考古新发现"之一。[3]这一墓群的

---

[1] 白万荣：《青海古代文化分布概述》，《青海社会科学》，1991年第2期。
[2] 靳润成：《青海古代农牧业的历史变迁》，《青海师范大学学报》（社会科学版），1988年第1期。
[3] 北京大学考古文博学院、青海省文物考古研究所：《都兰吐蕃墓》，科学出版社，2005年版，第1页。

发现说明在吐谷浑及吐蕃时代，热水乡一带的商贸活动十分繁盛。

从热水乡西行至都兰香日德。该地是柴达木盆地南缘最大的绿洲，也是重要的农产品出产地。香日德地区是诺木洪青铜文化集中出土的区域之一，也是西羌东向传播青铜冶炼技术的中转站。得益于当地相对温润的气候条件，成为柴达木地区难得的人口聚居区。此地有一处规模较大的古城遗址，该古城"东西长 320 米左右，墙基宽约 7 米，夯土层厚 4、5、6、7 厘米不等，系用黄土夯筑而成"[①]。据学者研究，香日德古城是前期吐谷浑人活动的政治军事中心，也是吐谷浑拾寅时代的牙帐所在地。[②]

香日德是羌中道南线的重要支点。陈良伟先生对这一地区在古代交通道路上的重要地位有过描述：

由香日德出发，通往境外共有五条道路：（1）由香日德出发东行，经三道河湾、上西台、都兰、夏日哈、南谷、乌龙滩、沙柳湾、旺日尕、茶卡、石乃亥和大水桥，而后可以分别前往伏俟城和曼头城；（2）由香日德出发西行，经下柴开、巴隆、宗加房子、诺木洪、哈燕、大格勒、尕牙台和格尔木，而后可以分别前往当金山口和阿尔金山口；（3）由香日德出发西北行，经铁卜圭古城、德令哈、怀头它拉、绿草山和小柴旦镇，而后可以分别前往诺羌和敦煌；（4）由香日德出发，正东行，沿着鄂那山南缘谷地，可以直接进入沙珠玉河流域和河卡地区；（5）由香日德出发，正南行，溯香日卡河和冬给措纳湖，横穿大山，可以分别前往花石峡和玛多。[③]

---

①尚民杰、贾鸿健：《宋云西行与吐谷浑国》，《青海社会科学》，1992 年第 3 期。
②朱世奎、程起骏：《吐谷浑白兰地望新考》，《青海社会科学》，2008 年第 2 期。
③陈良伟：《丝绸之路河南道》，中国社会科学出版社，2002 年版，第 202 页。

可见，从香日德出发至少有两条支线向北接羌中道北线。香日德也可连接河南道、唐蕃古道，说明它的交通位置十分重要。从香日德向西行至格尔木。格尔木是座化工城市，也是重要的交通枢纽。考古工作者在格尔木市西偏北约 20 公里的郭勒木德乡野牛沟四道梁东南坡上发现了一些岩画，以垂直打击法为主制作，画面清晰，保存较好，可能制作于唐代，这说明该地区较早时期已有人类活动。

从格尔木出发西北行，经乌图美仁、茫崖、曼特里克，越过阿尔金山尕斯山口至若羌，是羌中道南线西端的主干道。由格尔木西北，略偏北，经托拉海、大灶火，约 170 公里至乌图美仁乡。乌图美仁乡境内曾发现了三组元代墓葬。一组称为"乌图美仁东北墓葬"，位于乌图美仁乡东北约二里，因风蚀，墓葬已毁，无法确知古墓数量，面积也难判断，地面散布有人骨和铜器等遗物。第二组位于乌图美仁乡东北约 20 公里的沙台上，墓已残，采集到铜饰、箭杆等元代遗物。第三组位于乌图美仁乡西北约 45 公里处，推测原是个墓葬群，后因风蚀严重而遭到破坏，故而其面积和内涵均不清楚。目前仅清理出两具干尸，以及随出的皮制服装和 6 枚箭镞。[1]从乌图美仁乡西北至青海省最西陲的茫崖行政委员会尕斯乡，在其西约 19 公里处有那仁萨拉古城。该城内布局不详，仅存部分北垣，东西残长 18 米、残高 1.5 米、夯层厚 5—10 厘米。[2]此处是唐代黄头回纥部落居处，宋时，黄头回纥曾遣使往汴梁。元时，

---

[1] 陈良伟：《丝绸之路河南道》，中国社会科学出版社，2002 年版，第 205—206 页。

[2] 陈良伟：《丝绸之路河南道》，中国社会科学出版社，2002 年版，第 206、208 页。

黄头回纥称撒里维吾尔。从那仁萨拉古城越过尕斯山口即与西域南道相连。

从格尔木出发北行，经过小柴旦、大柴旦，与羌中道北线相汇合，可达敦煌，这就是格尔木—敦煌丝道，它是羌中道两条支线间的主要分道。陈良伟先生认为，从格尔木出发，正西行，先溯铁木里克河而上，而后跳跃至若羌河上游，并由此地径直西行往于阗，也是一条通道。①

三、湟中道支线述略

湟中道是丝路青海道的东段，它东接秦陇南道，向西、向南与羌中道、河南道连接，是中原通往西域、西藏的重要丝道。湟中道的干线自东向西分布于湟水谷地，又称"河湟道""河谷路"，它的主要支线是乐都—武威路和西宁—张掖路。

（一）湟中道干线

湟中道干线的走向与湟水的流向是一致的。湟水河发源于海晏县包忽图山，在青海境内先后流经海晏、湟源、湟中、西宁、互助、平安、乐都、民和，最后在兰州红古区达川汇入黄河。从今甘肃临夏越黄河西北行，沿湟水向西从民和至西宁再到海晏即形成一条借助河谷的天然丝道。然而，从湟水中游至海晏、刚察一带，有西石、巴燕二峡阻于道路间，来往交通殊多不便。②自然地理条件影响了湟中道的走向，从而形成西宁向西至湟源的干线走向，历史上，唐蕃古道经此前往青海湖南。还有一条从西宁沿北川河过达阪山，沿祁连山南麓，经扁都口至河西走廊的丝道，即今宁张公路的具体走向，这条丝道当是湟中道的支线，而非干线。

---

①陈良伟：《丝绸之路河南道》，中国社会科学出版社，2002年版，第205页。
②李智信：《青海古城考辨》，西北大学出版社，1995年版，第183页。

如笔者在第一章中的分析，湟中道干线源起于旧石器时代晚期，马家窑文化西向发展时期这条干线已被开辟，西羌兴起后，该干线是西亚、中亚文明东向传播的要道。中原王朝势力未进入湟水流域前，西羌是这条干线的主人，匈奴控制西羌后，利用该丝道自西向东攻扰汉之西境。

汉中期以来，中原王朝与西羌为争夺湟水流域发生过激烈的冲突，这里变成了战争热地，我们可以从赵充国攻伐先零羌的路线，确切分析出湟中道干线自东向西的走向。

神爵元年（前 61 年），赵充国率兵剿伐先零羌，"充国至金城，须兵满万骑，欲渡河，恐为虏所遮，即夜遣三校衔枚先渡……遣骑候四望峡中，亡虏。夜引兵上至落都……遂西至西部都尉府。"①大军先至金城郡治允吾（今甘肃永靖），向西渡河，过四望峡，经落都，至西部都尉府城与其子卬会合。四望峡一说是八盘峡，②一说是老鸦峡。③四望峡当是兰州西河口处的八盘峡，此处水流湍急，地势险要，赵充国因此感叹道："使虏发数千人守杜四望峡中，兵岂得入哉！"④过四望峡后，赵充国引兵至落都。"落都"在何处，学术界也有争议，一般而言，"落都"即乐都，指今乐都冰沟一带。赵充国引兵出四望峡后，不可能一夜间抵达冰沟，加之今乐都在老鸦峡西，此处是西羌大本营，赵充国不可能不战而至此。据庞琳《＜汉书·赵充国传＞中四望峡、落都及西部都尉府的位置》一文，落都当在"今八盘峡

---

① 《汉书》卷 69《赵充国传》，中华书局，1962 年版，第 2975—2976 页。

② 庞琳：《＜汉书·赵充国传＞中四望峡、落都及西部都尉府的位置》，《青海民族学院学报》（社会科学版），1986 年第 2 期。

③ 王子贞：《汉四望峡即今老鸦峡辨》，《青海地方史志研究》，1983 年创刊号。

④ 《汉书》卷 69《赵充国传》，中华书局，1962 年版，第 2976 页。

西北的张家台一带"①。从落都西行,赵充国大军抵达今民和古鄯。《西宁府新志》卷9记载:"古鄯城,南去县治一百六十里。西汉为龙支县故地,为西部都尉治。晋为小晋兴城。"西汉金城郡所辖13县并没有龙支县,此处当为允吾县(民和下川口)辖地,"龙支"可能是古鄯的地名,属允吾县。

从赵充国的行军路线看,从湟水下游向西进入民和的路线,基本都是沿湟水河而行的,而从西汉金城郡建置看,当时汉政权实际控制的只有湟水下游,其建置范围不超过今天的民和县。赵充国在西部都尉府城与其子所率大军会合后,经巴州,过老鸦峡,进入湟中。②"湟中"指老鸦峡以西湟源石峡以东的区域,汉武帝时,曾攻占该区域,"羌乃去湟中,依西海、盐池左右。"③赵充国引兵至先零驻牧的湟水上游,"虏久屯聚,解弛,望见大军,弃车重,欲渡湟水,道厄狭,充国徐行驱之。"④先零羌活动于西海一带,后进入湟水中上游,威胁西汉在湟水下游的统治,从其活动区域及赵充国引兵追击的方向看,仍是循湟水北上的。

《新唐书》卷216下《吐蕃传下》详细记载了唐刘元鼎入藏会盟的路线:

元鼎逾成纪、武川,抵河广武梁,故时城郭未隳。兰州地皆秔稻,桃李榆柳岑蔚,户皆唐人,见使者麾盖,夹道观。至龙支城,耋老

---

①庞琳:《<汉书·赵充国传>中四望峡、落都及西部都尉府的位置》,《青海民族学院学报》(社会科学版),1986年第2期。

②陈新海:《西汉时期湟中地区的交通》,《中国历史地理论丛》,1997年第1期。

③《后汉书》卷87《西羌传》,中华书局,1965年版,第2877页。

④《汉书》卷69《赵充国传》,中华书局,1962年版,第2983页。

千人拜且泣，问天子安否，言："顷从军没于此，今子孙未忍忘唐服，朝廷尚念之乎？兵何日来？"言已皆呜咽。密问之，丰州人也。过石堡城，崖壁峭竖，道回屈，虏曰铁刃城。右行数十里，土石皆赤，虏曰赤岭。而信安王祎、张守珪所定封石皆仆，独虏所立石犹存。赤岭距长安三千里而赢，盖陇右故地也。曰闷怛卢川，直逻娑川之南百里，臧河所流也。河之西南，地如砥，原野秀沃，夹河多柽柳。山多柏，坡皆丘墓，旁作屋，赪涂之，绘白虎，皆虏贵人有战功者，生衣其皮，死以旌勇，徇死者瘗其旁。度悉结罗岭，凿石通车，递金城公主道也。至麋谷，就馆。臧河之北川，赞普之夏牙也。①

据上述材料可知，刘元鼎入吐蕃会盟的路线是从成纪—武川—广武梁—兰州—龙支城—石堡城—赤岭—河源—吐蕃。其中，在今青海省东部地区走的是湟中道的干线。

从赵充国的行军路线及刘元鼎入藏所经路线看，湟中道干线所经可详述如下：从今甘肃临夏渡河西北行至民和古鄯，北上经巴州沿湟水西行，至老鸦峡。老鸦峡为"湟中"咽喉，通过此峡才算真正进入湟水流域。在今乐都高庙老鸦村西南，有一座古城名老鸦城，东距老鸦峡约2.5公里，未发现汉代遗迹，系明清时期筑成。史称该城为汉破羌县旧址，多数学者也持此说，但李智信先生认为破羌城并不是老鸦城的前身，破羌城城址当在高庙附近。②从老鸦峡行经乐都县城西1.5公里处有大、小古城两座，大城为内城，建于后凉吕光时期，为南凉早期国都，小城为外城，由北宋时河湟吐蕃首领

---

① 《新唐书》卷216下《吐蕃传下》，中华书局，1975年版，第6102—6103页。
② 李智信：《青海古城考辨》，西北大学出版社，1995年版，第54—57页。

李立遵所建，同大城一起并称为宗哥城。现二城皆已拆毁。

从乐都西行至平安。平安古称安夷，安夷县城遗址有安夷城、安夷故城两处，《水经注》卷2载："湟水又东，勒且溪水注之，水出县东南勒且溪，北流迳安夷城东，而北入湟水。"可知，安夷城在湟水之南。据学者考辨，安夷故城在湟水北岸。①

平安向西至小峡口，此处为"古之绥远关焉。往来要害，控制咽喉"②。从小峡西行至今青海省会西宁。西汉进占湟中后曾设西平亭，东汉建安中置西平郡。公元557年，北周取代西魏，废西魏鄯州改为"乐都郡"③。隋开皇三年（583年），"罢郡"④重"置鄯州"⑤。大业三年（607年），隋炀帝又罢鄯州，改为西平郡⑥，统领"湟水、化隆"⑦二县。唐朝西境形势多变，行政建置更易频繁。武德二年（619年），唐讨平薛举，关、陇地区平定，改西平郡为鄯州，治乐都，贞观中改为都督府，天宝元年（742年），又改为西平郡，乾元元年（758年）复置鄯州。安史之乱后，西宁为吐蕃所侵，后由唃厮啰政权统辖，元设西宁州。明洪武十九年（1386年），改为西宁卫，隶陕西行都司。雍正三年（1725年），改卫为府。西宁地处湟水中游，"四川外控，

---

① 铁进元等：《安夷县址、宗哥城址考辨》，《青海社会科学》，1994年第2期。
② （清）梁份著，赵盛世等校注：《秦边纪略》卷1《西宁卫》，青海人民出版社，1987年版，第62页。
③ （宋）乐史撰，王文楚等点校：《太平寰宇记》卷151《陇右道二·鄯州》，中华书局，2007年版，第2923页。
④ （唐）李吉甫撰，贺次君点校：《元和郡县图志》卷39《陇右道上·鄯州》，中华书局，1983年版，第992页。
⑤ （宋）乐史撰，王文楚等点校：《太平寰宇记》卷151《陇右道二·鄯州》，中华书局，2007年版，第2923页。
⑥ （唐）李吉甫撰，贺次君点校：《元和郡县图志》卷39《陇右道上·鄯州》，中华书局，1983年版，第991页。
⑦ 《隋书》卷29《地理志·西平郡》，中华书局，1973年版，第814—815页。

一径内通，三水绕城，万峰排闼"，①自然地理条件相对优越。西宁"逼介青海，环拱诸番，径通准夷，南达三藏，自古为用武之地"②，也是湟中道干线上最为重要的支撑。

从西宁西行 27 公里至湟水北岸的湟中多巴镇，南岸即为镇海堡。镇海堡"东距西宁，南连银塔，北近多巴而接北川，西逾湟河而通石峡。盖青海西川、大通有夷住牧，以是为西宁门户焉"③。

从多巴、镇海堡西行至湟源境。在湟源县城关镇万丰村有南古城，处于湟水与药水交汇处。《水经注》卷 2《河水》载："湟水又东，经赤城北而东迳戎峡口，右合羌水，水出西南山下，迳护羌城东，故护羌校尉治。又东北，迳临羌城西。东北流注于湟。湟水又东迳临羌县故城北。"据此可知护羌城在今湟中西北部，位于药水河中游一带，临羌县城在今湟源县南古城一带。④湟源县城关镇内有丹噶尔古城，筑于雍正五年（1727 年），乾隆九年（1747 年）设丹噶尔厅。丹噶尔厅"逼近青海，为汉、土、回、番暨蒙古准噶尔往来交易之所"⑤。从此城西行可至日月山，此处历来为兵家必争之地，分布有北京台古城、哈城营盘台、哈拉库图城等，皆为湟中道在该地的支撑。

严耕望先生说："由鄯城河源军向西，先行湟水道，六十里至临蕃城，天宝中，哥舒翰曾置临蕃县。又六十里至白水涧、绥戎城，

---

①（清）杨应琚纂修，李文实校注：《西宁府新志》卷 3《地理·疆域》，青海人民出版社，1988 年版，第 123 页。

②（清）杨应琚纂修，李文实校注：《西宁府新志·凡例》，青海人民出版社，1988 年版，第 64 页。

③（清）梁份著，赵盛世等校注：《秦边纪略》卷 1《西宁卫》，青海人民出版社，1987 年版，第 67 页。

④李智信：《青海古城考辨》，西北大学出版社，1995 年版，第 120—122 页。

⑤（清）邓承伟修，张价卿、来维礼等纂，基生兰续纂：《西宁府续志》卷 1《地理志》，青海人民出版社，1985 年版，第 32—33 页。

置白水军（今湟源？），盖亦名绥戎军。于此离开湟水道，折西南六十里至定戎城，后置定戎军。又南渡涧七里至石堡城，约在今哈喇库图城（E101°10′—25′·N36°25′）附近之石城山，崖壁峭立，三面险绝，一径盘曲可上，易守难攻，开元十七年置振武军，管兵千人；一作振威军，盖误。二十九年没吐蕃，称为铁仞城。天宝八载复克之，更名神武军，盖后更名天威军。贞元末，赤岭东有纮壁驿，当在以上一段行程中，疑为吐蕃所置。"[1]湟中道干线至此越过日月山与其他丝道相连。

（二）湟中道的主要支线

1. 乐都—武威路

从今青海乐都北上，经水磨沟越北山进入大通河流域，经今甘肃省天祝县天堂寺一带，再翻过祁连山北行至武威的丝道，称为"乐都—武威路"。因该道须经洪池岭，故又称洪池岭道。

"洪池"，"岭名，在凉州姑臧之南。唐凉州有洪池府。"[2]《读史方舆纪要》引《唐志》云"凉州有洪池府，又姑臧有二岭，南曰洪池岭，西曰删丹岭"[3]，又云"洪池岭，在卫东南，凉州之大山也"[4]。洪池岭，明时称分水岭，清代称乌稍岭、乌梢岭、乌鞘岭等，今称为乌鞘岭，因此，洪池岭道有时又表述为乌鞘岭道。

武威，汉时称姑臧，为武威郡治所在。汉武帝时，先零羌与封养、

---

① 严耕望：《唐代交通图考》第 2 卷，上海古籍出版社，2007 年版，第 529 页。

② 《资治通鉴》卷 110《晋纪》，中华书局，1956 年版，第 3480 页。

③ （清）顾祖禹辑著：《读史方舆纪要》卷 63《陕西·甘肃行都司》，中华书局，1955 年版，第 2732 页。

④ （清）顾祖禹辑著：《读史方舆纪要》卷 63《陕西·甘肃行都司》，中华书局，1955 年版，第 2732 页。

牢姐等羌结盟后与匈奴合兵，共攻令居，当时先零羌北行的路线即是乐都—武威道。赵充国进攻先零羌时曾兵分两路，"充国子右曹中郎将印，将期门佽飞、羽林孤儿、胡越骑为支兵，至令居。虏并出绝转道，印以闻。有诏将八校尉与骁骑都尉、金城太守合疏捕山间虏，通转道津渡。"①赵充国与其子印均由金城出发，兵分南北两路向湟中进发。赵印行军路线与丝路河西道的走向大体一致，当时已在此设立郡县，赵印护卫辎重粮草从此道西进，相对安全。先零羌得知后，试图袭扰赵印军队，金城太守派兵搜捕山中羌虏，疏通道路。赵印的行军路线是由金城西行渡黄河，沿乌亭逆水北行，经枝阳、允街等县，至令居塞（今甘肃永登西），折而向西南，至浩门县，过浩门水南下金城郡西部都尉府治所，与赵充国会合。

东汉时武威太守任延依靠姑臧南山的黄羝羌人阻断由乐都至武威的通道，以防止湟水流域羌人与匈奴联合。在汉政权未进入河西之前，这条丝道可能是河西、湟水羌人联系的通道。

2. 西宁—张掖路

从西宁北川向北，沿大通河谷北上经祁连俄博，越扁都口，经甘肃民乐至张掖的丝路，称为西宁—张掖路，简称宁张路。该丝道与今宁张公路的走向是一致的，不同的是，这条支线是循大通河谷北上，而非直接越过达坂山，宁张公路则是在其西的青石咀东南过达坂山。②有学者把宁张路表述为青海道北段，以与唐蕃古道相区别，③这种理解实际上将湟中道支线当作干线对待，有违事实。

西宁—张掖路开辟甚早，是河西与河湟羌人交流的主要通道，

①《汉书》卷69《赵充国传》，中华书局，1962年版，第2976页。
②赵荣：《青海古道探微》，《西北史地》，1985年第4期。
③苏海洋、雍际春：《丝绸之路青海段交通线综考》，《丝绸之路》，2009年第6期。

亦为匈奴南下控制西羌的必经之途。匈奴冒顿单于攻败河西月氏胡后，"余种分散，西逾葱领。其赢弱者南入山阻，依诸羌居止，遂与共婚姻。及骠骑将军霍去病破匈奴，取西河地，开湟中，于是月氏来降，与汉人错居。……其大种有七，胜兵合九千余人，分在湟中及令居。又数百户在张掖，号曰义从胡。"①说明湟中月氏胡就是通过张掖至西宁的丝道进入湟水中游的。

汉宣帝时，为防止驻牧青海湖西的罕开羌侵扰酒泉、敦煌郡，诏令辛武贤率师南下，与赵充国会师于鲜水一带合击罕开羌。源于古羌中的黑河有两源，西源亦名黑河，出高台县的祁连山南麓；东源名为野马川，今名俄博河，源于民乐县东南的祁连山南麓，其地名叫景阳岭。由景阳岭往西，就是古名鲜水、今名黑河东源的俄博河。②据此可知，如若赵充国行军，也须先经北川河，越达坂山，渡大通河，再越托来山余脉，入八宝河支流俄博河谷，只是这次战役因赵充国据理力争而未能付诸行动。

这条丝道所经河谷两岸虽山势高峻，峡谷深邃，形势险要，但除达坂山高峻陡峭，翻越较为困难外，谷底的道路均平缓易行，为湟中至河西走廊的理想通道。③正唯如此，法显和隋炀帝皆经此道前往张掖。④

---

① 《后汉书》卷87《西羌传》，中华书局，1965年版，第2899页。
② 刘满：《鲜水及其有关的民族和交通线路探讨》，《青海社会科学》，1982年第3期。
③ 吴礽骧：《也谈"羌中道"》，《敦煌学辑刊》，1984年第2期。
④ 刘满：《鲜水及其有关的民族和交通线路探讨》，《青海社会科学》，1982年第3期。

第二节

三大干线的交并

青海道的三条干线并非两两直接相连，它们是由数十条支线连接起来的，最为重要的连接线分布于青海湖周围，湟水河谷南北两边的山系间也有几条重要的支线。正是在这些支线的连接下，青海道才成为一个完整的交通网络。

一、河南道与湟中道的交并

从地理位置看，湟中道在北，河南道在南，湟中道的走向基本为东西向，而河南道从东南向西北方向延伸。这两条干线的交汇区域大致是湟水南岸山谷至共和盆地一带。

（一）河南道东线与湟中道的交并

在湟水南岸有两条古道，一条是"乐都—邯川道"，一条为"安夷—和罗谷道"，这两条古道自北向南分布，连接了湟中道与河南道的东线。

"乐都—邯川道"的基本走向是从今乐都县瞿昙乡，

南越大牙壑，过今化隆县城巴燕镇，南行至甘都镇一带，①与此处的黄河古渡口相连。这条道路可能很早就是湟水与黄河上游西羌联系的通道，也是西羌文化南传的重要路线。

《后汉书》卷22《马武传》云：

> 显宗初，西羌寇陇右，覆军杀将，朝廷患之，复拜武捕虏将军，以中郎将王丰副，与监军使者窦固、右辅都尉陈訢，将乌桓、黎阳营、三辅募士、凉州诸郡羌胡兵及弛刑，合四万人击之。到金城浩亹，与羌战，斩首六百级。又战于洛都谷，为羌所败，死者千余人。羌乃率众引出塞，武复追击到东、西邯，大破之，斩首四千六百级，获生口千六百人，余皆降散。武振旅还京师，增邑七百户，并前千八百户。②

上述史料所言战事发生于东汉明帝永平元年（58 年），烧当羌与汉军战于浩门（今甘肃永登县），羌人败退，捕虏将军马武率兵追击，在乐都谷（今青海乐都县境内）又与烧当羌激战，羌人反败为胜。烧当虽胜，但也损失惨重，其豪酋率部众南撤，汉军组织追击，越过阿尼吉利山在东、西邯（今青海化隆甘都镇）追上撤退羌人，屠杀烧当羌数千人，除少数逃脱外，其余降众皆强徙至三辅地区。这次战役载入《后汉书·马武传》，该道也因此进入中原王朝的地理视野。

"安夷—和罗谷道"是指从今平安县南下经廓州渡至化隆群科镇的丝道。《后汉书》卷87《西羌传》载，"肃宗建初元年，安夷县吏略妻卑湳种羌妇，吏为其夫所杀，安夷长宗延追之出塞，种人恐见

---

①毕艳君、崔永红：《古道驿传》，青海人民出版社，2007 年版，第 26 页。
②《后汉书》卷22《马武传》，中华书局，1965 年版，第 786 页。

诛，遂共杀延，而与勒姐及吾良二种相结为寇。陇西太守孙纯遣从事李睦及金城兵会和罗谷，与卑湳等战，斩首虏数百人。复拜故度辽将军吴棠领护羌校尉，居安夷。"[1]为镇压卑湳羌，汉军从安夷县南下，双方激战于和罗谷（今青海化隆境黑城沟口），卑湳羌惨败。为加强对河湟羌人的控制，汉廷把护羌校尉治所从狄道（今甘肃临洮）迁至安夷，并在黄河上建渡口，以加强对黄河南部地区羌人的统治。自此后，"安夷—和罗谷道"成为湟水黄河间历代政权争夺、经营的一条重要通道。[2]

唃厮啰政权时期，从青唐城往东至宋地的丝路分两条路线，从青唐城经宗哥城沿湟水而下，至邈川后，"一路可继续东行至兰州，经定西抵秦州；一路是由邈州折南下，过黄河到河州、经熙州抵秦州。"[3]

（二）河南道中线、西线与湟中道的交并

河南道的中线、西线在拉脊山脉及共和盆地一带与湟中道交并。

从藏盖古城向北至贵德县城的丝道，越过黄河东北行至尕让乡，此处有尕让古城。该城"在尕让乡查曲昂村西侧的高台上。城西临尕让河，呈长方形，南北长220米，东西宽102米，基厚10米，残高7米，夯土筑，夯土层厚9～12厘米。东、西墙各有马面4座，南北墙各有马面3座"[4]。《宋史·地理志三》"积石军条"记载，"怀和砦，旧名丁令谷，崇宁三年置砦，赐名，又隶积石军。东至廓州界八十五里，西至青海一百三十余里，南至顺通堡界一十三里，北至清平砦界

①《后汉书》卷87《西羌传》，中华书局，1965年版，第2881页。
②庞琳：《古代湟水黄河间的重要通道——安夷和罗谷道考述》，《青海民族学院学报》（社会科学版），1995年第4期。
③祝启源：《唃厮啰政权对维护中西交通线的贡献》，《中国藏学》，1998年第1期。
④李智信：《青海古城考辨》，西北大学出版社，1995年版，第236页。

二十五里。"李智信先生据此判断该城可能是宋代的怀和寨。①

从尕让古城北行至千户庄城。该城位于尕让乡千户村，在拉脊山南麓，修筑于清乾隆年间。拉脊山南麓是军事要冲，隋在此处设承风戍，为羌夷来华互市之处，②拉脊山因此又称承风岭，唐绥和守捉城也可能分布于千户庄城一带。千户庄向北 10 公里左右，到达拉脊山口，从此处东北行可至西宁、西北行至湟源哈城，皆与湟中道交并，向东经湟中群加、化隆雄先，可与河南道东线相接。陈良伟先生认为，由藏盖古城出发，沿莫曲沟而下，经贵德和平安，可以前往西宁和乐都。③实际上，无论从贵德黄河以北哪个方向走，都无法直接到达平安，因此，陈先生之说失之武断，并不成立。

从藏盖古城西北行，经贵南沙沟至龙羊峡的丝道，越过黄河进入共和县倒淌河乡蒙古村，此处有黑古城，该城是唐哥舒翰所筑神威军故城。《旧唐书·哥舒翰传》记载，哥舒翰曾"筑神威军于青海上，吐蕃至，攻破之"。"青海上"指在青海湖一带，并非指青海湖北，《资治通鉴》卷 202 载"李敬玄将兵十八万与吐蕃论钦战于青海之上"，《太平广记》卷 255 "李敬玄条"云："中书令李敬玄为元帅，讨吐蕃，至树敦城……"树敦城在青海湖南，说明"青海之上"非必在湖之北。结合黑古城内出土遗物及哥舒翰在赤岭一带抵御吐蕃军的史实，可知黑古城即是神威军故城。从黑古城东行过日月山至湟源哈城，此处有哈城营盘台，该古城亦有唐代遗迹。河南道中线的这条支线从此处与湟中道交汇。该条支线经黑古城向北，经位于倒淌河乡黄科村的白城子古城，沿青海湖东岸北上可达海晏三角城，从这里东北行，

①李智信：《青海古城考辨》，西北大学出版社，1995年版，第236—237页。
②严耕望：《唐代交通图考》第2卷，上海古籍出版社，2007年版，第533页。
③ 陈良伟：《丝绸之路河南道》，中国社会科学出版社，2002 年版，第155 页。

与湟中道宁张路相汇。

河南道中线的主干道越拉乙亥渡口后，进入共和曲沟，沿恰卜恰河北上至上塔买古城，该城"北距恰卜恰镇约5公里。城略呈长方形，南北长270米，东西宽245米，残高2米，基宽约10米"[1]，李智信先生认为此城可能是吐谷浑拾寅时期的树敦城。从该城北上经共和恰卜恰镇，沿共和至倒淌河公路，至东巴古城，该城位于共和县东巴乡东巴村。该城"呈长方形，南北长200米，东西宽约100米，残高0.2～0.25米，基宽6米。城东、西墙上各有4个马面，南、北墙上各有3个马面。南墙正中有一座城门，北城墙西侧也有一座城门，门宽约5米"[2]。这座古城建于何时、有何用途，学界并无一致意见。《新唐书·地理志》云："自振武经尉迟川，苦拔海、王孝杰米栅，九十里至莫离驿。"唐振武军地处湟源日月乡大小方台，赤岭即今日月山，苦拔海是东让乡与倒淌河乡间的尕海，莫离驿当在东让乡一带。因此，东巴古城可能是吐蕃的莫离驿，也是吐谷浑墨离城所在。不过，有学者认为莫离驿当在恰卜恰西20公里处的达连海村。[3]从东巴古城东行经尕海至倒淌河，再经黑古城东行至日月山。至此，这条河南道中线与湟中道相交，自黑古城向北又可与宁张路相交。

河南道西线从尕毛羊曲过黄河后，即至位于兴海县河卡乡羊曲村东边靠近黄河西岸台地上的羊曲桥头古城，从此城往北越过黄河河谷后，经塔拉台，进入恰卜恰河流域，再借助东巴古城经尕海至倒淌河的丝道，与湟中道连接起来。

---

① 李智信：《青海古城考辨》，西北大学出版社，1995年版，第209页。
② 李智信：《青海古城考辨》，西北大学出版社，1995年版，第215—216页。
③ 秦裕江、张海生：《海南州境内唐蕃古道几个驿站和大非川在何地辨析》，《青海民族研究》（社会科学版），1994年第4期。

二、河南道与羌中道的连接

河南道与羌中道的交并主要是河南道中线、西线与羌中道南线的连接，连接区域主要在茶卡至青海湖南部的区域。

河南道西线越过黄河北边山谷后，向东北至支冬加拉古城，该城位于兴海县河卡乡塘格木农场九大队北约 1.5 公里，该城出土汉代陶片、箭头、五铢钱等，系新莽西海郡环海五县之一。[①]从支冬加拉古城北上至切吉草原，至位于共和切吉乡然乎村东 15 公里的青海南山，此处有著名的湖里木沟岩画。自此向西行，即至茶卡。羊曲桥头古城至茶卡的丝道连接起河南道西线和羌中道南线。从支冬加拉古城经切吉草原北上，至青海湖南的江西沟古城，该古城 "位于共和县江西沟公社驻地南约 1.5 公里，江西沟河东岸高地上，此城较小仅略显城基痕迹，南北 100、东西 90 米，北面开门，城内南高北低未见有遗物，建筑时代不清"[②]。从江西沟古城西行，经黑马河北上，沿青海湖湖岸抵达伏俟城，从此处向西北行即与羌中道北线相连接。

兴海河卡乡境内，还有一座古城名曰幸福古城。该城在河卡滩正中，"城南北长 194 米，东西宽 105 米，城中有条隔墙将城分为南北两部分。"[③]李智信先生认为该城应是吐谷浑曼头城。从此城西北行，约 45 公里至卡日切亥古城。卡日切亥古城位于共和县西切吉乡乔夫旦村木白自然村东南约 3 公里的卡日切亥草地，[④]从此处东北行，越橡皮山，经黑马河、石乃亥可至青海湖西岸上的古伏俟城，北上即

---

①白万荣：《青海古代文化分布概述》，《青海社会科学》，1991 年第 2 期。

②青海省文物考古队：《青海湖环湖考古调查》，《考古》，1984 年第 3 期。

③李智信：《青海古城考辨》，西北大学出版社，1995 年版，第 254 页。

④陈良伟：《丝绸之路河南道》，中国社会科学出版社，2002 年版，第 134 页。

与羌中道北线相交；由卡日切亥古城西南行，至茶卡与羌中道南线相连。

河南道中线经拉乙亥渡口北上至曲沟，沿恰卜恰河北上至今恰卜恰镇，再向北至加拉上、下古城，该古城"位于恰卜恰镇加拉村北约 500 米处，城略呈正方形，东西长 211 米，南北宽 231 米，残高 2 米，基厚约 4 米……加拉下古城位于恰卜恰镇加拉村二社内，与加拉上古城相距约一公里"[①]。从此北上越南山，向西至江西沟古城，再向西经黑马河至伏俟城。从曲沟至江西沟是河南道中线和羌中道相连接的丝道。

三、羌中道与湟中道的连接

羌中道与湟中道的连接区域在青海湖地区。其中，羌中道南线经茶卡东行至江西沟古城或东行偏南从切吉草原北部至倒淌河地区，经黑古城、白城子等处，从日月山口南下即可与湟中道交并。两道交并经过的古城前文已述。

从湟中道经日月山、青海湖南，经羌中道南线前往西域的路线，是魏晋时期的常用路线。北魏敦煌人宋云等从洛阳出发，经陕西、陇东，由河州渡河，经金城郡（兰州西部）、鄯善镇（今青海乐都）、西平（今西宁）、临羌（今湟源），然后向西南经日月山口进入共和以西的沙漠地带，再经青海柴达木盆地，至若羌，沿西域南道前往天竺。[②]

羌中道北线经位于刚察、海晏一带的丝道，与湟中道干线及重要支线西宁—张掖路交会。

从敦煌至伏俟城的羌中道北线，自西北至东南进入布哈河流域后可折东北沿青海湖西岸向北岸方向行走。离布哈河北岸不远处，

---

①李智信：《青海古城考辨》，西北大学出版社，1995 年版，第 215 页。

②马曼丽：《宋云丝路之行初探》，《青海社会科学》，1985 年第 4 期。

即有北向阳城、南向阳城和 114 公里古城。北向阳古城位于刚察县吉尔孟公社驻地西约 1 公里处，北为青藏铁路，西南是布哈河的冲积平原，东城墙外有一条干枯小河。此城南北 300 米，东西 400 米，城高 2—5 米，宽 13 米，只在南面开一城门，门宽现 18 米，夯土筑，夯层 6—7 厘米。城内由城门起有一直通向北的中轴大道，大道东为平坦的广场，西南部高起，并被风沙掩埋，形成许多小丘，应为当时房屋基址所在。城内散乱有灰色陶片，据社员反映，在修建宅基时曾发现"五铢"钱。[1] "从城池建制及所出遗物分析，该城与西海群城建于同时，为王莽西海郡五县城之一。"[2]

南向阳古城位于吉尔孟公社东南，青藏铁路吉尔孟车站南约 200 米处，此城规模很小，南北 120 米，东西 90 米，城高 2.5 米，厚 12 米，夯土筑，城门开在西面稍偏南，城内全部被风沙掩埋形成多座小丘，沙丘上生长着芨芨草，布局无法看清。[3] 114 公里古城在刚察县青海湖北山南麓，环湖公路 114 公里处北侧。城略呈正方形，边长约 100 米，残高 1.4 米，基宽约 1.5 米。夯土版筑。城墙及城内外长满野草。1983 年，文物普查时曾在城内采集到汉代绳纹泥质灰陶片和卡约文化夹砂红陶片。[4] 这两座古城可能是新莽时期修筑的亭城。

沿 114 公里古城东北绕湖行至湖北岸即至今海晏县境，在该县西北甘子河乡有尕海古城。尕海古城位于甘子河乡尕海村，"城周南北 463、东西 435 米，四面开门，门宽 8 米，夯土筑，夯层厚 6—7 厘米。城墙残高 4.8、宽 11 米左右。城内南高北低，东北部为一平

①青海省文物考古队：《青海湖环湖考古调查》，《考古》，1984 年第 3 期。
②李智信：《青海古城考辨》，西北大学出版社，1995 年版，第 193 页。
③青海省文物考古队：《青海湖环湖考古调查》，《考古》，1984 年第 3 期。
④李智信：《青海古城考辨》，西北大学出版社，1995 年版，第 193—194 页。

坦的广场，西南部较高是原来的房屋基址，部份地区现为社员居住院落。城内遗物不多，只见灰色陶片、五铢钱、残铜镜等。"①李智信先生认为，"该城与西海郡古城建于同时，应为王莽西海郡五县之一，县名无考。"②

从尕海古城东南行，即至西海郡故城，该城俗称三角城，在青海湖东北侧、湟水南岸的金银滩上，距海晏县城约1公里。该城"呈梯形，东西长600~650米，南北宽600米，城墙残高4~12米，基宽8米，顶宽2米。夯土板筑，夯土层厚约6厘米。城有东、西、南、北四门。城内南部较高，有三处隆起地带，应为当时的主要建筑区。在城内曾采集到卡约文化夹砂粗陶片、西汉和王莽时期的五铢钱、货布、货泉、大泉五十等货币还有东汉时期的'西海安定元兴元年作当'陶文的瓦当等。此城内还曾采集到唐代莲花纹瓦当和宋崇宁重宝、圣宋元宝等钱币。更重要的是，城内出土了篆刻有'西海郡虎符石柜，始建国元年十月癸卯，工河南郭戎造'铭文的虎符石匮。"③安志敏先生根据石虎铭文断定此城是汉代西海郡的故址，从此城发现的莲花瓦当和宋代货币，可以证明唐宋时期这座古城一直是当地重要的商贸集散地。④

从三角城东南行，沿湟水可至湟源县。古时，受西石、巴燕二峡阻隔，此路行走不便，但这条通道连接着羌中道北线与湟中道干线。从三角城东北行，沿乌哈阿兰河进入大通县境，向东与宁张路相会合，这里是羌中道北线与湟中道支线的交汇处。

①青海省文物考古队：《青海湖环湖考古调查》，《考古》，1984年第3期。
②李智信：《青海古城考辨》，西北大学出版社，1995年版，第192页。
③李智信：《青海古城考辨》，西北大学出版社，1995年版，第184页。
④安志敏：《青海的古代文化》，《考古》，1959年第7期。

第三节

青海道与其他丝道的连接

青海道从东南西北四个方向皆与其他丝道相连接，从而构成由岷江、嘉陵江等通往成都、南京；经西域通往中亚、西亚及欧洲；过西藏通往尼泊尔；由河西走廊抵漠北的交通网络。

一、青海道与秦陇南道的连接

秦陇南道是指自长安沿渭河西行，越陇关（今甘肃清水县东陇山东麓），过天水、陇西、临洮、兰州，或由临洮抵临夏，经永靖炳灵寺，然后取道湟水谷地的丝道。[①]因该道位于由长安径向西北，绕过六盘山北麓，经由固原、靖远，西渡黄河，直趋河西走廊及其以远的北道之南，故名。因其西段又途经古河州地区，又称为河州古道。

据李并成、马燕云考察，秦陇南道穿越临夏、永靖一带的具体路线是先由临洮西行，渡洮河，沿广通河

---

①鲜肖威：《甘肃境内的丝绸之路》，《兰州大学学报》（社会科学版），1980 年第 2 期。

谷至蒿支沟；或顺三岔河支流至党川堡，翻黄土梁至广河县城，与前道合；再沿蒿支沟西北行，越牛津山，沿牛津河谷至临夏市；然后由临夏市北经北塬，至莲花城古凤林关渡黄河，至炳灵寺；复沿黄土梁经永靖县杨塔、王台、川城、青海民和回族土族自治县古鄯，顺隆治沟至民和下川口；亦可从古鄯向北，顺巴州沟达民和上川口；或由临夏市取向西北，至积石山东麓之大河家古积石关渡黄河，经官亭，溯乾河而上，至古鄯，与前道合；再由古鄯或民和上、下川口沿湟水谷地西行。这条古道上至今仍存留着大量古烽燧、古城址等遗迹。烽燧多耸立于黄土梁峁顶部，一般相距 2.5—4 公里，黄土夯成，如临夏县北塬的尕墩底、积石山自治县的东山坡墩、大墩和青海民和古鄯附近的塔墩、王墩岭、大墩等。[1]

　　湟中道沿湟水流向在东南方向与秦陇南道连接，这与自然地理条件密切相关。在甘肃永靖县炳灵寺一带，由西北而来的祁连山脉，逶迤向东延伸的西秦岭，以及耸立于青藏高原东北边缘的小积石山、达坂山、拉脊山等均在炳灵寺附近汇聚，黄河上游的几条大支流——大夏河、洮河、湟水、大通河、庄浪河亦在这一带相继注入黄河，正是这种汇聚山川河流的地理形胜，既造就了炳灵寺的辉煌，也促成了湟中道和秦陇南道的辐辏相聚。[2]

　　从秦陇南道至湟中道的丝路依山河形势贯穿甘青两省，成为陆路丝绸之路的主要路线，究其历史，并非形成于一时，当有悠久的形成史。如第一章所述，华北平原旧石器时代人群、马家窑文化人群向西行走时，都有可能借助两道的连通处进入湟水流域及其以远

---

①李并成、马燕云：《炳灵寺石窟与丝绸之路东段五条干道》，《敦煌研究》，2010 年第 2 期。

②李并成、马燕云：《炳灵寺石窟与丝绸之路东段五条干道》，《敦煌研究》，2010 年第 2 期。

区域，西羌东进的足迹也有可能散落于两道的连接处。汉唐以来，得益于丝路惠风熏染、滋润，甘肃成为东西方文化的汇聚之地，《资治通鉴》卷223 "代宗广德元年条" 云："唐自武德以来，开拓边境，地连西域，皆置都督、府、州、县。开元中，置朔方、陇右、河西、安西、北庭诸节度使以统之，岁发山东丁壮为戍卒，缯帛为军资，开屯田，供糇粮，设监牧，畜马牛，军城戍逻，万里相望。"《资治通鉴》卷216 "玄宗天宝十二年条" 亦云："天下称富庶者无如陇右。" 湟水流域乃至整个青海、西藏、新疆等地也借助此道享受着中原文化的滋养。

湟中道与河西丝道的连接，主要通过乐都—武威路和西宁—张掖路进行。唐代文献中详述了经乐都—武威路前往天竺的路线：

其中道者，从鄯州东川行百余里，又北出六百余里至凉州，东去京师二千里。从凉州西而少北四百七十里至甘州，又西四百里至肃州，又西少北七十五里至故玉门关，关在南北山间。又西减四百里至瓜州，西南入碛，三百余里至沙州，又西南入碛，七百余里至纳缚波故国，即娄兰地，亦名鄯善。又西南千余里至折摩陀那故国，即沮沫地，又西六百余里至都罗故国，皆荒城耳。[①]

上述文献描述的是唐代经青海道、河西道（秦陇北道）、西域南道至天竺（印度）的路线，唐代 "鄯州" 治所在今青海乐都，从东川出发向东百余里，然后经乐都—武威路至凉州。

此外，南北朝时期，南朝政权与北方柔然之间的联系，主要有两条道，一条是从益州北上，由龙涸向西北，经河南道西

① （唐）道宣：《释迦方志》，中华书局，1983年版，第15页。

线至羌中道南线，经吐谷浑城，沿柴达木盆地南缘到达鄯善后，再折向北，到高昌，从此向漠北；另一条是经青海湖附近，向北穿越祁连山脉隘口（扁都口），沿额济纳河过居延，到漠北。北魏尚未在河西走廊确立统治地位以前，南北联系应当是这条捷径。①

二、青海道与西蜀丝道的连接

青海道与西南地区丝道，同属广义上的河南道。青海循化、同仁、河南诸县皆有丝道向西南延伸，与甘肃南部、四川西北部的丝道相连通，这些丝道统称为"西蜀丝道"。

西蜀丝道洮河支道始自甘肃岷县古城。②洮河古道沿线相继经过羊巴、牛头、麻当、土门关、双城子等地，在循化起台堡古城与河南道东线相连。岷县古城至四川广元昭化古城之间是由西蜀丝道的白龙江支道连接起来的，这条支道可分为三条，起点皆在昭化，终点有所不同，包括扶文径、武都径和宕昌径。扶文径因沿线经汉唐时期的扶、文二州，故名。该道起自今四川省广元县昭化镇（宝轮院），相继溯白龙江和白水河而上，沿途依次经过三堆镇、白河、白水、姚渡、碧口、玉垒坪，而后折而正西，经横丹、文县、柴门关、双河、南坪、塔藏，最后并入岷江支道前往卡坝（在甘肃迭部）。武都径，因经过魏晋南北朝以来的武都，故名。该道起自昭化镇，溯白龙江而上，经三堆镇、白河、白水、姚渡、碧口、玉垒坪、临江寨、透防、武都、两水、石门、沙湾、两河口、舟曲、峰迭、巴藏而往卡坝。宕昌径，因经过当年宕昌羌领地而得名。该道的前半段路程与武都径

---

① 周松：《柔然与南朝关系探略》，《青海民族学院学报》（社会科学版），2000年第2期。

② 陈良伟：《丝绸之路河南道》，中国社会科学出版社，2002年版，第187页。

相同，自两河口歧出，北偏西行，依次经过化马、官亭、宕昌、脚力铺、哈达铺、麻子川，而终于白龙江支道的终点岷县。三径之中，宕昌径为主道，其次是武都径，最后是扶文径。[①]

西蜀丝道的岷江支道起自成都，西向经过郫县、都江堰、汶川、茂汶、松潘，而后在川主寺境内分为东西两股。其中偏西的岷江支道为主线，沿线经过黄胜关、两河口、包座河、加阿卡古城，最后抵达岷江支道的终点卡坝古城；偏东的道路是在群山峻岭中展开的，其由川主寺出发，北行，经漳腊、小西天、弓杠岭和塔藏等地，而后折而西北行，最终与岷江支道汇合，[②]由此北上即可与狭义上的河南道东线相交。

此外，从青海河南县向东南行，经甘肃碌曲、卓尼，至迭部卡坝古城，再借助岷江支道南下，也有一条丝道；上述洮河支道向东与始自安康、汉中的茶马古道相连接，成为汉中茶叶进入青海、西藏等地的主要通道。[③]

三、青海道与西域丝道的连接

汉代以来，中原史籍把玉门关、阳关以西，包括新疆在内的广大区域称之为"西域"，这里是陆上丝绸之路通往西亚、近东及欧洲的必经之地。《汉书·西域传》云："自玉门、阳关出西域有两道。从鄯善傍南山北，波河西行至莎车，为南道；南道西逾葱岭则出大月氏、安息。自车师前王廷随北山，波河西行至疏勒，为北道；北道西逾葱岭则出大宛、康居、奄蔡焉（耆）。"史籍按南北两道自东向西依次记载沿途国家，说明当时西域已有南、北两条丝道。具体

① 陈良伟：《丝绸之路河南道》，中国社会科学出版社，2002年版，第94页。
② 陈良伟：《丝绸之路河南道》，中国社会科学出版社，2002年版，第93页。
③ 丁文：《试析陕西茶马古道网络》，《农业考古》，2013年第2期。

来说，西域北道是指出玉门关，傍天山西行，经焉耆、龟兹、温宿等国，再越葱岭向西的丝道；南道是指出阳关，傍阿尔金山西行，经鄯善、且末、于阗等国，再越昆仑山或葱岭而向西的丝道。[①]

青海道的干线羌中道与西域南、北两条丝道皆可连通。羌中道南线由那仁萨拉古城向西有两条分道，皆与西域南道相连，其中偏北的一条线路也可与西域北道相通。具体路线是：偏北的分道由那仁萨拉古城出发向西北，经花土沟，越阿哈提山，过索尔库里、巴什库尔干、红柳沟，并入敦煌西向古道，而后再经墩吕克和米兰，或西北往楼兰，与西域北道相连，或西南往若羌，与西域南道相通；偏南的道路是由那仁萨拉古城出发向西偏北行，经曼特里克、依勒娃其曼、赫沙克里克和石头城，通往若羌，与西域南道交并。[②]

羌中道与西域南道、北道的连接处有石头城和米兰古城，它们是青海道与西域丝道相连的重要交通支撑。石头城位于新疆若羌县城南偏东若羌河出山口处，其西北距县城直线距离约 33 公里。城址坐落在若羌河口西岸洪水冲刷而成的独立山崖上，崖面高出河床约 80 米。崖壁陡峭，仅山崖北侧有道可通山下。城堡依山顶平地而建，平面呈不规则形。城垣仅建筑于易于攀登的路段，其余地段皆依山崖。城垣用块石砌垒，基宽约 2 米，残高 2.5—3 米，周长约 30 米。城内有屋数区，共计十间，皆系块石砌垒而成。房屋石墙基宽 2 米、残高 2.5 米[③]。米兰古城位于米兰河流域，为唐代屯城，后为吐蕃戍堡，吐蕃退出后，该城被废弃。此城不远处有汉代伊循古

---

①王北辰：《古代西域南道上的若干历史地理问题》，《地理研究》，1983 年第 3 期。

②陈良伟：《丝绸之路河南道》，中国社会科学出版社，2002 年版，第 208 页。

③陈良伟：《丝绸之路河南道》，中国社会科学出版社，2002 年版，第 208 页。

城遗址。[①]

羌中道北线越赛什腾山，经花海子，出当金山口，与经敦煌的丝道相连，借此路与西域北道相通。羌中道北线与西域北道连接过程中，党河古城是一个重要的交通支撑。党河古城因位于党河上游而得名。城址西北距甘肃肃北县城约 2 公里，是东晋的子亭城、唐代子亭镇和五代时期河西曹氏政权子亭县故址。党河古城平面呈长方形，南垣已圮，东垣长 230 米，西垣长 218 米，北垣长 140 米。城垣厚度不详，残高 2—4 米。[②]此外，格尔木—敦煌的丝道使羌中道南线与西域北道相连通。

湟中道向北的一些支线丝路通过秦陇北道、河西道也与西域丝道相连接。具体而言，湟中道乐都—武威支线越乌鞘岭向北至武威，与秦陇北道西端相连接，至此向西行，经河西道与西域北道相通；湟中道西宁—张掖支线越扁都口，经甘肃民乐，西北方向至张掖，汇入丝路河西道干线，向西进入西域北道，向北可通向漠北。

西域地区的丝道也得益于山川河流的自然形胜，汇聚于帕米尔高原。昆仑山、喀喇昆仑山、天山、喜马拉雅山等也汇聚于此，塔里木河、伊犁河、印度河、恒河、锡尔河、阿姆河等也发源于这一带。丝路西域南道与北道分线汇聚于帕米尔高原，由此向南可达印度半岛，向西南可至伊朗，向西抵地中海沿岸，向西北又可与由天山北麓西行的丝路北道干线汇合，从而真正使包括青海道在内的中国境内的丝路国际化。

---

①林梅村：《1992 年秋米兰荒漠访古记——兼论汉代伊循城》，《中国边疆史地研究》，1993 年第 2 期。

②陈良伟：《丝绸之路河南道》，中国社会科学出版社，2002 年版，第 223—224 页。

四、青海道与唐蕃古道的连接

青海道与唐蕃古道的关系颇为复杂，一方面，青海道的两条干线即湟中道主干线和河南道及其一些支线本身就是唐蕃古道的组成部分；另一方面，二者之间相连接构成的交通区域在时间、空间上有一定的变化。

唐蕃古道的开通与文成公主进藏一事密切相关。学界对文成公主进藏路线有三种不同看法：一是认为文成公主由今天的川藏公路入藏，即由西安出发，经过宝鸡、天水、文县、松潘、金川、丹巴、康定，渡长江，经玉树入藏抵拉萨；第二种看法认为文成公主由今天的青藏公路入藏，即从西安出发，经西宁、日月山、倒淌河、都兰、格尔木，逾唐古拉山，过黑河而抵达拉萨；第三种说法认为文成公主经天水、临洮、兰州、乐都、西宁、日月山、恰卜恰、温泉、黄河源，越巴颜喀拉山，由清水河镇至玉树，逾唐古拉山经西藏那曲入藏。目前学术界已基本达成共识，即公认第三种说法符合文成公主进藏走的道路。①

安史之乱前，唐蕃古道大致可分为东、西两段。东段是指从长安出发，经秦州（今甘肃天水）、狄道（今甘肃临洮）、河州，自炳灵寺渡黄河入鄯州境内龙支城，再傍湟水西行直达鄯城（今西宁）的路段，约有 928 公里；西段是指从鄯城出发，西越赤岭（今日月山），进入吐谷浑境内，过今恰卜恰、温泉，越巴颜喀拉山，由清水河镇至玉树，逾唐古拉山经西藏那曲至逻些（今拉萨）的路段，约有 2 125 公里。②从龙支城、鄯城至赤岭的路段就是湟中道，皆在唐朝境内。越赤岭经黑古城、东巴古城、支冬加拉古城，至花石峡，

①崔永红：《文成公主与唐蕃古道》，青海人民出版社，2008 年版，第 24—25 页。
②崔永红：《文成公主与唐蕃古道》，青海人民出版社，2008 年版，第 25—26 页。

这是唐蕃古道西段的沿线所经，这些区域在唐前期基本为吐谷浑辖地。吐蕃北上、东进过程中，逐步蚕食吐谷浑领土，并在赤岭一带与唐对峙。安史之乱后，吐蕃尽有河西、陇右之地，唐蕃古道东段龙支城与赤岭的沿线区域也为吐蕃吞没。

过花石峡后，从玛多渡黄河，越过巴颜喀拉山口西南行，从今曲麻莱县长江渡口向南，经大草原至西藏那曲，再前往拉萨，是唐蕃古道西段偏南的路线，直到近代，青藏往来，大多走这条路。①

唐蕃古道还与羌中道相连接。羌中道的重要交通支撑香日德地区有一条向南行的丝路，该丝道正南溯香日卡河和冬给措纳湖，横穿大山，可以分别前往花石峡和玛多。②《释迦方志·遗迹篇第四》对这条从羌中道南下经吐蕃国至印度的路线有过详述：

其东道者，从河州西北度大河，上漫天岭，减四百里至鄯州。又西减百里至鄯城镇，古州地也。又西南减百里至故承风戍，是隋互市地也。又西减二百里至清海，海中有小山，海周七百余里。海西南至吐谷浑衙帐。又西南至国界，名白兰羌，北界至积鱼城，西北至多弥国。又西南至苏毗国，又西南至敢国。又南少东至吐蕃国，又西南至小羊同国。又西南度呾仓法关，吐蕃南界也。又东少南度末上加三鼻关，东南入谷，经十三飞梯、十九栈道。又东南或西南，缘葛攀藤，野行四十余日，至北印度尼波罗国。③

---

① 陈渠珍：《艽野尘梦》，西藏人民出版社，2009 年第 2 版，第 226—227 页。

② 陈良伟：《丝绸之路河南道》，中国社会科学出版社，2002 年版，第 202 页。

③（唐）道宣：《释迦方志》，中华书局，1983 年版，第 14—15 页。

　　这条唐蕃古道与前述线路有两处不同，一处是从今西宁南川越拉脊山，折向西北至青海湖南，而非从西宁至湟源，越日月山至青海湖；另一处是从青海湖南西行至香日德地区，从此向南行，而非西南行，经共和、兴海至花石峡。

　　这条丝道也是隋及唐初前往吐谷浑地区的主要通道，具体路线是："由鄯城河源军向南微西行，盖略循牛心川水（今南川河）而上，约百里至承风岭（约今贵德峡稍南或即千户庄），隋置承风戍，为羌夷来华互市处。由承风西行约二百里，至青海东南隅海岸吐谷浑旧都树敦城，约今察汗城（E101°—101°10′·N36°30′）。承风、树敦间，盖亦中经赤岭欤？此为隋及唐初鄯州通吐浑西域之主道，宋云所行可能即此道也。"[1]

　　元时，进藏的路线发生了变化，一般是从河州向西至循化、化隆藏区，再向西接唐蕃古道进藏。[2]不过，唐蕃古道的原有路线仍是主要交通走向。赵毅先生综考《卫藏通志》《西藏图考》《川藏游踪汇编》诸书所载驿站，认为明时从西藏到西宁卫的驿道具体路线：从拉萨出发，经墨竹（墨竹工卡）、必力工瓦（止贡）、旁多到当雄或由羊八井到当雄，经那曲卡（喀喇乌苏）、绰诺果尔、蒙咱西里克（聂荣境内）、泡河老、渡索克曲（索曲）到巴木汉，过当拉岭（唐古拉山脉）到吉利布拉克，渡阿克打木河（当曲）到多伦都尔，再经大片水草较好的谷地，渡过两条水浅流缓的河流在曲玛尔（曲麻莱）附近渡必力术江（通天河），经巴彦哈拉、喇嘛托罗海越噶达素齐老峰（巴颜喀拉山脉）沿星宿海北行，经查灵海（扎陵湖）、鄂灵海（鄂

---

[1] 严耕望：《唐代交通图考》第2卷，上海古籍出版社，2007年版，第533—534页。

[2] 祝启源、陈庆英：《元代西藏地方驿站考释》，《西藏民族学院学报》，1985年第3期。

陵湖）到琐力麻川（玛多），经托索湖畔、多罗池畔，再经公额淖尔、西纳绰尔池畔到巴彦诺尔，再经和尔，过和尔曲（倒淌河）、日月山、东科尔（湟源）到西宁。此外，从西宁出发至香日德，然后折西南行至玉树，也可进藏。[1]这两条道实际上都是唐蕃古道的故路，清时称为"藏大路"[2]，直到近代，"青藏商人，恒往来于此。计程六十马站。行四十日到柴达木，即有人户，有蒙古包。由此经青海入甘肃境，不过十余日。沿途人烟更多。"[3]

①赵毅：《明代内地与西藏的交通》，《中国藏学》，1992 年第 2 期。

②（清）杨治平编纂，何平顺等标注：《丹噶尔厅志》卷 6《险隘》（青海地方旧志五种），青海人民出版社，1989 年版，第 307 页。

③陈渠珍：《艽野尘梦》，西藏人民出版社，2009 年第 2 版，第 167 页。

肆 交流与融入：丝路青海道的历史功能

青海道的政治功能促进了吐谷浑、吐蕃、唃厮啰及西域诸政权与中原王朝的政治交流，为这些政权融入当时的朝贡体系提供了便利。青海道上玉石、丝绸、香料、茶叶等贸易，既促进了区域间的商品流通，也使中原王朝通过经济交往扩大了政治影响。无论是借青海道展开的精神文化传播、交流，还是物质文化的传播，都集中体现了青海道重要的文化交流功能。青海道沿线展开的军事活动则说明历史时期这一丝道的交通承载力在逐步加强。

政治功能

　　政治活动是人类行为的重要方面，自人类社会组织产生以来，就有了处理社会权利与义务关系的政治行为，与之相伴而生的政治活动也随之出现。自开辟伊始，青海道就具备相应的政治功能。两汉以来，中原政治势力波及青海道沿线，青海道的政治功能进一步强化，魏晋时期，前凉就曾利用青海道与东晋建立联系，于公元347—373年间，数次朝贡东晋并获得封赏。[1]综合观之，吐谷浑时期、青唐政权时期，因河西道堵塞，青海道成为沿线政权及西域各国与中原进行政治往来的主要通道，青海道政治功能的发挥也在这两个时期达到顶点。笔者拟以这两个时期为对象，分析青海道政治功能的具体内容，以及这一政治功能与青海道发展变迁的关系。

---

①陈良伟：《丝绸之路河南道》，中国社会科学出版社，2002年版，第46页。

一、吐谷浑时期青海道的政治功能

吐谷浑时期青海道的政治功能可分解为两大部分：一部分是吐谷浑利用河南道连通南北东西的交通优势，出使南朝、北魏诸国，形成灵活、机动的外交格局，从而达到在诸国林立、政治形势复杂多变的时代争取生存空间、扩大政治影响的目的；另一部分是西域诸国及漠北柔然借道吐谷浑出使南朝诸政权，吐谷浑不仅允许域外政权经本国与南朝交往，还对往来使臣给予方便，这也为吐谷浑的生存发展争取到更多外部势力的支持，青海道的政治功能也因此得以拓展。

（一）从吐谷浑出使南朝、北魏等国看青海道的政治功能

吐谷浑建国以后，就一直在争取与周边国家建立联系，利用南北政治间的矛盾为自己求得生存空间。迫于政治压力，吐谷浑不得不与西秦、北魏、西魏、北周等北方政权建立朝贡关系，为借南朝诸政权势力牵制北方政权，吐谷浑还出使南朝诸政权，以获取政治支持，并借朝贡关系谋求经济利益。吐谷浑经河南道南下益州再经长江水路与南朝诸政权进行往来，具体朝贡时间、对象及史料来源分列如下：

序号	时间	年号	出使对象	史料记载	文献出处
1	423年	景平元年	刘宋	二月丁丑，太皇太后崩。镇军大将军大且渠蒙逊、河南鲜卑吐谷浑阿豺并遣使朝贡。	《南史》卷1《宋少帝本纪》，中华书局，1975年版，第30页。

续表：

序号	时间	年号	出使对象	史料记载	文献出处
2	423—424 年	景平中	刘宋	阿豺遣使上表献方物。诏曰："吐谷浑阿豺介在遐表，慕义可嘉，宜有宠任。今酬其来款，可督塞表诸军事、安西将军、沙州刺史、浇河公。"	《宋书》卷96《吐谷浑传》，中华书局，1974年版，第2371页。
3	426 年	元嘉三年	刘宋	太祖元嘉三年，又诏加除命。未至而阿豺死，弟慕璝立。	《宋书》卷96《吐谷浑传》，中华书局，1974年版，第2371页。
4	426 年	元嘉三年	刘宋	慕璝又奉表通宋，宋文帝又授陇西公。	《北史》卷96《吐谷浑传》，中华书局，1974年版，第3180页。
5	428 年	元嘉五年	刘宋	七月五日，谒者董湛至，宣传明诏，显授荣爵，而臣私门不幸，亡兄见背。	《宋书》卷96《吐谷浑传》，中华书局，1974年版，第2371页。

续表：

序号	时间	年号	出使对象	史料记载	文献出处
6	429 年	元嘉六年	刘宋	六年，表曰："大宋应运，四海宅心，臣亡兄阿豺慕义天朝，款情素著。去年七月五日，谒者董湛至，宣传明诏，显授荣爵，而臣私门不幸，亡兄见背。臣以懦弱，负荷后任，然天恩所报，本在臣门，若更反覆，惧停信命。辄拜受宠任，奉遵上旨，伏愿详处，更授章策。"	《宋书》卷96《吐谷浑传》，中华书局，1974 年版，第 2371 页。
7	430 年	元嘉七年	刘宋	七年，诏曰："吐谷浑慕璝兄弟慕义，至诚可嘉，宜授策爵，以甄忠款。可督塞表诸军事、征西将军、沙州刺史、陇西公。"	《宋书》卷96《吐谷浑传》，中华书局，1974 年版，第 2371 页。
8	432 年	元嘉九年	刘宋	九年，慕璝遣司马赵叙奉贡献，并言二万人捷。太祖加其使持节、散骑常侍、都督西秦河沙三州诸军事、征西大将军、西秦河二州刺史、领护羌校尉，进爵陇西王。……壬申，河南国、河西王遣使献方物。	《宋书》卷96《吐谷浑传》，中华书局，1974 年版，第 2372 页。《宋书》卷5《文帝本纪》，中华书局，1974 年版，第 81 页。

序号	时间	年号	出使对象	史料记载	文献出处
9	437 年	元嘉十四年	刘宋	冬十二月辛酉,停贺雪。河南国、河西王、诃罗单国并遣使献方物。	《宋书》卷5《文帝本纪》,中华书局,1974 年版,第85页。
10	438 年	元嘉十五年	刘宋	是岁,武都王、河南国、高丽国、倭国、扶南国、林邑国并遣使献方物。	《宋书》卷5《文帝本纪》,中华书局,1974年版,第85页。
11	439 年	元嘉十六年	刘宋	是岁,武都王、河南王、林邑国、高丽国并遣使献方物。	《宋书》卷5《文帝本纪》,中华书局,1974年版,第86页。
12	440 年	元嘉十七年	刘宋	是岁,武都王、河南王、百济国遣使献方物。	《宋书》卷5《文帝本纪》,中华书局,1974年版,第88页。
13	441 年	元嘉十八年	刘宋	是岁,河南、肃特、高丽、苏摩黎、林邑等国并遣使来朝贡。	《南史》卷2《宋本纪中》,中华书局,1975年版,第47页。
14	442 年	元嘉十九年	刘宋	是岁,蠕蠕、河南、扶南、婆皇国并遣使朝贡。	《南史》卷2《宋本纪中》,中华书局,1975年版,第48页。
15	451 年	元嘉二十八年	刘宋	(五月)丁巳,婆皇国,戊戌,河南王,并遣使献方物。	《宋书》卷5《文帝本纪》,中华书局,1974年版,第100页。

续表:

序号	时间	年号	出使对象	史料记载	文献出处
16	452 年	元嘉二十九年	刘宋	九月丁亥，以平西将军吐谷浑拾寅为安西将军、秦河二州刺史，封河南王。	《南史》卷2《宋本纪中》，中华书局，1975 年版，第 54 页。
17	453 年	元嘉三十年	刘宋	辛酉，安西将军、西秦河二州刺史吐谷浑拾寅进号镇西大将军、开府仪同三司。	《南史》卷2《宋本纪中》，中华书局，1975 年版，第 56 页。
18	455 年	孝建二年	刘宋	夏四月壬申，河南国遣使献方物。	《宋书》卷6《孝武帝本纪》，中华书局，1974 年版，第 116 页。
19	458 年	大明二年	刘宋	八月乙酉，河南王遣使献方物。	《宋书》卷6《孝武帝本纪》，中华书局，1974 年版，第 122 页。
20	461 年	大明五年	刘宋	世祖大明五年（461年），拾寅遣使献善舞马，四角羊。皇太子、王公以下上《舞马歌》者二十七首。	《宋书》卷96《吐谷浑传》，中华书局，1974 年版，第 2373 页。
21	467 年	泰始三年	刘宋	太宗泰始三年（467年），进号(拾寅)征西大将军。	《宋书》卷96《吐谷浑传》，中华书局，1974 年版，第 2373 页。
22	468 年	泰始四年	刘宋	辛丑，芮芮国及河南王并遣使献方物。	《宋书》卷8《明帝本纪》，中华书局，1974 年版，第 163 页。

序号	时间	年号	出使对象	史料记载	文献出处
23	469 年	泰始五年	刘宋	五年（469 年），拾寅奉表献方物，以弟拾皮为平西将军、金城公。己巳，河南王遣使献方物。	《宋书》卷96《吐谷浑传》，中华书局，1974 年版，第2373页。《宋书》卷8《明帝本纪》，中华书局，1974年版，第164页。
24	473 年	元徽元年（五月）	刘宋	丙申，河南王遣使献方物。	《宋书》卷9《后废帝本纪》，中华书局，1974年版，第179页。
25	473 年	元徽元年（十二月）	刘宋	丙寅，河南王遣使献方物。	《宋书》卷9《后废帝本纪》，中华书局，1974年版，第181页。
26	475 年	元徽三年	刘宋	三月丙寅，河南王遣使献方物。	《宋书》卷9《后废帝本纪》，中华书局，1974年版，第183页。
27	479 年	建元元年	南齐	建元元年，太祖即本官进号骠骑大将军。宋世遣武卫将军王世武使河南，是岁随拾寅使来献。	《南齐书》卷59《河南传》，中华书局，1972年版，第1026页。
28	481 年	建元三年	南齐	寅卒，（建元）三年，以河南王世子吐谷浑易度侯为使持节、都督西秦河沙三州诸军事、镇西将军、领护羌校尉、西秦河二州刺史、河南王。	《南齐书》卷59《河南传》，中华书局，1972年版，第1026 至 1027页。

续表:

序号	时间	年号	出使对象	史料记载	文献出处
29	485 年	永明三年	南齐	永明三年,诏曰:"易度侯守职西蕃,绥怀允缉,忠绩兼举,朕有嘉焉。可进号车骑大将军。"遣给事中丘冠先使河南道,并送芮芮使。至(永明)六年乃还。	《南齐书》卷 59《河南传》,中华书局,1972 年版,第 1027 页。
30	490 年	永明八年	南齐	易度侯卒,(永明)八年,立其世子休留茂为使持节、督西秦河沙三州诸军事、镇西将军、领护羌校尉、西秦河二州刺史。复遣振武将军丘冠先拜授,并行吊礼。	《南齐书》卷 59《河南传》,中华书局,1972 年版,第 1027 页。
31	502 年	天监元年	南梁	镇西将军河南王吐谷浑休留代进号征西将军。	《梁书》卷 2《武帝本纪中》,中华书局,1973 年版,第 36 页。
32	504 年	天监三年	南梁	九月壬子,以河南王世子伏连筹为镇西将军、西秦河二州刺史,封河南王。	《南史》卷 6《梁本纪上》,中华书局,1975 年版,第 188 页。
33	505 年	天监四年	南梁	四年三月,禊饮华光殿。其日,河南国献舞马,诏率(张率)赋之……而河南又献赤龙驹,有奇貌绝足,能拜善舞。	《梁书》卷 33《张率传》,中华书局,1973 年版,第 475 至 476 页。

续表：

序号	时间	年号	出使对象	史料记载	文献出处
34	514年	天监十三年	南梁	梁兴，……（514年）天监十三年，遣使献金装马脑锺二口，又表于益州立九层佛寺，诏许焉。	《梁书》卷54《诸夷传》，中华书局，1973年版，第810页。
35	516年	天监十五年	南梁	（516年）十五年，又遣使献赤舞龙驹及方物。其使或岁再三至，或再岁一至。其地与益州隣，常通商贾，民慕其利，多往从之，教其书记，为之辞译，稍桀黠矣。秋八月，老人星见。芮芮、河南遣使献方物。	《梁书》卷54《诸夷传》，中华书局，1973年版，第810至811页。《梁书》卷2《武帝本纪中》，中华书局，1973年版，第56页。
36	517年	天监十六年	南梁	三月丙子，河南王遣使献方物。	《梁书》卷2《武帝本纪中》，中华书局，1973年版，第57页。
37	520年	普通元年	南梁	夏四月甲午，河南王遣使献方物。（520年）普通元年，又奉献方物。	《梁书》卷3《武帝本纪下》，中华书局，1973年版，第63页。《梁书》卷54《诸夷传》，中华书局，1973年版，第811页。
38	526年	普通七年	南梁	二月甲戌，北伐众军解严。河南遣使献方物。	《梁书》卷3《武帝本纪下》，中华书局，1973年版，第70页。

续表:

序号	时间	年号	出使对象	史料记载	文献出处
39	529年	大通三年	南梁	筹死，子呵罗真立。大通三年，诏以为宁西将军、护羌校尉、西秦河二州刺史。	《梁书》卷54《诸夷传》，中华书局，1973年版，第811页。
40	529年	中大通元年	南梁	真死，子佛辅袭爵位，其世子又遣使献白龙驹于皇太子。	《梁书》卷54《诸夷传》，中华书局，1973年版，第811页。
41	530年	中大通二年	南梁	夏四月庚申，大雨雹。壬申，以河南王佛辅为宁西将军、西秦河二州刺史。	《梁书》卷3《武帝本纪下》，中华书局，1973年版，第74页。
42	533年	中大通五年	南梁	河南国遣使献方物。	《梁书》卷3《武帝本纪下》，中华书局，1973年版，第77页。
43	534年	中大通六年	南梁	三月己亥，以行河南王可沓振为西秦、河二州刺史，正封河南王。	《南史》卷7《梁本纪中》，中华书局，1975年版，第210页。
44	538年	大同四年	南梁	三月戊寅，河南国遣使献方物。	《梁书》卷3《武帝本纪下》，中华书局，1973年版，第82页。
45	540年	大同六年	南梁	己卯，河南王遣使献马及方物。	《梁书》卷3《武帝本纪下》，中华书局，1973年版，第84页。

据周伟洲先生统计，"吐谷浑于宋景平元年，元嘉六年七月、十二月，九年七月，十四年十二月，十五年，十六年，十七年，十八年，十九年，二十七年，二十八年五月，孝建二年四月，大明二年八月，大明五年，泰始四年，五年，后废帝元徽元年五月、十二月，三年三月，总计 20 次，向南朝齐遣使有一次，即建元元年；向梁遣使九次，即天监四年三月，十三年，十五年，十六年，普通元年四月，七年，中大通五年，大同四年，六年等。以上遣使仅是见于记载的，没有记载的肯定还有。"[1]周先生共统计出吐谷浑出使南朝的次数为 30 次。据陈良伟先生的不完全统计，河南国遣使南朝共计 37 次[2]，据笔者统计，史料所载吐谷浑与南朝通使多达 45 次，其中吐谷浑与刘宋通使为 26 次、与南朝齐通使 4 次、与南朝梁通使 15 次。从上表统计看，吐谷浑出使南朝始于南朝刘宋景平元年（423 年），是时，阿豺执政，吐谷浑国力尚弱，受外部政治局势影响，在漒川、沙州、浇河一带活动的吐谷浑时常受到西秦的威胁，阿豺趁西秦、北凉酣战之机，夺回漒川，重新打通经河南道东线南下至龙涸的丝道，并与南朝首次建立政治联系。按史籍所载，南朝萧梁大同六年（540 年），吐谷浑最后一次出使南朝。西魏废帝二年（553 年），西魏攻占益州，阻断了吐谷浑的贡使之路。

北魏统一北方后，曾数次攻打吐谷浑，严重威胁到了吐谷浑的生存发展，吐谷浑也时常侵扰北魏西境，两国关系一度十分紧张。吐谷浑战败后，向北魏称臣，北魏因不能完全消灭吐谷浑，又不想坐视其与南朝诸政权联合，遂以封授名号等形式，承纳吐谷浑的政治地位，两国间开始频繁通使。笔者仅就吐谷浑出使北魏做出如下统计：

---

[1]周伟洲：《吐谷浑史》，宁夏人民出版社，1985 年版，第 59—60 页。
[2]陈良伟：《丝绸之路河南道》，中国社会科学出版社，2002 年版，第 268 页。

序号	时间	年号	文献记载	文献出处
1	431 年	神䴥四年	八月乙酉，沮渠蒙逊遣子安周入侍。吐谷浑慕瑰遣使奉表，请送赫连定。己丑，以慕瑰为大将军、西秦王。	《魏书》卷 4《世祖本纪上》，中华书局，1974 年版，第 79 页。
2	432 年	延和元年	壬申，西秦王吐谷浑慕瑰，送赫连定于京师。	《魏书》卷 4《世祖本纪上》，中华书局，1974 年版，第 80 页。
3	432 年	延和元年	冬十月癸酉，车驾至濡水。吐谷浑慕瑰遣使朝贡。	《魏书》卷 4《世祖本纪上》，中华书局，1974 年版，第 81 页。
4	436 年	太延二年	太延二年（436 年），慕瑰死，弟慕利延立。诏遣使者策谥慕瑰曰惠王。后拜慕利延镇西大将军、仪同三司，改封西平王；以慕瑰子元绪为抚军将军。时慕利延又通宋，宋封为河南王。太武征凉州，慕利延惧，遂率其部人，西遁沙漠。太武以慕利延兄有禽赫连定之功，遣使宣谕之，乃还。后慕利延遣使表谢，书奏，乃下诏褒奖之。	《北史》卷 96《吐谷浑传》，中华书局，1974 年版，第 3182 页。

续表：

序号	时间	年号	文献记载	文献出处
5	452 年	兴安元年	（452 年）慕利延死，树洛干子拾寅立。始邑于伏罗川，其居止出入，窃拟王者。拾寅奉修贡职，受魏正朔；又受宋封爵，号河南王。太武遣使拜为镇西大将军、沙州刺史、西平王。后拾寅自恃险远，颇不恭命。通使于宋，献善马、四角羊，宋明帝加之官号。	《北史》卷96《吐谷浑传》，中华书局，1974 年版，第 3183 页。
6	466 年	天安元年	（466 年）献文复诏上党王长孙观等率州郡兵讨拾寅。军至曼头山，拾寅来逆战，观等纵兵击败之，拾寅宵遁。于是思悔复蕃职，遣别驾康盘龙奉表朝贡。献文幽之，不报其使。拾寅部落大饥，屡寇浇河。	《北史》卷96《吐谷浑传》，中华书局，1974 年版，第 3183 至 3184 页。
7	474 年	延兴四年	二月甲辰，太上皇帝至自南巡。辛亥，吐谷浑拾寅遣子费斗斤入侍，并献方物。	《魏书》卷7《高祖本纪上》，中华书局，1974 年版，第 140 页。
8	474 年	延兴四年	三月丁亥，……高丽、吐谷浑、曹利诸国各遣使朝贡。	《魏书》卷7《高祖本纪上》，中华书局，1974 年版，第 140 页。
9	474 年	延兴四年	八月庚子，吐谷浑国遣使朝献。	《魏书》卷7《高祖本纪上》，中华书局，1974 年版，第 140 页。

续表:

序号	时间	年号	文献记载	文献出处
10	474 年	延兴四年	十有一月……戊寅,吐谷浑国遣使朝献。	《魏书》卷7《高祖本纪上》,中华书局,1974年版,第141页。
11	475 年	延兴五年	(二月)闰月戊午,吐谷浑国遣使朝献。	《魏书》卷7《高祖本纪上》,中华书局,1974年版,第141页。
12	475 年	延兴五年	秋八月丁卯,高丽、吐谷浑、地豆于诸国遣使朝献。	《魏书》卷7《高祖本纪上》,中华书局,1974年版,第141页。
13	477 年	太和元年	乙酉,吐谷浑国遣使朝献。	《魏书》卷7《高祖本纪上》,中华书局,1974年版,第145页。
14	477 年	太和元年	十有二月壬寅,欢喜攻陷葭芦,斩文度,传首京师。甲辰,员阔、吐谷浑国并遣使朝贡。	《魏书》卷7《高祖本纪上》,中华书局,1974年版,第145页。
15	478 年	太和二年	二年春正月丁巳,封昌黎王冯熙第二子始兴为北平王。戊午,吐谷浑遣使朝献。	《魏书》卷7《高祖本纪上》,中华书局,1974年版,第145页。
16	479 年	太和三年(三月)	戊午,吐谷浑、高丽国各遣使朝献。	《魏书》卷7《高祖本纪上》,中华书局,1974年版,第146页。
17	479 年	太和三年(四月)	吐谷浑国遣使献牦牛五十头。	《魏书》卷7《高祖本纪上》,中华书局,1974年版,第147页。
18	479 年	太和三年(九月)	高丽、吐谷浑、地豆于、契丹、库莫奚、龟兹诸国各遣使朝献。	《魏书》卷7《高祖本纪上》,中华书局,1974年版,第147页。

序号	时间	年号	文献记载	文献出处
19	481 年	太和五年	太和五年（481 年），拾寅死，子度易侯立。遣其侍郎时真贡方物，提上表称嗣事。	《北史》卷96《吐谷浑传》，中华书局，1974 年版，第 3184 页。
20	482 年	太和六年	冬十有一月乙卯，吐谷浑国遣使朝贡。	《魏书》卷7《高祖本纪上》，中华书局，1974 年版，第 152 页。
21	485 年	太和九年（十月）	戊申，高丽、吐谷浑国并遣使朝贡。	《魏书》卷7《高祖本纪上》，中华书局，1974 年版，第 156 页。
22	485 年	太和九年（十二月）	宕昌、高丽、吐谷浑等国并遣使朝贡。	《魏书》卷7《高祖本纪上》，中华书局，1974 年版，第 156 页。
23	486 年	太和十年	是月，高丽、吐谷浑国并遣使朝贡。	《魏书》卷7《高祖本纪下》，中华书局，1974 年版，第 161 页。
24	487 年	太和十一年	夏四月己未，吐谷浑国遣使朝贡。	《魏书》卷7《高祖本纪下》，中华书局，1974 年版，第 162 页。
25	487 年	太和十一年	五月壬辰，幸灵泉池，遂幸方山。癸巳，南平王浑薨。甲午，车驾还宫。……山阙高丽、吐谷浑国遣使朝贡。	《魏书》卷7《高祖本纪下》，中华书局，1974 年版，第 162 页。
26	488 年	太和十二年	夏四月，高丽、吐谷浑国并遣使朝贡。	《魏书》卷7《高祖本纪下》，中华书局，1974 年版，第 163 页。

续表:

序号	时间	年号	文献记载	文献出处
27	488年	太和十二年	九月，吐谷浑、宕昌国遣使朝贡。	《魏书》卷7《高祖本纪下》，中华书局，1974年版，第164页。
28	488年	太和十二年	癸卯，侍中、司徒、淮南王他薨。吐谷浑、宕昌、武兴诸国各遣使朝贡。	《魏书》卷7《高祖本纪下》，中华书局，1974年版，第164页。
29	489年	太和十三年	三月甲子，吐谷浑国遣使朝献。	《魏书》卷7《高祖本纪下》，中华书局，1974年版，第164页。
30	489年	太和十三年（四月）	吐谷浑国遣使朝贡。	《魏书》卷7《高祖本纪下》，中华书局，1974年版，第165页。
31	489年	太和十三年	九月丁未，吐谷浑、武兴、宕昌诸国各遣使朝献。	《魏书》卷7《高祖本纪下》，中华书局，1974年版，第165页。
32	490年	太和十四年	三月壬申，吐谷浑、宕昌、武兴、阴平诸国并遣使朝贡。	《魏书》卷7《高祖本纪下》，中华书局，1974年版，第165至166页。
33	491年	太和十五年	十五年春正月丁卯，帝始听政于皇信东室。初分置左右史官。吐谷浑国遣使朝贡。	《魏书》卷7《高祖本纪下》，中华书局，1974年版，第167页。
34	491年	太和十五年	秋七月乙丑，谒永固陵，规建寿陵。戊寅，吐谷浑国遣使朝贡。	《魏书》卷7《高祖本纪下》，中华书局，1974年版，第168页。
35	491年	太和十五年	九月辛巳，萧赜遣使朝贡。壬午，吐谷浑、高丽、宕昌、邓至诸国并遣使朝献。	《魏书》卷7《高祖本纪下》，中华书局，1974年版，第168页。

序号	时间	年号	文献记载	文献出处
36	492 年	太和十六年	秋七月庚申，吐谷浑世子贺虏头来朝。	《魏书》卷7《高祖本纪下》，中华书局，1974年版，第170页。
37	493 年	太和十七年	吐谷浑国遣使朝献。	《魏书》卷7《高祖本纪下》，中华书局，1974年版，第171页。
38	495 年	太和十九年	庚辰，皇太子朝于平桃城。高丽、吐谷浑国并遣使朝贡。	《魏书》卷7《高祖本纪下》，中华书局，1974年版，第177页。
39	500 年	景明元年	庚子，吐谷浑国遣使朝献。	《魏书》卷8《世宗本纪》，中华书局，1974年版，第192页。
40	501 年	景明二年	冬十月丁卯，吐谷浑国遣使朝献。	《魏书》卷8《世宗本纪》，中华书局，1974年版，第194页。
41	507 年	正始四年	四年春二月丙午，吐谷浑、宕昌国并遣使朝献。	《魏书》卷8《世宗本纪》，中华书局，1974年版，第204页。
42	507 年	正始四年（四月）	壬寅，吐谷浑、鸠磨罗、阿拔磨拔切磨勒、悉万斤诸国并遣使朝献。	《魏书》卷8《世宗本纪》，中华书局，1974年版，第204页。
43	507 年	正始四年（八月）	庚子，库莫奚、宕昌、吐谷浑诸国遣使朝献。	《魏书》卷8《世宗本纪》，中华书局，1974年版，第204页。
44	508 年	永平元年	庚午，吐谷浑、库莫奚国并遣使朝贡。	《魏书》卷8《世宗本纪》，中华书局，1974年版，第206页。

续表：

序号	时间	年号	文献记载	文献出处
46	510年	永平三年（六月）	闰月己亥，吐谷浑、高丽、契丹诸国各遣使朝贡。	《魏书》卷8《世宗本纪》，中华书局，1974年版，第209页。
47	510年	永平三年	秋七月己未，吐谷浑国遣使朝贡。	《魏书》卷8《世宗本纪》，中华书局，1974年版，第209页。
48	511年	永平四年	秋七月辛酉，吐谷浑、契丹国并遣使朝献。	《魏书》卷8《世宗本纪》，中华书局，1974年版，第211页。
49	512年	延昌元年	秋七月，吐谷浑、契丹国并遣朝献。	《魏书》卷8《世宗本纪》，中华书局，1974年版，第212页。
50	512年	延昌元年	八月壬戌，吐谷浑国遣使朝贡。	《魏书》卷8《世宗本纪》，中华书局，1974年版，第212页。
51	513年	延昌二年	是月，勿吉、吐谷浑、邓至国并遣使朝贡。	《魏书》卷8《世宗本纪》，中华书局，1974年版，第213页。
52	514年	延昌三年	九月，吐谷浑、契丹、勿吉诸国并遣使朝贡。	《魏书》卷8《世宗本纪》，中华书局，1974年版，第214页。
53	515年	延昌四年（八月）	己卯，吐谷浑国遣使朝献。	《魏书》卷9《肃宗本纪》，中华书局，1974年版，第222页。
54	515年	延昌四年	冬十月庚午朔，勿吉国贡楛矢。壬午，高丽、吐谷浑国并遣使朝献。	《魏书》卷9《肃宗本纪》，中华书局，1974年版，第223页。
55	516年	熙平元年（二月）	是月，吐谷浑、宕昌、邓至诸国并遣朝贡。	《魏书》卷9《肃宗本纪》，中华书局，1974年版，第224页。
56	516年	熙平元年（五月）	丙戌，吐谷浑遣使朝献。	《魏书》卷9《肃宗本纪》，中华书局，1974年版，第224页。

序号	时间	年号	文献记载	文献出处
57	517 年	熙平二年	三月甲戌，吐谷浑国遣使朝献。	《魏书》卷9《肃宗本纪》，中华书局，1974 年版，第 225 页。
58	517 年	熙平二年	（八月）壬寅，吐谷浑国遣使朝献。	《魏书》卷9《肃宗本纪》，中华书局，1974 年版，第 226 页。
59	517 年	熙平二年	九月辛酉，吐谷浑国遣使朝贡。	《魏书》卷9《肃宗本纪》，中华书局，1974 年版，第 226 页。
60	518 年	神龟元年	二月戊申，嚈哒、高丽、勿吉、吐谷浑、宕昌、疏勒、久未陀、末久半诸国，并遣使朝献。	《魏书》卷9《肃宗本纪》，中华书局，1974 年版，第 227 页。
61	518 年	神龟元年（三月）	吐谷浑国遣使朝贡。	《魏书》卷9《肃宗本纪》，中华书局，1974 年版，第 227 页。
62	518 年	神龟元年（七月）	闰月戊戌，吐谷浑国遣使朝贡。	《魏书》卷9《肃宗本纪》，中华书局，1974 年版，第 228 页。
63	519 年	神龟二年	吐谷浑、宕昌国并遣使朝贡。	《魏书》卷9《肃宗本纪》，中华书局，1974 年版，第 229 页。
64	522 年	正光三年	冬十月己巳，吐谷浑国遣使朝贡。	《魏书》卷9《肃宗本纪》，中华书局，1974 年版，第 233 页。
65	534 年	永熙三年	庚午，吐谷浑国遣使朝贡。	《魏书》卷11《出帝平阳王本纪》，中华书局，1974 年版，第 290 页。

据统计，430 年至 534 年间，吐谷浑共出使北魏 65 次。日本学者松田寿男《吐谷浑遣使考》一文共统计 64 次，其中，按北魏帝纪列示的 39 次中,北魏高祖延兴四年(474 年)正月 1 次,实为二月 1 次,太和十五年(491 年)标示的二月 1 次,实不见记载,肃宗熙平元年(516 年) 六月 1 次,实为五月 1 次。[①] 吐谷浑称臣北魏始于慕璝执政时期，当时，吐谷浑牙帐在沙州一带，吐谷浑使臣东去北魏可有数条路线选择，从沙州北上，经河南道中线与湟中道的连接丝道，从今日月山一带进入湟中道，沿该道东行至枹罕，从此处进入秦陇南道，东至北魏首都洛阳。夸吕执政时期，吐谷浑牙帐移至伏俟城，吐谷浑使臣沿青海湖南的丝道，也从今日月山东去，经湟中道、秦陇南道至北魏首都。

北魏末年,国内政局动荡,农民起义频发,吐谷浑趁机攻入河西,并于 534 年遣使北魏，探听虚实。西魏建立后，吐谷浑又以入贡和入侵两手不断试探西魏的态度。因西魏结好柔然，吐谷浑决定与东魏建立联系，借此获得外部政治、军事支持，东魏也积极与吐谷浑交好以牵制西魏，两国因此结成互为外援的外交关系。自东魏兴和四年（542 年）吐谷浑赵吐骨真出使东魏以来，从 542 年起到 553 年的 12 年间，吐谷浑至少 8 次出使东魏和北齐。东魏静帝娶吐谷浑可汗夸吕的从妹为容华嫔，夸吕也娶东魏广乐公主为妻，两国保持了友好交往关系。542—545 年间，西魏在河西的统治尚处在确立、巩固时期，吐谷浑使臣从伏俟城等地东行、北上，经扁都口过山丹、永昌一带，横切西魏所属河西走廊进入柔然，从漠北高原偏东南行至东魏首都邺（今河北临漳）。之后，西魏、北周在河西的势力得以

---

① (日) 松田寿男著，周伟洲译: 《吐谷浑遣使考（上）》，《西北史地》，1981 年第 2 期。

巩固，吐谷浑只得借羌中道西北行，经西域南道与北道连接丝道，向北向东绕道至东魏、北齐，具体路线为先穿越柴达木盆地西行，出阿尔金山到鄯善，再折向北，经高昌、哈密进入蒙古草原。[1]从东魏兴和四年（542年）至武定七年（549年）的8年间，史籍记载"蠕蠕、高丽、吐谷浑国并遣使朝贡"[2]，"吐谷浑、高丽、蠕蠕、勿吉国并遣使朝贡"[3]等，共6次。史籍所载吐谷浑出使北齐共2次，北齐文宣帝天保元年（550年），"吐谷浑国遣使朝贡"[4]，北齐"废帝二年……夸吕又通使于齐"[5]。吐谷浑出使北齐的路线当与其前期出使东魏的路线一致。

吐谷浑虽与西魏建立朝贡关系，但双方实际利益冲突很大，夸吕以远交近攻之策，时常侵扰西魏边境，主要是抢夺农产品，有时也遣使朝贡，与之巧妙周旋。[6]北周于557年取代西魏后，吐谷浑曾先后8次出使北周，史籍有"吐谷浑、高昌并遣使献方物"[7]，"突厥、吐谷浑、安息并遣使献方物"[8]等的记述。吐谷浑与西魏、北周相邻，吐谷浑使臣当从伏俟城出发，从青海湖南东行越日月山，经湟中道、秦陇南道抵达长安。

隋唐时期，河西道开通，中原与西域的往来多不取道青海，青海道因此进入萧条期，但吐谷浑与隋、唐两朝皆建立朝贡关系，青海道在此时仍发挥着一定的政治功能。《隋书》卷1《高祖本纪上》记载，

①周松：《吐谷浑遣使东魏路线考》，《中国历史地理论丛》，2003年第3辑。
②《魏书》卷12《孝静帝本纪》，中华书局，1974年版，第306页。
③《魏书》卷12《孝静帝本纪》，中华书局，1974年版，第307页。
④《北齐书》卷4《文宣帝本纪》，中华书局，1972年版，第54页。
⑤《北史》卷96《吐谷浑传》，中华书局，1974年版，第3187页。
⑥崔永红：《吐谷浑与内地诸王朝的关系》，《中国土族》，2010年第4期。
⑦《周书》卷5《武帝本纪上》，中华书局，1971年版，第64页。
⑧《周书》卷5《武帝本纪上》，中华书局，1971年版，第74页。

开皇四年（584年）四月，"宴突厥、高丽、吐谷浑使者于大兴殿。"[①]《隋书》卷2《高祖本纪下》记载，开皇十年（590年）七月、十一年（591年）二月、十二年十二月（592年）、开皇十五年（595年），吐谷浑遣使隋朝，贡献方物。[②]《隋书》卷三《炀帝本纪上》记载，吐谷浑于大业三年（607年）六月、五年（609）四月也曾进贡"遣使来朝"[③]。吐谷浑与唐时战时和，最终成为唐的附庸国，弘化公主嫁入吐谷浑后，两国交往频繁，吐谷浑使臣沿湟中道东行，经秦陇南道至长安，青海道的政治功能仍在延续。

（二）从西域诸国出使南朝看青海道的政治功能

西域各国借青海道出使南朝诸政权过程中，青海道发挥了连通东西的政治功能，这一方面说明，南朝诸政权虽偏居一隅，但其正统地位及在政治、经济及文化上的巨大吸引力，影响着中原与西域政治关系的具体走向；另一方面，青海道借此历史机遇，成为新形势下重组朝贡体系的重要一环，进而发挥出独特的政治功能。

高昌地处四方交通的十字路口，历来为周边政权争夺的对象。南朝刘宋元嘉十九年（442年），北凉残余势力沮渠无讳率部占领高昌，因河西道堵塞，高昌沮渠政权借青海道四次出使刘宋。元嘉十九年六月高昌遣常侍氾俊出使刘宋，贡献方物。使臣到达刘宋国都，刘宋封沮渠无讳为"可持节、散骑常侍、都督凉河沙三州诸军事、征西大将军、领护匈奴中郎将、西夷校尉、凉州刺史、河西王。"[④]元嘉二十年（443年），"河西国、高丽国、百济国、倭国并遣使献

---

①《隋书》卷1《高祖本纪上》，中华书局，1973年版，第21页。
②《隋书》卷2《高祖本纪下》，中华书局，1973年版，第35至40页。
③《隋书》卷3《炀帝本纪上》，中华书局，1973年版，第70至73页。
④《宋书》卷98《氐胡传》，中华书局，1974年版，第2417页。

方物。"① 元嘉二十一年（444 年），沮渠无讳卒，其弟安周立。刘宋续封沮渠安周为"可使持节、散骑常侍、都督凉河沙三州诸军事、领西域戍己校尉、凉州刺史、河西王"②。刘宋孝武皇帝大明三年（459 年），沮渠安周遣使奉献方物，加封其为"征虏将军、凉州刺史"③。

粟特为西域古国之一，位于今中亚阿姆河与锡尔河之间的泽拉夫尚河流域，其祖先原居祁连山一带，后为匈奴所破，西迁至此。南朝宋元嘉十八年（441 年），"河南、肃特、高丽、苏摩黎、林邑等国并遣使来朝贡。"④据《宋书》卷 95《索虏传》记载，粟特于刘宋大明中"遣使献生师子、火浣布、汗血马，道中遇寇，失之。"⑤据唐长孺先生分析，《宋书》记载粟特入贡凡两次，第一次在元嘉十八年，即魏太平真君二年（441 年）。前二年（439 年）九月北魏已占领北凉都城姑臧，但高昌沮渠政权仍据有敦煌，且曾一度反攻并收复酒泉，直至元嘉十九年（442 年）无讳始撤离敦煌，西占鄯善。粟特使者有可能在元嘉十八年初抵达敦煌，经吐谷浑入益州；也可能由西域南道越昆仑山直接进入吐谷浑境。大明中粟特第二次入贡因"道中遇寇"，是否到达建康不见记载，但这次出使肯定自鄯善直走吐谷浑，因为北魏已全部控制河西走廊。⑥

芮芮即柔然，是活动于大漠南北以及西北地区的草原国家。据《南齐书》卷 59《芮芮虏传》记载："芮芮常由河南道而抵

---

① 《宋书》卷 5《文帝纪》，中华书局，1974 年版，第 91 页。
② 《宋书》卷 98《氐胡传》，中华书局，1974 年版，第 2418 页。
③ 《宋书》卷 6《孝武帝纪》，中华书局，1974 年版，第 124 页。
④ 《南史》卷 2《宋本纪中》，中华书局，1975 年版，第 47 页。
⑤ 《宋书》卷 95《索虏传》，中华书局，1974 年版，第 2358 页。
⑥ 唐长孺：《魏晋南北朝史论拾遗》，中华书局，1983 年版，第 169 页。

益州。"①柔然因与吐谷浑交好，时常借道吐谷浑出使南朝。刘宋顺帝昇明二年（478年）、三年（479年），"芮芮主频遣使贡献貂皮杂物。与上书欲伐魏虏，谓上'足下'，自称'吾'。"②同年，刘宋"遣骁骑将军王洪[范]使芮芮，剋期共伐魏虏。"③王洪范一行"经途三万余里"，于永明元年（483年），"王洪[范]还京师"④。彼时，刘宋政权已被南朝齐所取代了。北魏有效控制河西后，南朝使臣只能从河南道西北行，经羌中道南线越昆仑山至西域，然后东北行至柔然，柔然使臣南下的路线也一样，因此才会有"经途三万余里"一说。柔然与刘宋政权的往来，说明青海道政治功能的路线走向是多元的，不仅东西向可使西域与南朝相连接，也可南北向使漠北与南朝建立政治关系。

南朝梁时，西域诸国使臣也经吐谷浑与梁通使，除柔然与梁交通外，车师之别种嚈哒，即滑国也与梁交好。南朝梁天监十五年（516年），"其王厌带夷栗陁始遣使献方物"，普通元年（520年），"又遣使献黄师子、白貂裘、波斯锦等物"，七年（526年），"又奉表贡献"⑤。普通二年（521年），龟兹王尼瑞摩珠那胜"遣使奉表贡献。"⑥于阗于天监九年（510年），"遣使献方物"，十三年（514年），"又献波罗婆步鄣"，十八年（519年），"又献琉璃罂"，南朝梁大同七年（541年），"又献外国刻玉佛。"⑦渴盘陁国即汉之蒲犁国，于中大同

---

①《南齐书》卷59《芮芮虏传》，中华书局，1972年版，第1025页。
②《南齐书》卷59《芮芮虏传》，中华书局，1972年版，第1023页。
③《南齐书》卷59《芮芮虏传》，中华书局，1972年版，第1023页。
④《南齐书》卷59《芮芮虏传》，中华书局，1972年版，第1025页。
⑤《梁书》卷54《诸夷传》，中华书局，1973年版，第812页。
⑥《梁书》卷54《诸夷传》，中华书局，1973年版，第813页。
⑦《梁书》卷54《诸夷传》，中华书局，1973年版，第814页。

元年（546年），"遣使献方物。"[1]波斯国也于中大通二年（547年），"遣使献佛牙。"[2]上述西域诸国通使南朝，皆借道吐谷浑，吐谷浑不仅派兵保护使臣及商队，还为他们提供语言翻译，史称"其言语待河南人译然后通"[3]，他们南下建康时，一路当由吐谷浑使臣、翻译陪同，青海道既为这些西域使臣提供了政治交流的方便，也为扩大吐谷浑的影响力起到了至关重要的作用。

从上述吐谷浑时期各国经青海道与南朝交往的史实看，青海道在当时的确发挥过重要的政治功能，这种政治功能既扩大了青海道的影响，也使吐谷浑维护、经营青海道的主导权得以强化，为其融入当时变幻不定的国际秩序起到了支撑作用。事实上，无论是前凉与东晋互遣使节、前凉出使成汉、西凉出使东晋、西凉与南凉互遣使团、北凉出使东晋和刘宋、吐谷浑与北凉、柔然、突厥及北齐的往来，柔然遣使到南朝的活动等，还是西域诸国、域外诸国派遣使者到南朝，大多都经过青海道。[4]无论从哪个角度看，青海道都促进了当时各国的政治交流，也为西北地区诸政权融入朝贡体系提供了便利，这些政治功能在我国政治交流史上留下了浓墨重彩的一笔。

继吐谷浑之后，使青海道沿线政治功能得以深化的时期当属唐蕃两国交往时期。据谭立人、周原孙先生统计，吐蕃时期唐蕃之间使者往来多达290余次；据顾辰吉先生统计，唐蕃往来的有名姓之使者中，唐人55人，蕃人52人。仅据汉文史料不完全统计，从唐

①《梁书》卷54《诸夷传》，中华书局，1973年版，第814页。
②《梁书》卷54《诸夷传》，中华书局，1973年版，第815页。
③《梁书》卷54《诸夷传》，中华书局，1973年版，第812页。
④黄兆宏：《甘青古道述略——以青海与甘肃河西走廊交通为例》，《丝绸之路》，2014年第14期。

贞观年间到会昌六年（846年）吐蕃王朝瓦解，唐蕃两国互往使臣191次，其中蕃使入唐125次。[①]唐蕃两国的交往未必都经过青海道，但经湟中道与河南道南下至今果洛、玉树，再至拉萨的大道是当时唐蕃两国使臣往来的主要通道，因此，唐蕃两国的交流促进了青海道政治功能的说法应当是成立的。

二、北宋时期青海道的政治功能

北宋时期，西夏堵塞河西道，西域诸国只得取道青海与中原交往，建政青海的唃厮啰政权也与北宋联合抗夏，在这一时代背景下，青海道又一次发挥了较为突出的政治功能。

北宋时期，由青唐城至北宋首都汴梁（今河南开封）的道路相对比较固定，唃厮啰使臣从青唐城东行，经湟中道至河州，然后经秦陇南道至关中。北宋规定，唃厮啰派贡使至宋地或付阙朝见，都要经过宋朝边臣审定，报朝廷核准方可。唃厮啰的贡使先是经秦州，由秦州解发。宋取熙河后，其贡使即取道熙州，由熙州解发。[②]

北宋大中祥符七年（1014年）五月，"渭州蕃族首领唃厮啰为殿直充巡检使，先是厮啰率帐下来归，给以土田未及播种，且求俸给瞻用，故有是命。"[③]这是唃厮啰朝贡北宋的起始。之后，唃厮啰、李立遵、温逋奇等一并"遣使贡马，充赐行李物色茶药，诏估其直得钱七百六十万，诏赐袍笏、金带、器币、供帐、什物、茶药有差，凡有金七千两、他物称是。"[④]唃厮啰建立青唐政权后，遣使北宋更

---

①张雪慧：《试论唐宋时期吐蕃的商业贸易》，《西藏研究》，1998年第3期。
②祝启源：《青唐盛衰——唃厮啰政权研究》，青海人民出版社，2010年版，第160页。
③（清）徐松辑：《宋会要辑稿》蕃夷六之一，中华书局，1957年版，第7819页。
④（清）徐松辑：《宋会要辑稿》蕃夷六之一，中华书局，1957年版，第7819页。

加频繁，其继任者也多与北宋交好。河湟洮岷地区的吐蕃民众是北宋赖以抗夏的生力军，[1]一些部落首领也朝贡北宋，如吐蕃部落首领俞龙珂"既归朝，至合门引见，谓押伴使曰：'平生闻包中丞拯朝廷忠臣，某既归汉，乞姓包。'神宗遂如其请，名顺"[2]。

北宋为联合唃厮啰也时常遣使臣至青唐城，如宋仁宗宝元元年（1038年），"遣左侍禁鲁经持诏谕厮啰，使背击元昊以披其势，赐帛二万匹。"[3]庆历元年（1041年）四月，"屯田员外郎刘涣直昭文馆，为秦陇路招安蕃落使。涣还自青唐，得唃厮啰誓书及西州地图以献，故有是命。"[4]

为方便往来使臣，北宋专门在陕西缘边的秦凤路、泾源路、环庆路和鄜延路所属州县设立接待唃厮啰及西域朝贡使、客商的驿站，称作"唃家位"。"唃家位"的出现是汉蕃朝贡关系进一步加深的产物，也是宋代丝绸之路上的中西经济文化交流在特殊历史条件下继续向前推进的反映。[5]

根据不完全统计，从唃厮啰本人第一次向宋朝贡，到青唐政权崩溃的九十年间，共向宋朝进贡45次，而宋朝对他们回赐或封赐则有150余次之多。唃厮啰向宋进贡的"方物"主要是马匹和同中亚、西域商人贸易中得来的珍珠、象牙、玉石等。宋回赐的则是丝绸、银器、

---

①任树民：《北宋西北边防军中的一支劲旅——蕃兵》，《西北民族研究》，1993年第2期。

②《续资治通鉴长编》卷233，熙宁五年五月庚寅条记事，中华书局，1986年版，第5653页。

③《宋史》卷492《吐蕃传》，中华书局，1977年版，第14162页。

④《续资治通鉴长编》卷131，庆历元年四月壬午条记事，中华书局，1985年版，第3114页。

⑤任树民：《北宋时期丝绸东路的贸易网点——唃家位》，《西北民族学院学报》（哲学社会科学版），1997年第2期。

茶叶、衣物等。这种具有贸易性质的上层之间的经济活动，能进一步沟通和保证正常贸易关系的发展，所以对加强民族团结曾起过积极的作用。[1]

河湟吐蕃与辽之间也有通使关系，开泰七年（1018 年）四月，"吐蕃王并里尊奏，凡朝贡，乞假道夏国，从之。"[2]此后，《辽史》中有数次"吐蕃遣使来贡"[3]等记载。唃厮啰与辽交往，曾"假道夏国"，说明唃厮啰使臣是从湟中道北上至河西走廊，然后西北行穿过西夏国到达辽国的。青唐城以东邈川（今乐都）北上至西夏西凉府（今甘肃武威）有丝道相通，当时唃厮啰使臣可能是借此道北上的。

北宋无法直接控制西域，加之河西道被西夏堵塞，因此，只能借道青唐吐蕃政权与西域交往，并以羁縻封赏之策树立权威。

于阗位于塔里木盆地南沿，是西域南道的必经之地。北宋建国伊始，于阗王李圣天即遣使来贡，后又遣其子朝贡，拉近了与北宋的关系。据学者统计，北宋与于阗的遣使往来共有 34 次之多[4]。高昌回鹘政权、龟兹政权等也数次派使臣至北宋朝贡。大中祥符五年（1012 年），回鹘高昌遣使北宋，因"宗哥怨隙阻归路，遂留知进等不敢遣……乞慰谕宗哥，使开朝贡之路"[5]。可见当时的青海道也并非通畅。如笔者在第二章第三节分析的那样，由于唃厮啰采取联宋抗夏的政策，西域诸国来宋朝贡，才能较方便地经青海道东去西往。

①祝启源：《青唐盛衰——唃厮啰政权研究》，青海人民出版社，2010 年版，第 159 页。

②《辽史》卷 16《圣宗纪七》，中华书局，1974 年版，第 183 页。

③《辽史》卷 20《兴宗纪三》，中华书局，1974 年版，第 243 页。

④李云泉：《略论宋代中外朝贡关系与朝贡制度》，《山东师范大学学报》（人文社会科学版），2003 年第 2 期。

⑤《宋史》卷 490《回鹘传》，中华书局，1977 年版，第 14116 页。

据学者统计，从 961 年至 1127 年，西域各国共出使北宋 127 次，^① 大多数朝贡都是从青唐城前往北宋。

当时西域诸国入贡路线有二：一是自青唐经湟州循宗河（今湟水支流南川河）而下，出京玉关（今兰州西北），过西关堡（在京玉关东）到兰州，再由兰州东出会宁关（静远县西北黄河岸旁），过石门关（固原县西北，即汉萧关故地），后出木峡关而入渭州；或由木峡关入原州过泾州和邠州（陕西彬县）而到长安（今陕西西安市）。二是自青唐经廓州渡黄河出河州凤林关（今临夏县西北黄河南岸），再循玛尔巴山经通远军的古渭寨（今甘肃陇西县）进入伏羌县（今甘肃甘谷县），再经三阳寨（今天水市西北）到秦州城（今天水市），出大震关（今陕西陇县西北）到达长安。^②

综上所述，北宋时期青海道发挥的政治功能与吐谷浑时代有很大的相似之处，当时握有维护、经营青海道主导权的地方政权皆与中原王朝交好，利用青海道与之建立朝贡关系，同时为西域诸国与中原的朝贡提供方便。所不同的是，吐谷浑时代，河南道是青海道发挥政治功能的主要干道，而北宋时期，湟中道则是主要干线。

---

①杨蕤：《宋代陆上丝绸之路贸易三论》，《新疆大学学报》（哲学·人文社会科学版），2009 年第 5 期。

②杨方方：《北宋时期西北地区民族分布与交通格局的改变》，《丝绸之路》，2009 年第 6 期。

第二节

商贸功能

　　丝绸之路的商贸功能是其最为主要的功能。历史上，丝绸之路上曾开展过玉石、香料等贸易，但最为主要的贸易商品是丝绸，且起源甚早，张骞出使西域前零星的丝绢贸易已在东西间展开，但确定意义上的丝路贸易发展始于"张骞凿空"之后，[1]因蚕丝是中国最早开发、利用的衣料来源，是棉布产生前最适合人类穿着的衣料，加之丝绸柔软舒适，宜贴身穿着，尤其得到上层社会的欢迎，因此在西方价值贵比黄金，西域各国多从事丝绸转手贸易，大秦（罗马）"与安息、天竺交市于海中，利有十倍"[2]。为显示天朝大国的体面，历代王朝以重往薄来的朝贡贸易体现天朝大国之威望，用经济手段表达政治威权。西域诸商借朝贡贸易外贡虽薄，但

----

①蒋致洁:《丝绸之路贸易若干问题新论》,《中国经济史研究》,1993 年第 4 期。

②《后汉书》卷 88《西域传》,中华书局,1965 年版,第 2919 页。

以从重给赏的不等价交换赚取巨额利润，为此，他们不惜路途险远，以使臣朝贡、商团贸易、僧侣传道等形式，用西域方物进贡换取丝绸，再转运至本国或转手卖至近东、欧洲等地。西汉中期以来，丝绸之路渐趋繁盛，至唐代，"伊吾之右，波斯以东，贡职不绝，商旅相继"[1]。继丝绸之后，茶叶成为丝路贸易的重要商品，一部分茶叶在区域内行销，成为西北牧民的生活必需品，还有一部分远销海外。

总之，丝绸之路上的商贸往来既促进了中国商品外销，中亚、西亚及青藏地区的特产也借丝路行销至中原，丝绸之路上因此也兴起了一些贸易城镇。青海道作为丝绸之路的组成，也承载过东西商品的交换，沿途也兴起过一些贸易城镇。笔者拟在本节中以经青海道的丝绸贸易、西北特产销往中原，以及青海道沿线城镇经济三个方面研探青海道的商贸功能。

一、经青海道的丝绸贸易

两汉时期，湟中道作为河西道的辅路，当已承载了丝绸贸易的功能，但相关情况不见记载。魏晋时期，在吐谷浑还未掌握青海道经营主导权之前，前凉曾从河南道南下与东晋往来，除想在政治上获得东晋支持外，也有通过朝贡贸易从东晋获得蜀锦，运至姑臧（今甘肃武威）与西域商人交易，以获取商业利益的考量。

吐谷浑时期，益州是当时世界上最大的丝绸生产、贸易基地，吐谷浑商人经河南道频繁往返于益州与青海牧区，目的就是要把蜀锦运至吐谷浑，除部分行销国内外，大量蜀锦转卖给西域商人，或以出使名义，派官员、军队护送蜀锦至他国交易。据《南齐书》卷59《芮芮虏传》记载，柔然也经青海道从益州获取蜀锦，并要求南朝齐为其

---

① （宋）宋敏求：《唐大诏令集》卷130《讨高昌王麴文泰诏》，商务印书馆，1959年版，第702页。

提供"医工等",南朝齐以"织成锦工,并女人,不堪远行"为由拒绝了柔然的要求。据《续高僧传》卷 25《释道仙传》记载,粟特僧人道仙曾"往来吴蜀,江海上下,集积珠宝。故其所获赀货,乃满两船,时或计者,云值钱数十万贯。既怀宝填委,贪附弥深,唯恨不多,取厌吞海。行贾达于梓州新城郡牛头山,值僧达禅师说法。"①唐长孺先生认为,"这位高僧是个胡商,他'往来吴蜀,江海上下,集积珠宝',疑与西域、南海的商货有关。"②还有一些西域商人为方便丝绸贸易甚至举家迁至益州居住。《北史》卷 82《何妥传》记载:"何妥字栖凤,西城人也。父细脚胡,通商入蜀,遂家郫县,事梁武陵王纪,主知金帛,因致巨富,号为西州大贾。"③

西魏废帝二年(553 年),西魏攻取益州,吐谷浑使萧梁的通道堵塞,转而出使北齐,以获取丝绸。史称"夸吕又通使于齐氏。凉州刺史史宁觇知其还,率轻骑袭之于州西赤泉,获其仆射乞伏触扳、将军翟潘密、商胡二百四十人,驼骡六百头,杂彩丝绢以万计"④。当时,西魏在河西势力尚未巩固,吐谷浑出使北齐时,横切河西道北上柔然再向东至北齐。在返回的路上,被西魏凉州刺史史宁堵截,所获"杂彩丝绢以万计",可见这一商团规模之大。为保证商团安全,吐谷浑派仆射乞伏触扳、将军翟潘密率兵护送,但最终还是被西魏拦截。这从一个侧面说明吐谷浑十分重视与中原的朝贡贸易,由他们主导、西域商人参与的丝绸交易是吐谷浑获得商业利润以维持国家运转的

---

① (唐)道宣:《续高僧传》卷 25《释道仙传》,任继愈等编纂:《中华大藏经》第 61 册,中华书局,1997 年版,第 959 页。

② 唐长孺:《南北朝期间西域与南朝的陆道交通》,《魏晋南北朝史论拾遗》,中华书局,1983 年版,第 194 页。

③《北史》卷 82《何妥传》,中华书局,1974 年版,第 2753 页。

④《周书》卷 50《吐谷浑传》,中华书局,1971 年版,第 913 页。

主要手段。

　　经青海道的丝绸贸易之盛况，还可从青海都兰吐蕃墓的出土文物中窥得一二。1982—1985 年，考古工作者在都兰一带挖掘唐代吐蕃墓葬 20 余座，获得大量丝绸文物，其中既有来自中原的绢丝、蜀锦，还有产自中亚、西亚的粟特锦、波斯锦。据统计，都兰吐蕃墓共出土丝绸残片 350 余件，图案品种达 130 余种，其中 112 种为中原织造，占品种总数的 86%，18 种为中亚、西亚织造，占 14%，几乎囊括了唐代所有的丝绸品种。[1]其中，都兰吐蕃一号墓中出土鸟纹锦 4 件，建筑与人物图案锦 1 件，石榴花纹锦两件，联珠纹锦 1 件，枝叶纹锦 1 件，几何纹锦 1 件，菱格纹锦带 2 件，丝带若干条，流苏 3 件，各色织物几十件。[2]3 件织锦具有浓厚的波斯萨珊朝艺术风格，带有西方太阳神织锦的出土也说明当时的中原地区也流行这种纹饰，这种图像经过了中国本土艺术观念的洗练，融合了中国内地文化因素之后，又传播到了青藏高原的柴达木盆地。[3]都兰吐蕃墓葬出土的含绶鸟锦系粟特锦和波斯锦，具有厚实、平挺、覆盖严实等特点，说明其织造技术相当高超，而且配色和用色都非常讲究，对比强烈、鲜明，色牢度特佳，均不亚于中国织锦，说明中亚、西亚的织锦技术也达到很高水平。[4]而东、西两地丝织品在同一地区出土的现象说明，青海道在吐蕃国为主导的丝绸贸易中起着重要作用。

---

[1]北京大学考古文博学院、青海省文物考古研究所：《都兰吐蕃墓》，科学出版社，2005 年版，第 130 页。

[2]北京大学考古文博学院、青海省文物考古研究所：《都兰吐蕃墓》，科学出版社，2005 年版，第 20—26 页。

[3]许新国：《青海都兰吐蕃墓出土太阳神图案织锦考》，《中国藏学》，1997年第 3 期。

[4]许新国：《都兰吐蕃墓出土含绶鸟织锦研究》，《中国藏学》，1996 年第 1 期。

吐蕃时期，都兰一带气候相对温润，此地的吐蕃贵族多可享用丝绸，但是青海高原腹地气候寒冷，不宜穿着丝织品，尽管丝绸也经唐蕃古道输往拉萨等地，但往往作为上层人士间的馈赠佳品，是一种政治性礼品，也是荣耀、地位的象征。[1]经唐蕃古道运往西藏南部、尼泊尔等地的丝绸或转卖至西亚，或为当地贵族及少量平民用作衣料。

唃厮啰时期，西域诸国经青海道把丝绸运往中亚、西亚进行交易，主导青海道经营权的唃厮啰贵族上层也喜爱享用丝绸衣料，北宋屯田员外郎刘涣出使青唐城，"唃厮啰迎导供帐甚厚，介骑士为先驱，引涣至庭，唃厮啰冠紫罗毡冠，服金线花袍、黄金带、丝履，平揖不拜，延坐劳问，称'阿舅天子安否'。"[2]唃厮啰着装虽有本民族特色，但用料多为丝绸，说明青唐吐蕃人也通过朝贡贸易从中原获取丝绸。唃厮啰往往"市易用五谷、乳香、硇砂、氍毯、马牛以代钱帛"[3]，除自用外，唃厮啰可能像吐谷浑一样，还在青唐城向西域商人售卖丝绸。

汉晋时期，养蚕缫丝法已传入塔里木盆地，[4]至唐时，波斯一带成为世界第二大丝绸生产基地，至 14 世纪，意大利实现丝绸自产，并垄断了欧洲丝绸贸易，[5]加之棉花种植的推广，这都对中国丝绸外销形成较大抑制作用。

---

①石硕、罗宏：《高原丝路：吐蕃"重汉缯"之俗与丝绸使用》，《民族研究》，2015 年第 1 期。

②《续资治通鉴长编》卷 128，元康元年八月癸卯条记事，中华书局，1985 年版，第 3035 页。

③《宋史》卷 492《吐蕃传》，中华书局，1977 年版，第 14163 页。

④殷晴：《丝绸之路经济史研究》，兰州大学出版社，2012 年版，第 229—235 页。

⑤蒋致洁：《丝绸之路贸易若干问题新论》，《中国经济史研究》，1993 年第 4 期。

一般都认为丝绸贸易衰落之后，丝绸之路迎来"茶叶世纪"①。事实上，丝绸与茶叶贸易在唐宋时期及明初是相交并的，唐代以来，茶马贸易是丝绸之路贸易史上的重要内容之一，相关情况，笔者已在第二章中详述。

二、经青海道东输的商品

青海道沿线及西域诸国输往中原的商品往往为本地"方物"，即地方特产。自先秦时起，西羌把产于当地的玉料、铜器等输往中原，开启了西北地区特产运往中原的先河，自此后，吐谷浑、吐蕃、唃厮啰等皆用地方特产与中原交易。

吐谷浑善养马，《北史·吐谷浑传》云："青海周回千余里，海内有小山。每冬冰合后，以良牝马置此山，至来春收之，马皆有孕，所生得驹，号为龙种，必多骏异。吐谷浑尝得波斯草马，放入海，因生骢驹，能日行千里，世传青海骢者也。"向南朝、北魏等贡马，是吐谷浑时代朝贡贸易的主要手段。据史料记载，拾寅曾"通使于刘彧，献善马、四角羊，或加之官号"②。另据《南齐书》卷59《河南传》："宋世遣武卫将军王世武使河南，是岁随拾寅使来献。诏答曰：'皇帝敬问使持节、散骑常侍、都督西秦河沙三州诸军事、车骑大将军、开府仪同三司、领护羌校尉、西秦河二州刺史、新除骠骑大将军、河南王：宝命革授，爰集朕躬，猥当大业，祇惕兼怀。（夏中）[闻之] 增感。王世武至，得元徽五年五月二十一日表，（闻之）[夏中] 湿热，想比平安。又卿乃诚遥著，保宁遐疆。今诏升徽号，以酬忠款。遣王世武衔命拜授。又仍使王世武等往芮芮，想即资遣，使得时达。

①郭卫东：《丝绸、茶叶、棉花：中国外贸商品的历史性易代——兼论丝绸之路衰落与变迁的内在原因》，《北京大学学报》（哲学社会科学版），2014年第4期。

②《魏书》卷101《吐谷浑传》，中华书局，1974年版，第2237页。

又奏所上马等物悉至，今往别牒锦绛紫碧绿黄青等纹各十匹。'"①可见，当时吐谷浑与南朝是以马易丝绢的。夸吕统治时期，曾向南朝梁纳贡，天监十五年（516年），"又遣使献赤舞龙驹及方物。……普通元年（520年），又奉献方物。……其世子又遣使献白龙驹于皇太子。"②

至宋代，"河曲马"是茶马互市的主要马种，这一马种适宜骑乘驮载，自古为天然良种马匹。③明时，整个藏区皆纳入茶马贸易的范围之中，"洮州火把藏思囊日等族，牌四面，纳马三千五十匹；河州必里卫西番二十九族，牌二十一面，纳马七千七百五匹；西宁曲先、阿端、罕东、安定四卫，巴哇、申中、申藏等族，牌十六面，纳马三千五十匹。下号金牌降诸番，上号藏内府以为契，三岁一遣官合符。其通道有二，一出河州，一出碉门，运茶五十余万斤，获马万三千八百匹。"④当时，明朝以五十余万斤茶易马一万三千八百多匹，其中"塞外四卫"及巴哇、申中、申藏等部落所贡"三千五十匹"当经湟中道至西宁卫城交易。清中期以来，茶马贸易废弛，但青海道沿线的马匹交易仍在持续，在丹噶尔，马匹"每年约四、五百匹，每匹约银十两，共银五千两。贩至兰州、西安一带销售者居多，宁属各乡亦买之"⑤。

除马外，青海牧区的诸多特产也经青海道运往中原销售，从《丹

---

①《南齐书》卷59《河南传》，中华书局，1972年版，第1026页。

②《梁书》卷54《诸夷传》，中华书局，1973年版，第810—811页。

③郑国穆、韩华：《甘南藏区茶马古道文化遗产考察研究——甘肃茶马古道文化线路遗产考察之二》，《鲁东大学学报》（哲学社会科学版），2014年第6期。

④《明史》卷80《食货志四》，中华书局，1974年版，第1949页。

⑤（清）杨治平编纂，何平顺等标注：《丹噶尔厅志》（青海地方旧志五种），青海人民出版社，1989年版，第274页。

噶尔厅志》的相关记载看，产自牧区的大黄、牛、羊、羊毛、羔羊皮、骆驼毛、鹿茸角、麝香、盐、硼砂、硫黄等都经集市贸易运至内地。[1]这些商品中的大多数当在吐谷浑时代即是贡往中原的"方物"。

西域地区的"方物"品种甚多。魏晋时期，滑国曾向南朝"遣使献黄师子、白貂裘、波斯锦等物"[2]，粟特曾向南朝进贡"生师子、火浣布、汗血马"[3]。于阗产美玉，齐家文化时期已通过青海道运往中原及西南地区，云南江川县李家山古墓出土的玉镯、玉耳环等饰件，经鉴定系和田玉制成。[4]自汉以来，除经河西道大量进贡至中原外，于阗玉也从青海道运往江南、西藏等地。两晋时，"贵人、夫人、贵嫔……佩于阗玉。"[5]据《汉藏史集》记载，公元7世纪吐蕃王朗日伦时，从于阗诸地曾"将十八头骡子驮的玉石运到吐蕃"[6]。宋太祖开宝二年（969年），于阗曾向北宋进贡一块重达"二百三十七斤"[7]的玉料。宋朝皇帝玉玺等多用于阗玉，帝王陵墓中"玉圭、佩剑、玉宝等皆用于阗玉"[8]。于阗产好马，《续资治通鉴长编》卷361"元丰八年十一月壬寅条"记载："于阗国进马，赐钱百二十万。"《北史·西域传》记载，龟兹国产"胡粉、安息香、良马……土多孔雀，群飞山谷间，人取而食之"。这些特产也曾经青

① （清）杨治平编纂，何平顺等标注：《丹噶尔厅志》（青海地方旧志五种），青海人民出版社，1989年版，第273—276页。

② 《梁书》卷54《诸夷·西北诸戎传》，中华书局，1973年版，第812页。

③ 《宋书》卷95《索虏传》，中华书局，1974年版，第2358页。

④ 王大道：《云南出土货币概述》，《四川文物》，1988年第5期。

⑤ 《晋书》卷25《舆服志》，中华书局，1974年版，第774页。

⑥ （明）达仓宗巴·班觉桑布著，陈庆英译：《汉藏史集》，西藏人民出版社，1986年版，第87页。

⑦ 《宋史》卷490《外国六》，中华书局，1977年版，第14107页。

⑧ 《宋史》卷122《礼二十五》，中华书局，1977年版，第2848页。

海道输往南朝。1970 年，南京象山东晋豪门王氏 7 号墓发现两件直桶形白色透明玻璃杯，一整一残。完整的 1 件杯壁厚 0.5—0.7 厘米，白中呈黄绿色，口外刻有一周线纹和花瓣，腹部更有 7 个椭圆纹饰，其底部则有长形花瓣。沈福伟先生认为"这件圆圈纹玻璃杯应该是直接从拜占廷运来的"[1]。如果此说可信，那么经西域的转口商品也有可能经过青海道运抵建康。此外，来自西域的药材、香料、银器、珠宝等也通过青海道运往中原。

上述来自西域的"方物"虽然珍贵，但未必实用，在不对等交换的朝贡贸易中，西域商团往往赚取了数倍于其贡物价值的利润，因此，他们东来朝贡的意愿十分强烈，这却给中原王朝带来沉重负担。中原政权为限制西域商团的进贡规模，往往以朝贡贸易制度来规范之。如北宋时期规定于阗"间岁一入贡，余令于熙秦州贸易"[2]，且"不得过一百日"[3]。清乾隆时，规定西藏进贡商团"亦如俄罗斯例，四年贸易一次，人数不得过二百，限八十日还部，来京者道出肃州、西安。其往肃州者，亦以四年为限，数不得过百人，除禁物外，买卖各从其便"[4]。

三、青海道沿线商贸活动的影响

青海道沿线商贸活动的兴盛，促进了当地经济发展，催生出诸多与丝路贸易息息相关的城镇。

吐谷浑城是当时青海道沿线最著名的贸易城镇，这座城镇处于羌中道南线的绿洲上，是西域商人进入青海道的重要中继站，交通

---

[1]沈福伟：《中西文化交流史》，上海人民出版社，1985 年版，第 98 页。

[2]（清）徐松辑：《宋会要辑稿》蕃夷四之一七，中华书局，1957 年版，第 7722 页。

[3]（清）徐松辑：《宋会要辑稿》蕃夷四之一八，中华书局，1957 年版，第 7722 页。

[4]《清实录》卷 110，乾隆五年二月上，中华书局，1985 年版，第 635 页。

条件十分便利，不仅是吐谷浑重要的政治中心，也是当时商业贸易的中心。因吐谷浑城远离中原，周边为荒漠，易守难攻，吐谷浑控制了白兰羌后，将此地当作战略后方，历代吐谷浑王一旦在黄河南岸的军事行动中失利，皆会沿河南道中线、西线与羌中道相连接处北撤至此。交通、政治与军事上的优势，使得这座城镇的商贸活动能够平稳发展，日臻兴盛。吐蕃控制此城后，商业贸易活动非但没有停止，反而借青海道与西域间的贸易活动，使之进一步繁荣。吐谷浑时期的树敦、贺真等城也是一座较为重要的商贸城镇，公元556年，西魏拔树敦、贺真二城，"大获珍物"[1]，侧面说明了这两座城镇的繁荣。

北宋时期唃厮啰的青唐城也是一座著名的商贸城镇，据宋人李远《青唐录》记载，青唐城"枕湟水之南"[2]，城中"四统往来贾贩之人数百家"[3]，四面八方皆与其他丝道相通：

自青唐西行四十里至林金城，城去青海，善马三日可到，海广数百里，其水咸不可食，自凝为盐。其色青，中有岛，广十里。习宣往，意权至，赢粮居之。海西地皆平衍，无垄断，其人逐善水草，以牧放射猎为生，多不粒食。至此百铁堠，高丈余，羌云："此以识界"。自铁堠西皆黄沙，无人居。西行逾两月，即入回纥、于阗界。又牦牛城在青唐北五十余里，其野产牛，城之北行数日，绕大山，其外即接契丹。又青唐之南有泸戎，汉呼为"芦甘子"，其人物与

---

① 《周书》卷28《史宁传》，中华书局，1971年版，第468页。
② （宋）李远撰，马忠辑注：《青唐录》（青海地方旧志五种），青海人民出版社，1989年版，第9—10页。
③ （宋）李远撰，马忠辑注：《青唐录》（青海地方旧志五种），青海人民出版社，1989年版，第10页。

青唐羌相类，所造铠甲刀剑尤良。泸戎之南，即西蜀之背，泸戎至蜀，有崇山，绝险之。[1]

　　从青唐城向西经林金城可至青海湖，此处是湟中道和羌中道的交汇处，从此向西可至回纥、于阗；从青唐城向北经牦牛城可至"契丹"，这条道实际上就是隋炀帝西巡至张掖的丝道；从青唐城向南至青海黄河流域，从此处南下即至川西北茂汶地区，这里是杂色胡人[2]聚居区，也是南下蜀地的必经之地。唃厮啰以青唐城为首都，与南北东西各个政权、民族、区域之间积极往来，为这一时期青海道的进一步发展奠定了良好的政治基础。

　　元明清时期，随着青海道沿线民族贸易的兴盛，出现了一些民族贸易城镇。其中，最为有名的当属丹噶尔城。雍正五年（1727年）筑丹噶尔城，乾隆九年（1744年），"西宁道杨应琚以路通西藏，逼近青海，为汉、土、回、番暨蒙古准噶尔往来交易之所，因关要隘，设县佐一员。旋经甘肃巡抚黄廷桂转奏，以高台县主簿移驻之。道光九年，陕甘总督杨遇春题准改设同知。"[3]丹噶尔地处黄河上游农牧业两大区域的分界线上，人称"海藏咽喉"，雍正后又成为甘肃行省和青海办事大臣所辖蒙藏游牧区的行政分界点，即处在"边内"和"边外"的交界处。这样良好的地理和交通位置，正是丹噶尔地方民族贸易赖以兴盛的内在依托。[4]当时，"丹地惟东路系通省郡大道，

①（宋）李远撰，马忠辑注：《青唐录》（青海地方旧志五种），青海人民出版社，1989年版，第10—11页。
②唐长孺：《魏晋南北朝史论丛》，河北教育出版社，2000年版，第390页。
③（清）邓承伟修，张价卿、来维礼等纂，基生兰续纂：《西宁府续志》卷1《地理志》，青海人民出版社，1985年版，第32—33页。
④杜常顺：《清代丹噶尔民族贸易的兴起和发展》，《民族研究》，1995年第1期。

余皆毗连青海，壤接蒙、番，山径峡路，四通八达。然湟流水浅多石，舟楫不通。陆地崎岖，车亦罕及。故运售货物，番人用牛与骆驼，汉人用骡、马与驴，亦有肩挑背负者，故货价每增于运脚焉。"[①]丹噶尔连通了青海道的三条干线，内地及西宁一带的商品经湟中道自东向西运至丹噶尔，西海蒙古所产青盐、硼砂、硫黄等经羌中道"自柴达木地方采取运来"[②]；从玉树土司地方经青藏大道"驮运牛皮、羔皮、野牲皮、毛褐、蕨麻、茜草等类，至丹销售。……仍由丹地采办绸缎、布匹、桃、枣、糖果、丝线、佛金、玩器、铜、铁各货，每年有二次来丹贸易者"[③]。此外，河湟地区还有银塔寺、镇海营、多巴等民族贸易城镇，或为"茶马互市之通衢"[④]，或"居然大市，土屋比连"[⑤]。白塔儿（今大通县老城关）、多巴、碾伯城等仅次于西宁的重要商业集散地，也以民族贸易兴盛闻名一时。[⑥]一些寺院的庙会、祀祝之日也成为附近农牧民的集市日。如藏传佛教格鲁派六大寺院之一的塔尔寺，每年正月十四、十五日，四月十日至十九日，六月三日至十日，九月二十日至二十四日，定为瞻庙会，以正月庙会规模为最大。届时，省内外信教群众和各族商人纷至沓来，香客、商人数以万计。结古寺、拉家寺、都兰寺、隆务寺等，都是该地区

---

① （清）杨治平编纂，何平顺等标注：《丹噶尔厅志》（青海地方旧志五种），青海人民出版社，1989 年版，第 284 页。

② （清）杨治平编纂，何平顺等标注：《丹噶尔厅志》（青海地方旧志五种），青海人民出版社，1989 年版，第 276 页。

③ （清）杨治平编纂，何平顺等标注：《丹噶尔厅志》（青海地方旧志五种），青海人民出版社，1989 年版，第 280 页。

④ （清）梁份著，赵盛世等校注：《秦边纪略》卷 1《西宁卫》，青海人民出版社，1987 年版，第 67 页。

⑤ （清）梁份著，赵盛世等校注：《秦边纪略》卷 1《西宁卫》，青海人民出版社，1987 年版，第 68—69 页。

⑥ 毕艳君，崔永红：《古道驿传》，青海人民出版社，2007 年版，第 91 页。

重要的贸易场所。①

值得一提的是，青藏大道必经之地玉树结古镇也是一个借助青海道兴起的民族贸易城镇，直到近代，这座草原古城仍是青、藏、川之间民族贸易的汇集之地。民国时期，结古镇的商贾"多川边番客"②，他们把来自西藏的氆氇、藏红花、靛、阿味、磠砂、鹿茸、麝香、茜草、野牲皮生、羊皮生、羔皮生、藏糖、硼砂、桦木碗、藏枣、乳香、雪莲、蜡珀、珊瑚、铜铁丝、铜铁板及条、铜锅、铜壶、颜料、药材、小刀、城灰等运至结古销售。此地销售的桑皮纸、经典、洋磁器、菜盒、锅碗、钟、杓之类，"皆自印度转来"，洋斜布、洋缎、洋线、鱼油、蜡、纸烟为"印度货"，帼子皮、呢绒皮、坎布三件则为"俄货"③。从四川打箭炉运来的茶"岁至十余万驮，多数运销西藏"，此外，洋布、绸缎、纸类、生丝类、哈达类、白色粗绸、酱菜、海菜、糖、磁器、白米、熟牛皮、纸烟、孔雀石等也从四川运来④，从西宁、洮州运至此的商品有铜铁锅、铜火盆、铁掌、白米、麦面、大布、挂面、葡萄、枣、柿饼、磁碗等。⑤由此可见，直到近代青海道仍支撑着结古的民族贸易。

---

①毕艳君，崔永红：《古道驿传》，青海人民出版社，2007年版，第92—93页。
②周希武编著，吴均校释：《玉树调查记》，青海人民出版社，1986年版，第94—95页。
③周希武编著，吴均校释：《玉树调查记》，青海人民出版社，1986年版，第95—96页。
④周希武编著，吴均校释：《玉树调查记》，青海人民出版社，1986年版，第96页。
⑤周希武编著，吴均校释：《玉树调查记》，青海人民出版社，1986年版，第96页。

文化功能

　　自青海道开辟以来，文化传播便是这条丝道的主要功能之一，而西羌则是青海道文化功能的奠基者。直到魏晋时期，居住在沿线的西羌人仍在拓展青海道的文化功能。英籍探险家斯坦因在罗布泊发现了羌女文书，其文云："羌女白：取别之后，便尔西迈，相见无缘，书问疏简，每念兹叔，不舍心怀，情用劳结，仓卒复致消息，不能别有书裁，因数字值信复表。马羌。"①有学者根据信末署"马羌"字样，认为此羌女很可能是白马羌人。②按史书记载，祁连、昆仑山麓有白马羌，甘肃武都、蜀郡广汉一带也有白马羌。从"西迈"的字义以及书信汉文水平分析，这封信很有可能是白马羌女写给远离罗布泊的甘肃或四川的母亲的。③从这封信的出土看，居住

①林梅村编：《楼兰尼雅出土文书》，文物出版社，1985 年版，第 32 页。
②钱伯泉：《西域的羌族》，《西北史地》，1984 年第 1 期。
③吴焯：《青海道述考》，《西北民族研究》，1992 年第 2 期。

在青海道两端的羌人不仅利用这条通道鸿雁传书，还用汉文来表达思念情怀，可见这条丝道文化功能之完备、丰富。

笔者拟在此节中以儒学传播、佛教文化交流，以及物质文化传播为例，探究青海道的文化功能。

一、青海道的儒学传播功能

综合相关史料，青海道的儒学传播功能主要由湟中道承载，时间范围始于两汉终于明清，空间范围则以河湟地区为核心，是青海道区域文化传播功能的典型体现。

整体而言，两汉至魏晋时期，儒学在河湟地区大规模传播的时代条件尚未形成，加之这一时期也是儒学成为官方意识形态的萌芽期，故河湟地区的儒学教育也处在萌芽与初步发展时期，[①]儒学受众群体主要是汉族移民。西汉时期，河湟地区的儒学传播尚处于萌芽时期，至东汉时，因行政建置的完善，汉族移民的增多，儒学的传播已有一定效果。汉和帝时，因"幽、并、凉州户口率少，边役众剧，束修良吏，进仕路狭"，政府决定"缘边郡口十万以上岁举孝廉一人，不满十万二岁举一人，五万以下三岁举一人"[②]。通过优于内地的行政举措，来加强包括河湟在内的"缘边"郡县的人才遴选力度，藉此来促进儒学传播的力度。从东汉"三老赵掾之碑"这一出土文献看，东汉时，儒学在河湟地区的传播已呈一定规模，破羌县三老赵宽为赵充国之后，曾"教诲后生，百有余人，告成俊艾，仕入州府，常膺福报"。不过，当时的羌汉矛盾甚为激烈，当地汉人有时"遭家不造，艰难之运。自东徂西，再离陷勤"[③]。因此，儒学的传播仅限

---

①李健胜等：《儒学在青藏地区的传播与影响》，人民出版社，2012年版，第67页。

②《后汉书》卷4《孝和帝纪》，中华书局，1965年版，第189页。

③沈年润：《释东汉三老赵掾碑》，《文物》，1964年第5期。

于湟水中下游地区，且传播效果有可能因汉政权在军事上的失败而毁于一旦。

魏晋以来，河西及河湟地区形成了郭、麴、田、卫等世家大族，为配合中原政权在河湟地区的统治，这些世族也大多重视儒家教育，借此作为与中原政治势力进行沟通与配合的一种方式。[①]这一时期，河湟地区的政治中心已固定在今西宁地区，湟中道沿线的儒学传播也从中下游推进至中游地区。当时，出身西平郡的儒士代表人物郭宪"以仁笃为一郡所归"[②]，郭脩"砥节厉行，秉心不回"，[③]麴允"性仁厚，无威断。"[④]这些儒士以自身德行闻著于世，为儒学在湟中道沿线的传播起到了一定的示范作用。

隋唐时期是儒学在湟中道沿线传播的调整期。这一时期，儒学传播往往受制于当时的政治形势，与中央政权在此地的影响力之间构成互为进退的关系。总体上，安史之乱前，儒学在湟中道一带已形成一定影响，吐蕃尽收陇右、河西之地后，儒学的传播陷入较长时期的停滞期。同时，这一时期吐蕃上层对儒学的承纳及儒学对吐蕃政治制度、礼仪规范等的影响，也借助了当时盛极一时的唐蕃古道，这一点笔者已在第三章述及。

两宋以来，湟中道沿线的儒学传播规模逐步扩大，除当地汉族承纳儒学外，少数民族子弟习学儒经的现象逐步增多，北宋时，"知河州鲜于师中乞置蕃学，教蕃酋子弟，赐地十顷，岁给钱千缗，增

---

①李健胜等：《儒学在青藏地区的传播与影响》，人民出版社，2012 年版，第 69 页。

②《三国志》卷 11《王脩传》，中华书局，1959 年版，第 350 页。

③《三国志》卷 4《三少帝纪》，中华书局，1959 年版，第 126 页。

④《晋书》卷 89《麴允传》，中华书局，1974 年版，第 2308 页。

解进士为五人额。从之。"①湟中道东端出现以儒学教化吐蕃豪酋子弟的"蕃学",丝路沿线的文化传播功能也因此进入深化阶段。当时,力主攻取河湟的王安石曾赋诗:"朝廷今日西夷功,先以招怀后殄戎。胡地马牛归陇底,汉人烟火起湟中。投戈更讲诸儒艺,免胄争趋上将风。文武佐时渐吉甫,宣王征伐自肤公。"②"投戈更讲诸儒艺"当是王安石新政在西北边疆的具体措施之一。

元代以喇嘛教为国教,儒学的治世、教化功能式微,科举考试时断时续,地方儒学也并不兴盛,河湟地区的儒学传播规模、效果甚为微弱。③

明清时期,河湟地区的儒学教育进入全盛时期,这一阶段湟中道沿线的儒学教育进一步向西扩展,湟中道西端的丹噶尔地区也有相应的儒学建置,西宁—张掖支线必经之地的大通一带的儒学教育也呈体系化发展态势,湟中道对儒学在河湟地区的传播史上所发挥的功能也较之前明显加强。

明清二代皆重视儒学的事功、教化功能,认为"天下国家之事,皆有关于士也。故古之明王,自王宫国都以及闾巷,莫不有学。其所学者亦自有道。是以风俗大同,礼乐具举,人材彬彬以出,自足以供一代之用。"④清陕甘学政张岳崧也在《湟中书院碑记》中说:"湟

---

① 《续资治通鉴长编》卷261,熙宁八年三月戊戌条记事,中华书局,1986年版,第6357页。

② (宋)王安石:《临川先生文集》卷18《次韵元厚之平戎庆捷》,中华书局,1959年版,第235页。

③ 元政府虽曾恢复州县儒学,并恢复科举,但时断时续,规模和程度远不如南宋。参见陈·巴特尔、李莉:《元代科举考试时断时续的文化解释》,《中央民族大学学报》(哲学社会科学版),2007年第2期。

④ (清)杨应琚纂修,李文实校注:《西宁府新志》卷35《艺文志·记》,青海人民出版社,1988年版,第920页。

中地杂羌戎，居邻番部。在昔汉武筑塞令居。唐宋以还，收弃反复。国家远抚长驾，卧鼓销锋，驱扑鲁猛鸷之氓，柔之以管弦笾豆。莘莘济济，旷古未闻。"①在这种观念的支配下，开设学校，发展儒学成为地方官员的必尽之职，明宣德二年（1427 年），西宁卫开设儒学，学校设在卫城东北角，建有殿庑、斋堂、射圃，备有礼器、图书。在历代地方官员的主持下，西宁卫学的校舍得以整修，学校规模也进一步扩大。清代西宁府儒学设于雍正三年（1725 年），设教授、训导各一，"学生一年一贡，廪四十缺，增四十缺。每岁考取文生，于西宁县学、碾伯县学拨入十二名，大通卫拨入一名。岁考取武生如文生数。"②西宁县学设于康熙五十六年（1717 年），设教谕一名，"学生三年一贡，廪二十缺，增二十缺。每岁考取文、武生各八名，科考取文生八名。"③乾隆二十六年（1761 年），大通改卫为县，设县儒学，设训导一人，"岁科试取文、武童六名，廪、增二缺。学生六年一贡。"④丹噶尔于乾隆九年（1744 年）设同知时，"儒学未设，士子仍隶西宁县应试。"⑤清时，儒学教育已推进至黄河流域的贵德等地，据《贵德县志稿》卷 2《地理志·学校》记载贵德厅学额"廪生二缺，增生二缺，六年一贡，岁考取文武生各四名，科考取文生

---

① （清）邓承伟修，张价卿、来维礼等纂，基生兰续纂：《西宁府续志》卷 9《艺文志》，青海人民出版社，1985 年版，第 437 页。

② （清）杨应琚纂，李文实校注：《西宁府新志》卷 11《建置·学校》，青海人民出版社，1988 年版，第 291 页。

③ （清）杨应琚纂修，李文实校注：《西宁府新志》卷 11《建置·学校》，青海人民出版社，1988 年版，第 292 页。

④ （清）杨应琚纂修，李文实校注：《西宁府新志》卷 11《建置·学校》，青海人民出版社，1988 年版，第 297 页。

⑤ （清）邓承伟修，张价卿、来维礼等纂，基生兰续纂：《西宁府续志》卷 1《地理志》，青海人民出版社，1985 年版，第 33 页。

四名。"

　　清代中期，社学、义学等已遍及河湟各地，为河湟各民族接受儒学教育提供了极为有利的条件。[①]西宁县共设有 3 处社学，一处在城中小演武厅东；一处在北川永安城；一处在西川镇海城。此外，针对"郡东关回族甚众，多习回经而不读书"[②]的现象，乾隆十一年（1746 年），由佥事杨应琚、知府刘洪绪、知县陈铦、主簿顾宗预捐俸创设回族社学。嘉庆九年（1804 年），西宁道蔡延衡等人又在西宁增设回族社学 3 处。义学又称"义塾"，靠官绅捐款或学田地租设立的蒙童学校，大通县义学共有 13 处，皆为"同治十三年知县黄仁治、训导杨潮曾建"[③]。

　　综合考察青海道沿线的儒学传播，湟中道在这方面的传播功能最为典型，羌中道沿线未见有儒学传播的历史记载，据《通典》卷190《边防六》，视罴时，吐谷浑"司马、博士皆用儒生"，说明河南道沿线也曾出现过儒生的身影。另据笔者在《儒学在青藏地区的传播与影响》一书中的考察，河西地区的儒学曾对青藏地区产生过较大影响，直至明清，大量河西儒生任职于河湟，这些儒生及其家眷进入河湟地区时，必定要借助青海道各干线及支线，雍正十二年（1734年）前，西宁未设贡院，西宁、碾伯二县的文武生童须借乐都至河西的丝道至凉州应试，[④]史籍虽对此没有明确记述，但这并不能抹杀

①陈新海：《论儒学在河湟地区的发展》，《青海民族研究》（社会科学版），1992 年第 2 期。

②（清）杨应琚纂修，李文实校注：《西宁府新志》卷11《建置·学校》，青海人民出版社，1988 年版，第 294 页。

③（清）邓承伟修，张价卿、来维礼等纂，基生兰续纂：《西宁府续志》卷2《建置志》，青海人民出版社，1985 年版，第 91 页。

④李健胜等：《儒学在青藏地区的传播与影响》，人民出版社，2012 年版，第21—22 页。

青海道一些支线对儒学传播的贡献。

二、青海道的佛教交流功能

佛教东传过程中，丝绸之路曾起到重要的桥梁作用，魏晋隋唐时期，诸多高僧大德沿着丝路东来西往，造就了佛教文化在中土的繁盛。期间，一些西域僧侣曾借青海道南下益州、建康传播佛法，也有一些中原僧人经青海道至天竺取经，青海道因此也发挥过佛教文化传播的功能。除在第二章第二节所述相关内容外，借青海道传播佛法的高僧还有法显、宋云、阇那崛多等人。

三国时期，已有西域僧人至中原传教，他们大多借道河西，甚少有经青海道东来的记述。后秦弘治二年（400年），高僧法显前往天竺求经，"初发迹长安，度陇，至乾归国夏坐。夏坐讫，前行至耨檀国。度养楼山，至张掖镇。"[①] "度陇"即翻越陇关；"乾归国"指乞伏乾归之西秦；"耨檀国"为南凉秃发傉檀之域，时立都于今青海乐都；"养楼山"指今扁都口一带所在的祁连山脉东段。法显的行程是经由秦陇南道西行，[②]沿湟中道东段至西平，从此北上，经西平至张掖的丝道前往西域的。

据《晋书》卷95《艺术传》记载，东晋时期的僧人敦煌人单道开，"从西平来，一日行七百里，其一沙弥年十四，行亦及之。至秦州，表送到邺，季龙令佛图澄与语，不能屈也。"[③]单道开东来的路线应当是从敦煌至张掖，沿张掖至西平的丝道向东沿湟中道、秦陇南道至秦州。

---

① （东晋）法显撰，章巽校注《法显传校注》，中华书局，2008年版，第3页。

② 李并成、马燕云：《炳灵寺石窟与丝绸之路东段五条干道》，《敦煌研究》，2010年第2期。

③ 《晋书》卷95《艺术传》，中华书局，1974年版，第2492页。

南朝宋永初元年（420年），僧人昙无竭"招集同志沙门僧猛、昙朗之徒二十五人，共赍幡盖供养之具，发迹北土，远适西方。初至河南国，仍出西海郡，进入流沙，到高昌郡。经历龟兹、沙勒诸国，登葱岭，度雪山，障气下重，层冰万里，下有大江，流急若箭"①。从行走路线看，昙无竭是借河南道北上，经羌中道到达西域的。南朝宋元嘉十年（433年），天竺人僧伽跋摩"出自流沙，至于京邑"②。他是借羌中道南下，再经河南道至益州，然后东行至建康的。据《续高僧传》卷29《释明达传》记载，粟特僧人释明达"童稚出家严持斋戒。……以梁天监初来自西戎，至于益部"③。他的行走路线不甚明确，但"来自西戎"一语透露出他也可能是借青海道南下的。

北魏时期，敦煌僧人宋云于神龟元年（518年）前往西域取经。据《洛阳伽蓝记》记载，宋云一行"初发京师，西行四十日，至赤岭"④，宋云等人当从秦陇南道西行，经湟中道至"赤岭"，"赤岭"即今青海日月山。从"赤岭西行二十三日，渡流沙，至吐谷浑国。路中甚寒，多饶风雪，飞沙走砾，举目皆满，唯吐谷浑城左右煖于余处。其国有文字，况同魏。风俗政治，多为夷法。"⑤越过日月山后，宋云等经青海湖南向西行，过共和切吉、乌兰茶卡一带的沙地，到达今都兰香日德。从宋云至此地的节令看，"到达古城香日德的时候已是立

① （梁）释慧皎撰，汤用彤校注：《高僧传》，中华书局，1992年版，第93页。
② （梁）释慧皎撰，汤用彤校注：《高僧传》，中华书局，1992年版，第118页。
③ （唐）道宣：《续高僧传》卷25《释道仙传》，任继愈等编纂：《中华大藏经》，中华书局，1997年版，第61册，第1044页。
④ （北魏）杨衒之撰，范祥雍校注：《洛阳伽蓝记校注》卷5《城北》，上海古籍出版社，1958年版，第252页。
⑤ （北魏）杨衒之撰，范祥雍校注：《洛阳伽蓝记校注》卷5《城北》，上海古籍出版社，1958年版，第252页。

春、雨水、惊蛰之间，再加古城的地理位置正好在柴达木盆地的东南沿，这里的气温相对温和，故使惠生他们感到位于香日德的吐谷浑城暖于余处。"①宋云一行从吐谷浑城向西行三千五百里，到达鄯善城，从此处向西南行至天竺国。此次西行取经"凡得一百七十部，皆是大乘妙典"②。

隋唐时期，也有僧人借青海道东去西来，传播佛法。据《续高僧传》卷2《阇那崛多传》记载，北印度犍陀罗国僧人阇那崛多曾至中土传教。阇那崛多一行十人"路由迦臂施国……逾大雪山……至厌怛国……又经渴罗盘陀及于阗等国……又达吐谷浑国，便至鄯州，于是时即西魏后元年也"③。从行进路线看，阇那崛多一行从印度西北行，越帕米尔高原东行至今新疆南部，从于阗国借羌中道至吐谷浑，然后经湟中道东进至长安。这位南朝陈、隋时期的译经高僧也将他东来传道的脚印留在了青海道。唐高宗永徽年间，新罗人玄太法师"内取土蕃道，经泥波罗，到中印度。礼菩提树，详检经论。旋踵东土，行至土峪浑，逢道希法师，覆相引致，还向大觉寺。"④说明玄太法师也曾借助唐蕃古道往来于印度与中土之间。

佛教传入中国是世界文化交流史上的一大盛事，被视为我国历史上第一次西学东渐，佛教对中国的信仰、语言、艺术等意识形态领域产生过深刻影响。在佛教传播史上，青海道曾发挥过较为重要

---

① 朱世奎、程起骏：《吐谷浑白兰地望新考》，《青海社会科学》，2008年第2期。

② （北魏）杨衒之撰，范祥雍校注：《洛阳伽蓝记校注》卷5《城北》，上海古籍出版社，1958年版，第252页。

③ （唐）道宣：《续高僧传》，任继愈等编纂：《中华大藏经》，中华书局，1997年版，第61册，第504页。

④ （唐）义净著，王邦维校注：《大唐西域求法高僧传校注》，中华书局，1988年版，第43页。

的桥梁作用，青海道沿线也是重要的佛教文化流布之地，这些现象都说明青海道促进了佛教文化的发展。

三、青海道的物质文化交流功能

物质文化的交流也是青海道文化功能的重要方面，笔者拟以考古材料为基础，分析青海道在物质文化交流方面的作用。

两汉时期，汉族移民沿湟中道进入青海，他们的到来既对青海地区的精神文化领域产生了重大影响，同时也使中原地区的特质文化传播至此。从上孙家寨汉墓出土文物中，考古工作者看到了与中原汉墓大体一致的葬式、葬俗及随葬品。上孙家寨汉墓中，随葬陶器种类基本与中原相似，在主要随葬品中，汉式陶器占99%左右，其陶系、制法、总体器形同于中原汉墓所出。具体而言，这些陶器的形制，时代愈晚愈接近于甘肃和关中地区所出，共存关系也更加近似中原所出[①]。秦汉时期，中原地区专为随葬而作的明器有模型器和动物形象两大类，有器仓、灶、井、磨盘、猪圈、楼阁、唯房、农田、池塘等模型器及猪、羊、狗、鸡等动物形象，时代愈晚，种类和数量越多。上述器类出现在孙家寨汉晋墓中的只有灶、仓、井等，出现时间也基本晚于中原地区。[②]

孙家寨汉晋墓中还出土了东汉后期的一件铁铧，表明当时牛耕已被推广至河湟地区。[③]墓葬出土的各类钱币中以五铢和莽钱大泉五十数量最多，其他汉代钱币亦有少量出土。[④]总之，青海汉墓中普遍出有汉代各时期的五铢钱、王莽钱、铜镜、车马饰器、带钩、摇钱树等器物，都具有典型的中原地区的风格，是研究青海和中原相

① 青海省文物考古研究所：《上孙家寨汉晋墓》，文物出版社，1993年版，第215页。
② 青海省文物考古研究所：《上孙家寨汉晋墓》，文物出版社，1993年版，第216页。
③ 青海省文物考古研究所：《上孙家寨汉晋墓》，文物出版社，1993年版，第220页。
④ 青海省文物考古研究所：《上孙家寨汉晋墓》，文物出版社，1993年版，第184页。

互进行文化交流的宝贵资料。[①]

上孙家寨墓地西汉墓葬的文化面貌的主体因素是汉文化，但又有卡约文化等本地土著文化的遗俗，[②]东汉墓中出土了具有匈奴文化特征的遗物，如乙 M1 中出土的"汉匈奴归义亲汉长"铜印，直接表明了墓主人的族属及身份，乙 M3 出土的一件银壶，腹壁锤有一周花瓣图案，酷似忍冬纹，是公元 3 世纪时期的安息制品。[③]上孙家寨墓葬群还出现了 84 件玻璃制品，分出于 31 座墓中，有玻璃耳珰、玻璃珠两种。[④]还出土了一种外观和原料上都与玻璃相似的材料，包括费昂斯（Faience），考古工作者将其归入料器，共 138 件，分出在 10 座墓中。有齿形珠、佩饰、珠 3 种，均有孔可穿戴。[⑤]据学者研究，上孙家寨汉墓所见两层玻璃间夹有金箔的玻璃珠常见于印度等地，很可能是从印度、中亚等地输入的。[⑥]

1956 年，青海省粮食厅在西宁隍庙街工地挖地基时，挖出 76 枚银币，[⑦]据夏鼐先生研究，是波斯萨珊朝银币[⑧]。徐苹芳先生认为，西宁波斯银币的埋藏虽已晚至唐代以后，但这仍可以说明 4—6 世纪河西走廊被地方割据政权阻断之后，当时从金城经鄯州、鄯城、大通，北至张掖，或西过青海湖吐谷浑国都伏俟城至敦煌或若羌的丝路是

---

①许兴国：《青海汉代墓葬反映的主要问题》，《青海社会科学》，1982 年第 1 期（原发表期刊署名有误，应是"许新国"）。

②青海省文物考古研究所：《上孙家寨汉晋墓》，文物出版社，1993 年版，第 219 页。

③青海省文物考古研究所：《上孙家寨汉晋墓》，文物出版社，1993 年版，第 220 页。

④青海省文物考古研究所：《上孙家寨汉晋墓》，文物出版社，1993 年版，第 164 页。

⑤青海省文物考古研究所：《上孙家寨汉晋墓》，文物出版社，1993 年版，第 165 页。

⑥高志伟：《浅析青藏高原的玻璃器》，《西藏研究》，1996 年第 1 期。

⑦赵生琛：《青海西宁发现波斯萨珊朝银币》，《考古通讯》，1958 年第 1 期。

⑧夏鼐：《青海西宁出土的波斯萨珊朝银币》，《考古学报》，1958 年第 4 期。

通往西域的重要路线。①

上孙家寨汉晋墓、波斯萨珊朝银币等的出土，说明两汉、魏晋时期，今西宁一带是汉、羌、匈奴、月氏胡等民族杂居之地，来自中原的物质文化借湟中道流布于此，匈奴等民族将西域、印度、西亚等地的文化传播至此，使此地成为东西物质文化的汇聚之地。

青海海西乌兰、都兰一带的墓葬所出土的金币、银币、织锦等物品，进一步印证了青海道在东西物质文化交流史上所起到的重要作用。考古工作者曾在青海乌兰大南湾遗址中发现了东罗马时期的金币1枚，这是东罗马金币首次在青海地区发现。从金币图案判断，与陕西咸阳底张湾隋墓出土的东罗马金币有相似之处，判断其应为查士丁尼一世时期(527—565年)所铸。②青海都兰吐蕃墓葬中，考古工作者发现了3个道教符箓，王育成先生认为其中99DRNM3:16是一道罕见的与商业市场活动有密切关系的符物，其大意是："上天诸神，佑护市场贸易，大吉必来。急急如律令。"有关市易方面的道符，在道书和古籍中都曾有所记载，但古代的实物一直没有找到，这是现今唯一仅见者。③此外，都兰吐蕃墓葬中还发现了粟特锦、蜀锦、粟特风格的金银器等，说明当时的羌中道沿线是东西物质文化交流的一个中继站，也是南北朝之后仍在使用的交通要道。④

如前所述，丝绸是青海道上物质文化交流的重要商品。唐蕃古

---

①徐苹芳：《考古学上所见中国境内的丝绸之路》，《燕京学报》新1期，北京大学出版社，1995年版，第301页。

②青海省文物考古研究所：《青海乌兰县大南湾遗址试掘简报》，《考古》，2002年第12期。

③北京大学考古文博学院、青海省文物考古研究所：《都兰吐蕃墓》，科学出版社，2005年版、第129页。

④许新国：《吐蕃墓出土蜀锦与青海丝绸之路》，《藏学学刊》第3辑，四川大学出版社，2007年版。

道开通后，丝绸也被运至西藏高原，至今发挥着别样的文化功能。至今，藏族用以表达尊敬礼仪的哈达的产生，也正是源于用丝绸作为礼佛之物品的一种延伸和发展。[①]继丝绸之后，茶叶也成为青海道沿线贸易的主要商品，借青海道进入藏区的茶叶一般为茯茶，是一种经发酵之后形成的黑茶，具有解油腻、提供热量之功效，史称"番人嗜乳酪，不得茶，则困以病。故唐、宋以来，行以茶易马法，用制羌、戎，而明制尤密。有官茶，有商茶，皆贮边易马。官茶间征课钞，商茶输课略如盐制"[②]。在茶马贸易兴盛时期，青海道的物质文化交流功能主要体现在茶叶的西输与马匹的东运。

综上所述，在东西文化交流史上，青海道曾在精神文化和物质文化领域内皆起到过桥梁和中介的作用，这种文化交流既促进了东西方的文化交融，也促进了区域文化的进步与发展。无论是国际文化交流功能的发挥，还是区域内文化传播功能的施展，青海道在我国文化交流史上的地位与作用是不能低估的。

---

①石硕，罗宏：《高原丝路：吐蕃"重汉缯"之俗与丝绸使用》，《民族研究》，2015 年第 1 期。

②《明史》卷 80《食货志四》，中华书局，1974 年版，第 1947 页。

第四节

军事功能

　　青海道是因东西商贸往来兴起的丝路，主要承担的也是政治、经济及文化交流功能。然而，在历史长河中，这条丝道有时沦为各种政治势力调兵遣将、攻城略地的通道，相关军事活动也是青海道曾发挥过的重要功能之一。了解青海道的军事功能，有助于了解青海道的走向、沿线所经区域等，进而能深化对这条丝道的认识。

一、汉唐时期青海道沿线的军事活动

　　两汉时期，青海道沿线的军事活动主要是汉政权对西羌的攻伐，匈奴、西羌对汉的反攻。汉武帝时期，霍去病北征匈奴的主战场在河西走廊一带，其军事活动曾涉及青海道附近，史称"去病至祁连山，捕首虏甚多"[1]，有学者据此认为霍去病大军曾经湟中道北上过扁都口攻

---

① 《汉书》卷55《卫青霍去病传》，中华书局，1962 年版，第2480 页。

击匈奴，^①然而,《汉书》未有霍去病曾在青海攻击匈奴的记载,^②因此，武帝初伐匈奴时期，青海道沿线并非战争热区。

汉武帝元鼎五年（前112年），将军李息、郎中令徐自为率兵攻击湟水流域的先零羌，迫使其退出"湟中"，远徙盐池、西海一带。此时，湟中道干线成为汉政权与西羌争战的主战场。赵充国西征先零时，在湟水下游一带与其子所率大军汇合，后沿湟中道干线至西平一带剿伐先零羌，最终在湟水上游击败这支羌人，"卤马牛羊十万余头，车四千余两。"^③车是西羌重要的交通工具，诺木洪文化搭里他里哈遗址出土了两件残木车毂，毂的"中间呈圆形外鼓，复原后可以安装十六根辐条，毂上有一个穿轴的圆孔，从毂、轴的大小和辐条的粗细、数量估计车轮不会是很大的。既有残车毂就有车辆。车毂在圈栏的出入口处发现，反映了它与饲养的家畜有联系，可能是由饲养的马或牛来拉驶"^④。西羌用车的历史较为悠久，说明当时的青海道沿线已有相对平坦的大道，否则满足不了车的通行。羌汉战争时，败退的西羌用大车拉着辎重、粮草，沿湟中道西撤，而利用大道紧追不舍的赵充国大军却可因利就便，最终击败了先零、俘获甚多，这种历史画面在之后的羌汉战争中时常重现。

东汉明帝建初二年（77年）至汉献帝初平三年（192年），西羌先后五次举起反抗暴政的大旗。^⑤这些起义大多发生在青海河湟地区，而湟中道及其与河南道东线的连接支线成为汉羌争夺的对象。

①吴礽骧：《两关以东的"丝绸之路"——兼与鲜肖威同志商榷》，《兰州大学学报》（社会科学版），1980年第4期。

②初师宾：《丝路羌中道开辟小议》，《西北师院学报》（社会科学版），1982年第2期。

③《汉书》卷69《赵充国传》，中华书局，1962年版，第2983页。

④吴汝祚：《略论诺木洪文化》，《青海考古学会会刊》，1981年第3期。

⑤崔永红等：《青海通史》，青海人民出版社，1999年版，第61—70页。

东汉在镇压羌乱过程中，有意阻断乐都至武威的丝道，开辟出湟中道南下至今循化、化隆黄河岸边的通道，相关情况笔者已在第三章中述及。

汉末，宋建"因凉州乱，自号河首平汉王"，建安十九年（214 年），曹操派夏侯渊讨之，"围枹罕，月余拔之，斩建及所置丞相已下。渊别遣张郃等平河关，渡河入小湟中，河西诸羌尽降，陇右平。"[1]魏黄初元年（220 年），西平豪强麹演数次反叛，金城太守苏则斩杀之。黄初二年（221 年），麹光杀西平太守严苞反，羌人斩杀之。太和元年（227 年），麹英又造反，"杀临羌令、西都长，遣将军郝昭、鹿磐讨斩之。"[2]期间，卢水胡人、西羌与曹魏政权之间也发生数次争战。这些战争主要发生在湟中道沿线，曹魏政权往往利用河西道与湟中道相连的丝道，迅速派军遣将攻灭反叛。

这一时期，河南道东线一带也有一些军事活动，主要是魏蜀两国间的争战。蜀汉建兴八年（230 年），蜀汉凉州刺史魏延"西入羌中"，与魏国后将军费瑶、雍州刺史郭淮战于阳溪一带，"延大破淮等，迁为前军师征西大将军，假节，进封南郑侯。"[3]自此两国在今甘肃甘南和青海黄南一带展开了长达二十多年的战争。魏正始八年（247 年），陇西、南安、金城、西平等地羌人反魏，"南招蜀兵，凉州名胡治无戴复叛应之"[4]，魏蜀两国大军在河南道东线一带又发生冲突。直到魏甘露元年（256 年），魏派邓艾为镇西将军，督陇右军事，而蜀汉内部矛盾加深，无力出兵陇右，两国在河南道东线一带的军事冲突才得以告终。

---

① 《三国志》卷 9《夏侯渊传》，中华书局，1959 年版，第 271 页。

② 《三国志》卷 3《明帝纪》，中华书局，1959 年版，第 92 页。

③ 《三国志》卷 40《魏延传》，中华书局，1959 年版，第 1002 页。

④ 《三国志》卷 26《郭淮传》，中华书局，1959 年版，第 735 页。

十六国时期，西凉、南凉、北凉、西秦及吐谷浑诸国间战事频仍。河西地区的地方政治势力南下河湟时往往借道河西道与湟中道的连接处，如东晋太元十五年（390 年），乌孤率部借乐都—武威道南下，进入湟水流域。次年，"乌孤讨乙弗、折掘二部，大破之，遣其将石亦干筑廉川堡以都之。"[①]东晋义熙元年（405 年），傉檀北上进攻沮渠蒙逊，并向后秦姚兴献"马三千匹，羊三万头"[②]，后秦封傉檀为凉州刺史，为防姚兴反悔，傉檀接任后立即率 3 万骑赴姑臧上任，他北上凉州的军事路线亦当为乐都—武威道。

东晋义熙三年（407 年），傉檀率 5 万余众伐沮渠蒙逊，双方战于均石（今甘肃张掖东）。傉檀为蒙逊所败，傉檀退据西郡（今甘肃山丹南）固守，又被蒙逊所败，西郡太守杨统降北凉。义熙六年（410 年），傉檀派太尉俱延击蒙逊，大败而归。三月，傉檀不听劝谏，率骑 5 万向北凉大举进攻，双方大战于穷泉（今甘肃武威西南），傉檀大败，他本人仅以单骑奔还。这次战败后，"蒙逊又来伐，傉檀以太尉俱延为质，蒙逊乃引还。"[③]东晋义熙年间，南凉攻打北凉时，应当借助当时西平至张掖的丝道，北凉大军南下时亦当借助此道。

南北朝时期，青海道沿线是战争热地，建政青海的吐谷浑与西秦、北魏等政权之间战事不断，河南道、羌中道也成为各国交战的军事路线。吐谷浑视罴执政时，西秦大将乞伏益州向吐谷浑发动进攻，在度周川大败视罴，后者逃奔白兰。据陈良伟先生研究，度周川当在隆务河流域一带[④]，西秦军队当是从秦陇南道西进，

①《晋书》卷 126《秃发乌孤载记》，中华书局，1974 年版，第 3142 页。

②《晋书》卷 126《秃发乌孤载记》，中华书局，1974 年版，第 3149 页。

③《晋书》卷 126《秃发傉檀载记》，中华书局，1974 年版，第 3155 页。

④陈良伟：《丝绸之路河南道》，中国社会科学出版社，2002 年版，第 321 页。

经河南道东线向今同仁一带行军，并在此地大败视罴，逼迫视罴西遁。视罴西撤的路线则是河南道东线与中线的连接丝道，最终在今共和曲沟一带渡河北上，经切吉草原、茶卡一带至白兰故地。树洛干执政时，曾致书西秦表达自己问鼎中原之志，引起西秦忌讳，两国因此发生过三次大的战争。西秦攻打吐谷浑的路线大体是从河南道东线西进，占据中线一带吐谷浑的白石城、泣勤川、长柳川、浇河等地，迫使树洛干只得西逃白兰。太平真君三年（442年），北魏讨伐吐谷浑，北魏大军没有沿湟中道西进，而是"间道行"，即沿湟中道与河南道中线的连接丝道，偷袭吐谷浑。北魏大军"至大母桥，慕利延众惊奔白兰，慕利延兄子拾寅走河曲，斩首五千余级，降其一万余落"[1]。太平真君六年（445年）八月，北魏又伐吐谷浑，"高凉王那军到曼头城，慕利延驱其部落西渡流沙，那急追。故西秦王慕璝世子被囊逆军拒战，那击破之，被囊轻骑遁走，中山公杜丰精骑追之，度三危，至雪山，生擒被囊、什归及炽磐子成龙，送于京师。慕利延遂西入于阗国。"[2]被囊当是从都兰经羌中道南线与河南道西线的连接丝道南逃的，而慕利延率军从羌中道南线越昆仑山至于阗国。从吐谷浑与西秦、北魏的军事较量看，当时的青海道各干线的承载能力是相当可观的，否则满足不了数万军队的行军和作战需要。

隋唐时期，中央王朝与吐谷浑间的战争也往往发生在青海道沿线地区。隋炀帝亲征吐谷浑时，青海湖西的"伊吾道"[3]一带是隋军征伐的主要区域，伏允南逃时也当借助过河南道西线。唐贞观年间，

---

① 《魏书》卷19《晋王伏罗传》，中华书局，1974年版，第417—418页。

② 《魏书》卷4下《世祖太武帝纪》，中华书局，1974年版，第99页。

③ 《隋书》卷63《刘权传》，中华书局，1973年版，第1504页。

唐朝与吐谷浑"两军会于大非川"①。当时，西征吐谷浑的南路大军取道河州至河曲的丝道，即从秦陇南道西接河南道东线，再北上至湟中道，然后经青海湖南经今共和、兴海一带的丝道到达大非川，途经洮州、叠州，还经过赤岭、汉哭山、乌海、星宿川、柏海、至河源，期间从大积石山南绕道至大积石山北，进而向北行至青海湖以南的大非川与李靖等率领的北路大军会师。②由此可见，青海道干线上的大道是唐军西进的主要路线。

唐贞观年间，国力强盛，曾利用唐蕃古道远征天竺，史载，贞观"二十二年，右卫率府长史王玄策使往西域，为中天竺所掠，吐蕃发精兵与玄策击天竺，大破之，遣使来献捷"③。吐蕃兴起后，与唐朝之间发生过数次大的战役，青海道的军事功能也因此得以强化。唐高宗咸亨元年（670 年），吐蕃拔安西四镇，唐朝为之震动。为打击吐蕃北上势头，高宗"诏以右威卫大将军薛仁贵为逻娑道行军大总管，左卫员外大将军阿史那道真、右卫将军郭待封为副，率众十余万以讨之"。唐军西进的路线当与征吐谷浑行军路线是一致的，唐军到达大非川后，薛仁贵率主力前往乌海，耻居薛仁贵之下的郭待封令率辎重前行，为吐蕃大军围攻，薛仁贵被迫退至大非川，后又被吐蕃大将论钦陵 40 万大军围攻，唐军寡不敌众，加之不能适应高原气候，④最终全军覆灭。"自是吐蕃连岁寇边，当、悉等州诸羌尽降之。"⑤这次战役后，吐蕃沿河南道西线北上，向东拓边至赤岭一带，而唐军只能

---

①《新唐书》卷 221 上《吐谷浑传》，中华书局，1975 年版，第 6226 页。

②李宗俊：《唐代石堡城、赤岭位置及唐蕃古道再考》，《民族研究》，2011 年第 6 期。

③《旧唐书》卷 196 上《吐蕃传上》，中华书局，1975 年版，第 5222 页。

④于赓哲：《疾病与唐蕃战争》，《历史研究》，2004 年第 5 期。

⑤《旧唐书》卷 196 上《吐蕃传上》，中华书局，1975 年版，第 5223 页。

沿河南道与湟中道连接处的丝道后撤，无法遏止吐蕃扩张的势头。

唐仪凤三年（678年），吐蕃联合西突厥向西域唐军发动攻势，为此，唐朝以中书令李敬玄兼鄯州都督，与工部尚书刘审礼统兵18万，由鄯州出击吐蕃。七月，双方初战于龙支（今青海民和），唐军获胜。刘审礼率兵攻至青海湖一带，被论钦陵和选赞婆兄弟所领吐蕃军队围攻，刘审礼"没于阵，敬玄按军不敢救。俄而收军却出，顿于承风岭，阻泥沟不能动，贼屯于高冈以压之"①，幸得副将黑齿常之夜袭吐蕃大营得胜，唐军才得以脱险退至鄯州。这次战役唐军当是从秦陇南道西进至枹罕，从此北上至龙支一带击败吐蕃，再沿湟中道干线至环湖一带，后撤时沿湖东至承风岭的丝道，最终在此与吐蕃军拼杀。这次战役虽击败了吐蕃，但未能伤其元气，"时吐蕃尽收羊同、党项及诸羌之地，东与凉、松、茂、巂等州相接，南至婆罗门，西又攻陷龟兹、疏勒等四镇，北抵突厥，地方万余里，自汉、魏已来，西戎之盛，未之有也。"②

调露二年（680年），吐蕃进犯唐之河源军，屯于良非川（今青海湟源西），与李敬玄所率唐军战于湟川，唐军败绩，"寻而黑齿常之破吐蕃大将赞婆及素和贵于良非川，杀获二千余级，吐蕃遂引退。诏以常之为河源军使以镇御之。"③这次战役发生在湟中道干线西端今日月山一带，说明唐蕃两国皆利用丝道从东、西两面分别派兵攻击对方。

唐与吐蕃第二次和亲后，"吐蕃遣使厚遗之，因请河西九曲之地以为金城公主汤沐之所，矩遂奏与之。吐蕃既得九曲，其地肥良，堪

---

①《旧唐书》卷196上《吐蕃传上》，中华书局，1975年版，第5224页。
②《旧唐书》卷196上《吐蕃传上》，中华书局，1975年版，第5224页。
③《旧唐书》卷196上《吐蕃传上》，中华书局，1975年版，第5224页。

顿兵畜牧，又与唐境接近，自是复叛，始率兵入寇。"①自此，河南道的中线、西线、羌中道南线及青海湖周围的丝道沿线皆为吐蕃吞没，唐蕃两国以赤岭为界②。安史之乱前，唐、蕃两军动辄调动数十万大军在青海道沿线作战，亦说明当时青海道的军事承载力已十分强大了。

唐肃宗至德二年（757年），吐蕃沿河南道东进，取廓、岷等州，唐代宗广德元年（763年），吐蕃沿湟中道东进，取鄯州，同年，吐蕃还"寇陷泾州。十月，寇邠州，又陷奉天县。遣中书令郭子仪西御。吐蕃以吐谷浑、党项羌之众二十余万，自龙光度而东。郭子仪退军，车驾幸陕州，京师失守"③。吐蕃在长安立金城公主之弟广武王李承宏为帝，改元大赦，设置百官。至此，吐蕃的东向扩张达到了最高峰。④吐蕃东进过程中，湟中道东接秦陇南道的丝道当是其攻取长安的主要军事路线。

二、宋元明清时期青海道的军事功能

五代十国及北宋前期，青海道成为吐蕃各部分据之地。北宋大中祥符九年（1016年）在三都谷（今甘肃甘谷附近）击败河湟吐蕃大军，安定了秦州边防，屏蔽了秦陇及关中的安全，也在很大程度上争取了唃厮啰向北宋靠拢，该战成为宋、蕃关系走向友好的开始。⑤之后，宋借唃厮啰牵制西夏，间接地影响着河湟一带的政局。

熙宁元年（1068年），年仅20岁的宋神宗继位，任用王安石为相，实行各项政治、经济改革，并采取拓边政策，以抵御辽及西夏的内侵。江州德安人（今江西九江）人王韶向朝廷奏《平戎策》三篇，提出"欲取西夏，当先复河、湟，则夏人有腹背受敌之忧"。

---

①《旧唐书》卷196上《吐蕃传上》，中华书局，1975年版，第5228页
②李宗俊：《道格尔古碑即唐蕃赤岭划界碑考辨》，《民族研究》，2013年第1期。
③《旧唐书》卷196上《吐蕃传上》，中华书局，1975年版，第5237页。
④石硕：《西藏文明东向发展史》，四川人民出版社，1994年版，第81页。
⑤汪天顺：《曹玮与北宋西北边防整饬》，《西北民族研究》，2001年第4期。

宋神宗"异其言，召问方略，以韶管干秦凤经略司机宜文字"[1]。后王韶又进言，"渭源至秦州，良田不耕者万顷，愿置市易司，颇笼商贾之利，取其赢以治田"，神宗"从其言，改著作佐郎，仍命韶提举"[2]。

王安石任用王韶发动熙河之役，以图收复洮岷河湟地区，"断西夏右臂"。熙宁五年（1072年）五月，"以王韶兼知军……将恢复河陇，故命建军，为开拓之渐。"[3]同年八月，王韶大军收复洮州，十月"改镇洮军为熙州，以镇洮为节度军额，分熙河洮岷州、通远军为一路，置马步军都总管、经略安抚使，所应制置事，令经略安抚使司详具以闻"[4]。次年，王韶"领大兵收下河州前锋斩首千余级，木征遁去，生擒其妻瞎三牟并子续本洛，言尽得六州之地二千余里"[5]。至熙宁六年（1073年），王韶收复"熙州、洮、岷、叠宕等州，幅员二千余里"[6]

王韶西进开边活动，引起青唐国主董毡的担忧，他遣大首领鬼章参与吐蕃部落抗宋的战争，"熙宁开边"活动也因各种原因宣告结束。王韶的开边活动收复熙州、河州，打通了秦陇南道，并将北宋西境推至河湟东缘，为之后的军事活动创造了条件。

宋哲宗元符二年（1099年）七月，王赡统河州兵为先锋，王愍

① 《宋史》卷328《王韶传》，中华书局，1977年版，第10579页。

② 《宋史》卷328《王韶传》，中华书局，1977年版，第10580页。

③ 《续资治通鉴长编》卷233，熙宁五年五月辛巳记事，中华书局，1985年版，第5645—5646页。

④ 《续资治通鉴长编》卷239，熙宁五年冬十月戊戌记事，中华书局，1986年版，第5818页。

⑤ （清）徐松辑：《宋会要辑稿》兵一四之一八，中华书局，1957年版，第7001页。

⑥ 《续资治通鉴长编》卷247，熙宁六年十月庚辰条记事，中华书局，1986年版，第6022页。

统岷州及熙州军马为策应,沿湟中道西进,"引兵度河取邈川"①。八月,宋军进据宗哥城。九月,宋廷以胡宗回代孙路为主帅,连连督促王赡西进,王赡下令部将攻取安儿城（今青海平安县平安镇）,同时派人劝心牟钦毡出城降宋。心牟钦毡深知不能敌,便出城归降。随后,青唐主陇拶也与各首领及契丹、西夏及回鹘公主一起出降。王赡率部进入青唐城。宋哲宗"诏以青唐为鄯州,仍为陇右节度。邈川为湟州,宗哥城为龙支城,廓州为宁塞城。其鄯州、湟州并河南北新收复城寨,并隶陇右,仍属熙河兰会路"②。

收复鄯州后,当地吐蕃部落纷纷反抗,朝廷中有人对西征河湟的战略效果提出质疑,认为"青唐有不可守者四:自炳灵寺渡河至青唐,凡四百里,道险地远,缓急声援不相及,一也;羌若断炳灵之桥,塞省章之隘,我虽有百万之师,仓卒不能进,二也;提孤军以入,四向无援兵,羌人窥伺,必生他变,三也;设遣大军,而青唐、宗哥、邈川,食皆止可支一月,内地无粮可运,难以久处,四也"③。元符三年（1100年）,宋哲宗去世,徽宗继位,二月,"三省枢密院同呈知熙州胡宗回奏鄯州利害,诏令王赡以心白首领分治青唐,讫引兵归湟州相度,陇拶于熙州或岷州住坐,仍谕溪巴温或小陇拶令依旧主管青唐。"④不久,王赡等因侵盗青唐府库被治罪。次年,"湟州兵马由京玉关以归,以蕃兵总领刘玠为西路统制,将兵护湟州居民商旅由安乡关以归。"⑤宋朝军队、官员全部从湟州撤出。一两年内,王赡东进、

---

① (清)徐松辑:《宋会要辑稿》兵九之一,中华书局,1957年版,第6906页。
②《续资治通鉴长编》卷516,元符二年闰九月癸酉条,中华书局,1993年版,第12267页。
③《续资治通鉴长编》卷516,元符二年闰九月壬辰条记事,中华书局,1993年版,第12286—12287页。
④(清)徐松辑:《宋会要辑稿》蕃夷六之三七,中华书局,1957年版,第7837页。
⑤(清)徐松辑:《宋会要辑稿》兵九之四,中华书局,1957年版,第6907页

西撤皆依循湟中道，这条道路在当时的军事功能似乎胜过其他功能了。

宋徽宗于崇宁元年（1102 年）七月，任用王韶之子王厚知河州兼洮西安抚使，"收复湟、鄯之谋自此始矣。"[①]次年，王厚"拔湟州"[②]。崇宁三年（1103 年），王厚沿王赡用兵路线西进，"大军次于湟……其母龟兹公主与诸酋开鄯州降。"王厚"大军趣廓州，酋落施军令结以众降，遂入廓州"[③]。北宋还趁势西进青海湖一带，沿羌中道向西开疆拓土，"开拓疆境，幅员三千余里。其四至：正北及东南至夏国界，西过青海至龟兹国界，西至卢甘国界，东南至熙、河、兰、岷州，连接阶、成州界，计招降到首领二千七百余人，户口七十余万，前后六战，斩获一万余人。"[④]

金灭北宋后，金、西夏大体以黄河为界，肢解唃厮啰故地，分而治之。南宋嘉定十六年（1223 年）西夏攻破金军把守的积石州，最终将整个河湟地区纳入其统治范围。1227 年，蒙古灭西夏，同年3 月，"破洮、河、西宁二州。"[⑤]蒙古攻取洮岷河湟地区的行军路线，大致也是沿秦陇南道至河州，从此过黄河西北行至湟水流域，沿湟中道西进，攻占西宁州。蒙古大军人多势众，军事效率也极高，攻掠洮、河、西宁诸州的速度极快，说明当时湟中道的军事承载力已达到顶峰。蒙古占有河湟后，当继续行军至羌中道沿线。1958 年秋，都兰诺木洪农业第二耕作站开垦荒地时，发现了一具干尸，死者系元代蒙古族武将，[⑥]这说明羌中道也曾承载过蒙古大军的铁蹄。

---

① （清）徐松辑：《宋会要辑稿》兵九之四，中华书局，1957 年版，第 6907 页。
② 《宋史》卷 328《王厚传》，中华书局，1977 年版，第 10583 页。
③ 《宋史》卷 328《王厚传》，中华书局，1977 年版，第 10583—10584 页。
④ 《续资治通鉴长编拾补》卷 23，崇宁三年三月庚午记事，中华书局，2004 年版，第 805—806 页。
⑤ 《元史》卷 1《太祖本纪》，中华书局，1976 年版，第 24 页。
⑥ 陈良伟：《丝绸之路河南道》，中国社会科学出版社，2002 年版，第 203 页。

　　蒙哥汗执政时，四川仍由南宋掌控，忽必烈率军从临洮一带南下，借道吐蕃东部地区攻灭了大理国。史载，元宪宗三年（1253年），忽必烈"师次临洮。遣玉律术、王君候、王鉴谕大理，不果行。九月壬寅，师次忒刺，分三道以进……帝由中道……过大渡河，又经行山谷二千余里，至金沙江，乘革囊及筏以渡……留大将兀良合带戍守，以刘时中为宣抚使，与段氏同安辑大理，遂班师"①。这次行军虽未假道青海境内的河南道，但蒙古大军能借西蜀分道南下，间接说明这一分道之北的河南道的军事承载力也十分可观，达到的军事及政治效果也相当突出。②

　　洪武三年（1370年），明将徐达率部大败元将扩廓帖木儿，并派副将邓愈分兵由临洮进克河州，经略洮岷河湟地区。洪武四年，原元甘肃行省右丞朵尔只失结、西宁州同知李南哥等在明将宁正招谕下相继降附，明朝势力由此进入河湟地区。明军的行军路线仍是从河州进入河南道东线，再北上至湟水流域。

　　永乐二十二年（1424年），青海海西一带的蒙古安定卫指挥哈三孙散哥及曲先卫指挥散即思等率众在毕力术江黄羊川杀明使臣，"尽夺驼马币物而去"，明成祖派土族土司李英等人讨之。李英等"率西宁诸卫军及隆奔国师贾失儿监藏等十二番族之众，深入追贼，贼远遁。英等逾昆仑山西行数百里，抵雅令阔之地，遇安定贼，击败之，斩首四百八十余级，生擒七十余人，获驼马牛十四万有奇。曲先闻风远窜，追之不及而还。"③李英为西宁卫指挥，他的行军路线当是先沿湟中道西进，越过日月山沿青海湖南至茶卡一带，再沿羌中道

---

①《元史》卷4《世祖本纪一》，中华书局，1976年版，第59—60页。

②罗琨、张永山：《中国军事通史》第14卷《元代军事史》，军事科学出版社，1998年版，第63页。

③《明史》卷330《安定卫传》，中华书局，1974年版，第8551页。

南线西进，从都兰香日德一带西北行或西行，最终到达经昆仑山东麓的尕斯库勒湖一带。彼时，安定卫指挥哈三孙散哥率部远遁，李英等当从尕斯山越昆仑山在雅令阔一地击溃之。[①]

明崇祯十六年(1643年)，李自成部将贺锦率部经陇东、直趋兰州，并西渡黄河进入河西走廊。是年底，起义军防御使齐之宸和制将军鲁文彬部越祁连山南下攻打西宁，土族土官祁廷谏、祁兴周父子及李天俞等联兵抵抗。同时，庄浪土官鲁元昌、藏族申中部千户完中等与之歃血为盟，共同夹击起义军，使其损失重大。崇祯十七年初，起义军攻城受挫，制将军鲁文彬阵亡。得知消息后，贺锦亲率大军由甘州南下，在北大通（今青海门源境）与鲁元昌交战，鲁元昌所率军队阵前倒戈，鲁元昌退守连城，连城很快被贺锦攻破，鲁元昌被杀。贺锦率部攻击西宁卫城，祁氏父子及李天俞在当地生员胡璉器的策划下，联络周围藏族头人在西宁南川伏羌堡设下绊马索和陷阱，诱贺锦率轻骑深入，义军被击溃，阵亡者多达 3 000 余人，贺锦兵败被杀。贺锦部南下所经之路是湟中道的重要支线西宁—张掖道，这条支线在当时的军事承载力也是相当可观的。

清初,青海道沿线因罗布藏丹津叛乱而战事再起。雍正元年(1723年)，和硕特蒙古首领罗卜藏丹津乘新帝继位伊始青藏地区清军大量内撤的时机，以"恢复先人霸业"为号召，纠集部分蒙古贵族发兵叛乱。雍正派年羹尧前往征剿，雍正元年（1723 年）十一月，年羹尧拟定由岳钟琪等分领清军近 2 万人从西宁、松潘、甘州及隆吉尔（今

---

①妥超群、刘铁程先生认为曲先卫治所在药王滩，在青海湖西，李英所逾昆仑山乃湖西的岗格尔肖合力山，即祁连山脉西端山群。如此说可信，那么李英率军至湖西后，在布哈河流域一带与蒙古部落作战。参见妥超群、刘铁程：《毕力术江考——明代曲先卫地望及相关地名新证》，《民族研究》，2011年第 6 期。

甘肃瓜州县境）"四路进剿"的方案，并迅速付诸实施，在清军的强大攻势下，附叛的许多蒙古首领及喇嘛僧人纷纷降清，使罗卜藏丹津陷入孤立。是年底，岳钟琪平定了今青海贵德和共和一带郭密等各藏族部落，于第二年初抵今青海互助郭隆寺一带，与前锋统领苏丹、副都统觉罗伊礼布等会剿郭隆寺叛军。郭隆寺僧众和周边藏族、土族部落与清军展开激战，叛军死伤 6 000 余人，郭隆寺被清军全部焚毁。此时，两军主要在湟中道西部及河南道西线一带作战。

雍正二年（1724 年）二月，清军分兵三路，至乌兰博尔克，叛军已经逃走，岳钟琪挥军追击，在伊克哈尔吉，将逃入山中的叛军头目阿尔布坦温布、巴尔珠尔阿喇布坦等擒获。罗卜藏丹津望风而逃，岳钟琪分兵 1 000 往北路柴达木截击，追至乌兰白克，俘获吹拉克诺木齐、札什敦多卜等，"罗卜藏丹津西窜，钟琪逐之，一昼夜驰三百里"[①]，穷追数日，至青、藏交界处的桑驼海，因罗卜藏丹津已逃往准噶尔投靠策妄阿拉布坦，遂班师西宁，平叛战争结束。[②]岳钟琪在羌中道沿线追击罗卜藏丹津，行军之快竟"一昼夜驰三百里"，可见羌中道在当时的军事承载力已达到新的高度。

综上，自两汉始，中原史籍对青海道的军事功能多有记载，但这并不意味着青海道沿线的战争始自两汉，在这之前，西羌内部、匈奴与西羌之间当在青海道沿线有过争战。青海道的军事功能主要体现在它的承载能力上，大致到隋唐时，青海道各干线及部分支线的军事功能已然被充分开发，至明清时，地理位置相对偏远的羌中道的军事承载力也已相当强大。

---

① 《清史稿》卷 296《岳钟琪传》，中华书局，1977 年版，第 10369 页。
② 罗琨、张永山:《中国军事通史》第 16 卷《清代前期军事史》，军事科学出版社，1998 年版，第 495 至 496 页。

伍 循着古人的智慧：青海道的历史地位与现实意义

要评析丝路青海道的历史地位，首先要厘清经营、维护青海道的主导权归属与这条丝道兴衰的内在关系，只有这样才能认清青海道在历史上发挥的作用，也才能准确地判断青海道的历史地位。只有循着古人的智慧，才能准确判断青海道的现实意义。

第一节

历史地位

在国家统一的政治形势下，河西道是中原与西域交通的首选丝道，青海道往往只具有辅助之路的地位。在南北分裂、政权割据的时代，河西道往往被地方政权阻塞，青海道地位显著上升，成为沟通东西的交通要道。从青海道历史发展的内生因素看，青海道的一些干线具有相对独立的交通价值。理解青海道的历史地位既应结合其历史演进的总体过程，也需考量其中的地域、民族等因素。

一、青海道兴盛原因解析

笔者在第一章中结合相关研究成果、近年来的考古发现等，提出马家窑人群的西进、南下开辟了区域内的青海道，西羌的兴起则促使青海道国际化。换言之，无论是开辟阶段的青海道，还是作为国际贸易通道组成部分的青海道，其最初的主导权在当时的少数民族手中。

在中央王朝势力未进入青海地区之前，青海道是西羌内部联络的交通要道，这条通道使得居住分散的西羌各种落间保持了松散的联盟关系，也使得从新疆南部至湟水流域，从柴达木盆地北缘至川西北地区的广大羌族聚居区之间具备相互连通、共同发展的可能，从而使这个分布地域十分广泛的古老民族内部一直保持着语言、风俗等方面的一致性，也确保了西羌族性的个别性，使得西羌内部一直充满着文化创造的活跃性，成为西部地区有重要影响的民族。

西羌通过青海道，还与西域、中原及西南地区的民族保持着持久而广泛的交往关系。得益于这条丝道沟通东西的交通功能，西羌较早接触到了冶铜技术、小麦种植技术等，而这些文明成果本身也促进了西羌民族的进步。在西羌的传播与影响下，中原、西南地区也接触到了来自西亚、中亚的文明成果，从而促进了我国早期文明发展的步伐。夏商时期的用玉文化、三星堆文明等都得益于西羌的贡献而创造出辉煌灿烂的文明成果。

笔者认为自青海道国际化以来，这条丝道一直保持着兴盛发展的态势，这一点可从沿线考古发现中找到证据，只是当时中原统治势力未波及此地，相关情况未被汉文史籍记载罢了。

两汉时期，中央王朝攻掠西羌故地，打破了这一民族原有的生存格局，西羌世居之地成为汉王朝屯田之地，西羌各种落之间的交通也因汉王朝的经略而呈现碎片化趋向。随着汉王朝在河湟、川西北等地军事、政治活动的深化，西羌逐步失去了使用、经营青海道的主导权，而汉王朝错误的对羌政策，激起了羌族猛烈的反抗，[①]青海道沿线成为羌汉争斗的战争热地，原来由西羌使用、经营的青海道或沦为战场，或成为汉、羌调兵遣将的路线，或被荒芜。自开辟以来，

---

①高荣：《论两汉对羌民族政策与东汉羌族起义》，《广东社会科学》，1998年第3期。

一直较为繁忙的青海道，在两汉时因羌汉战争也较"热闹"，但这与青海道初始功能相去甚远了。有学者认为，"羌族是个好剽掠的民族，动辄攻略边城，内部变乱频繁，这都妨碍着丝路的畅通。"[①]笔者认为这种判断是十分错误的，没有哪个民族的族性是"好剽掠"的，西羌在汉政权的经济剥削和政治压迫下，不得不起来反抗，虽然在客观上破坏了原来由他们经营和主导的青海道的畅通，但导致这种结果的原因是汉王朝对羌的攻掠，而非西羌。

汉政权控制河西、河湟等地后，河西丝道成为中原与西域交往的主要通道，尽管湟中道作为辅路一直在使用，但因经营主导权的转移，青海道的重要性无法与西羌时期相提并论，而羌汉战争为丝道开辟之时[②]的看法则是中原文化中心观的产物，与历史事实相去甚远。

吐谷浑时期，青海道迎来它最为繁盛的时期，而吐谷浑是继西羌之后，进一步开发、经营青海道的少数民族。学者们一般都把这一时期青海道兴起的原因归结于河西道的堵塞，这种观点也有其合理的部分，的确，正因为当时河西道所经之地割据政权林立，战争频仍，才导致河西道的萧条。然而，综观当时整个河西、陇右的民族分布和政治形势，当时青海地区也为多民族分布区，不同民族或建政于此或其统治势力曾延及青海，为攻城略地，这些割据政权之间的战争也十分频仍，当时，湟中道经扁都口至张掖的通道也时常被堵塞。[③]在与河西地区类似的政治形势下，吐谷浑建政青海时期为

①阎永宏：《浅析经青海通西域路线不发达的原因》，《青海社会科学》，1999 年第 4 期。

②初师宾：《丝路羌中道开辟小议》，《西北师院学报》（社会科学版），1982 年第 2 期。

③丁柏峰：《"吐谷浑路"的形成及其历史影响述略》，《中国土族》，2011 年第 4 期。

什么能造就青海道的辉煌，这一问题值得深思。

笔者认为，吐谷浑掌握青海道经营主导权后，循着西羌在青海道留下的历史印迹，以这条丝道来维系其生存、发展，最终使青海道进入全面兴盛时期，这虽得益于河西道的阻塞，但这一时期青海道的兴盛不能完全归因于此，事实上，它的重要性在当时并不亚于河西道。夏鼐先生曾说："从前我们常以为古代中西交通孔道的'丝路'的东端，是由兰州经过河西走廊而进入今日新疆维吾尔自治区的。这次西宁发现这样一大批的波斯银币，使令我们要重新考虑这一问题。我以为由第四世纪末到第六世纪时尤其是第五世纪中（包括卑路斯在位的年代），西宁是在中西交通的孔道上的。这条比较稍南的交通路线，它的地位的重要在当时绝不下于河西走廊。"[1]夏先生的判断对学界理性认识青海道的历史地位起到了关键作用。

从第二章的相关分析看，吐谷浑和西羌一样是游牧民族，相同的生产方式使得这两个民族都十分依赖与外界的商品交换，通过青海道与中原及西域进行商品交易是他们的重要生存法则。青海牧区基本上都是吐谷浑的牧场，他们对沿线的关隘、渡口、梁津等十分熟悉，不存在地理认知上的盲区，这在很大程度上方便了与外界的联系。因此，即便是河西道畅通，方便中原内地与西域交往的情况下，统治势力无法延及河西的吐谷浑也会利用本国内的丝道与中原、西域进行商贸往来。

和西羌相比，吐谷浑的社会发展程度更高，已具有完整的国家制度。吐谷浑不仅利用青海道与外界沟通，还通过设置卫戍、修建桥梁等形式维护青海道，使之保持畅通。吐谷浑的税收也基本依赖

---

[1]夏鼐：《青海西宁出土的波斯萨珊朝银币》，《考古学报》，1958年第4期。

商贸活动，这也使统治上层更加注重对外贸易，只有这样才能保证国家财政的正常运转。可以想见，统治势力无法延及河西的吐谷浑，只有维持、经营好青海道，才能在东西贸易中获得更多的利润，也才能维持一个庞大草原国家的运转与发展。换言之，是吐谷浑在其国土范围内经营、维护了青海道，才使得这条丝道得以兴盛，而非仅仅因为河西道的萧条为青海道的兴起提供了机遇。

吐谷浑的立国思想与当时总体的政局也有一定关联。吐谷浑兴起之时，正值"五胡乱华"，天下大乱，如何在政权纷立、战乱不止的时代立足于青海高原，这对于吐谷浑来说既是机遇，更是挑战。在南北纷争的时代，吐谷浑采取颇为灵活、实用的外交策略，既向北方各政权称臣、纳贡，也与南朝诸政权间建立朝贡关系，这种立国思想一方面有利于吐谷浑与南北各政权间建立联系，融入不同政治势力建构的朝贡贸易体系中，另一方面也可利用他们之间的矛盾，牵制对吐谷浑产生威胁的西秦、前秦、北魏、西魏等政权，为其生存、发展开拓空间。

对于南朝诸政权而言，河西道为割据政权或南朝敌对方把持后，如何与西域保持联系，成为其外交政策中的一个大问题。因南朝控制的益州与吐谷浑国接壤，吐谷浑又主动向南朝诸政权称臣，这为南朝通过吐谷浑国与西域交通提供了便利。通过青海道，南朝诸国的商品源源不断地运往西域、漠北，西域的贡朝使团、僧侣商队也借河南道至益州、建康等地。南朝诸政权借青海道与西域的交往的确促使了青海道的繁盛，但其前提是吐谷浑拥有维护、经营青海道的主导权。

唐朝前期，青海道的进一步发展得益于唐蕃两国的交好。安史之乱后，唐蕃古道的主导权为吐蕃所掌握，利用青海道与中原、西域交往，并从中牟取利益，既壮大了吐蕃，也使青海道沿线的一些城镇得以发展、繁荣。青唐吐蕃政权时期，历史似乎又在重演，青海道发展、繁荣的诸种因素与西羌、吐谷浑时期何其相似！这足以说明，当建政青海的地方政权获得经营青海道的主导权后，这条丝道关系这些政权的兴衰存亡，经营青海道即是在图谋国运，加之外部条件有利于青海道的发展，这条丝道的繁盛似乎又是一种历史必然。

总之，判断青海道兴衰的根据不能仅局限于中原王朝对其的控制和使用上，而是在避免仅用中原文化中心论为视角观察相关问题的基础上，客观、公正地判断、评价当地少数民族在青海道及其发展演变过程中所起的重要作用。只有这样，才能真正领会青海道兴盛的内在缘由，也才能正确判断这条丝道的历史价值。

二、青海道萧条、衰落原因分析

总体上看，历史上青海道的数次萧条出现在中原政权主导青海道经营权的时期，这与中央王朝对不同丝道交通地位、使用价值的判断相关。一般而言，河西走廊在战略地位方面比青海道更有优势，因此，在王朝国家全面控制河西、陇右之地的前提下，中原王朝更愿意选择河西道而非青海道，青海道的衰落则与整个陆上丝路的衰落是相始终的。

青海道在两汉、隋唐、元明时期皆出现萧条迹象，而这三大时期皆是中央王朝能全面掌控河西、陇右之地的时期。

西汉中期以来，河西走廊成为隔绝匈奴与西羌联合的重要战略要地，汉政权在此设置郡县，设立体系完备的邮驿系统，并通过移民、屯田等具体措施加强对河西走廊的控制与管理。由汉政权控制的河西走廊犹如一把插入西北腹地的利剑，既有效地隔绝了匈奴和西羌的联合，也打通了汉政权与西域诸国间的交通。因此，无论是在国家战略角度，还是在经贸往来的便利、安全等方面考量，对于汉政权而言河西走廊是不二的选择。

有学者通过青海道与河西道在经济形态、地理条件等方面的比较，认为区域性经济基础的薄弱是影响青海道不发达的根本原因。[1]实际上，河西走廊的自然条件未必优于青海道，当地也有大量的牧业区域，况且牧业生产本身与丝路的发展之间是相互促进的关系，并非如一些学者理解的那样，牧业落后于农业，且不利于丝路的发展。问题的实质在于：西汉以来，中原王朝就着力经营河西道，该道沿线的行政建置、屯田规模、卫戍体系等在设置时间上比青海道沿线早，且规模也比青海道沿线大，这一点印证了在王朝国家的视野里，河西走廊的战略价值大于青海道沿线。汉政权在青海道沿线区域内的行政建置往往集中在湟水流域及青海黄河南北两岸，也曾在青海湖周围建立西海郡，其行政管辖的范围基本在青海道沿线的东部、东南部等地，羌中道的中部及西部沿线，河南道的南部区域并未纳入汉政权的版图当中。与之相较，河西道的东西两端皆在汉的有效控制之下。正唯如此，汉政权控制了河西、河湟等地后，从战略角度自然优先考虑河西道为其与西域交通的主要路线，河西道沿线出现"驰命走驿，不绝于时月；商胡贩客，日款于塞下"[2]的繁盛景象也就不足为奇了。

隋唐时期，王朝国家对河西道的战略定位与两汉是一致的，为防止突厥与青藏地区的吐谷浑及吐蕃联合，中央王朝强化了河西道

①阎永宏：《浅析经青海通西域路线不发达的原因》，《青海社会科学》，1999 年第 4 期。

②《后汉书》卷 88《西域传》，中华书局，1965 年版，第 2931 页。

沿线的行政建置，通过移民实边、屯田垦殖等形式加强了对这一区域的控制力度。同时，为了将西域诸地纳入朝贡贸易体系，着力维护、经营河西道，当时的河西走廊商团、僧侣、使臣往来不绝，河西重镇"凉州为河西都会，襟带西蕃、葱右诸国，商旅往来，无有停绝"①。与之相较，青海道的战略价值逊色不少，其在沟通西域方面的交通功能自然也不及河西道。因唐蕃古道的兴起，唐代的青海道还是颇受中原王朝重视的，不过，唐蕃间无休止的争战，却在很大程度上抑制了唐蕃古道的商贸功能。

元明时期，青海道萧条的因素更为复杂一些。元时，窝阔台汗国、察合台汗国在西域拥有很大的影响力，元政权虽曾一度借助畏兀儿亦都护政权将其势力延及西域，但与上述汗国之间一直存在着不可调和的矛盾。至元八年（1271年），元设在阿力麻里的大本营有效地确保了其对西域的控制权，火州之战失利后，元朝退出天山以北的区域，至迟到至元二十六年（1289年），元朝又退出天山以南地区。②明时，西域为察合台汗国与叶尔羌汗国统治，明的西境退缩至玉门关、阳关以东。在这种政治形势下，因各种政治势力的阻碍，元、明政权无法通畅地利用西域南、北二道与西亚、近东乃至欧洲各国交往，丝绸之路总体上也因此萧条。就区域内的交流而言，和两汉、隋唐时期相同，元明政权也更倚重河西走廊，其与西域诸势力间的交往也往往借助河西道而非青海道，前述撒拉族东迁过程中，第一批移民是从河西走廊东进至甘肃西南一带，这便是一个颇为典型的实例。

① （唐）慧立、彦悰著，孙毓棠、谢方点校：《大慈恩寺三藏法师传》卷1，中华书局，2000年版，第11页。
② 贾丛江：《关于元朝经营西域的几个问题》，《西域研究》，1998年第4期。

明中期以来，整个丝绸之路衰落。当时，海上丝绸之路为西方列强的海上运输及贸易体系所取代，西亚伊斯兰势力的兴起拦截了中国与欧洲之间的贸易往来，[①]加之近代以来沙俄势力在西亚、中亚的扩展，[②]诸种外部因素皆为丝绸之路衰落的主要因素。内在原因方面，郭卫东先生认为，历史上丝绸之路屡扑屡起有商品属性的内在因由，那就是各国对丝绸的不可或缺，棉花普及后，丝绸贸易缺失了海外需求的拉动力，国内也因此减少了原生性动力，因此，棉花的普及以及对丝绸形成替代作用是丝路衰绝的内在原因。[③]丝绸贸易衰落后，中国对外出口的大宗商品为茶叶，但在上述外部因素影响下，丝绸之路没能再成为茶叶贸易的国际大通道。在这一时代大背景下，丝路青海道最终衰落的缘由也不难理解了。

三、青海道历史地位评析

通过以上分析，可对青海道的历史地位做出以下几点评析：

第一，青海道在青海地区少数民族发展史上起到过不可替代的重大作用。

我国多民族统一国家的形成经历了漫长、艰辛的历史过程，在这一过程中，青海地区的土著民族及迁徙至青海地区求生存谋发展的一些少数民族，皆利用青海道与外界进行沟通，青海道由他们开发、经营、维护而兴起，他们的发展、壮大也得益于青海道。马家窑文化时期，西戎族群开辟了青海道，他们自东向西的迁徙过程，

---

①贺茹、朱宏斌：《丝绸之路衰落因素新探》，《兰台世界》，2014 年第 7 期。

②郭卫东：《丝绸、茶叶、棉花：中国外贸商品的历史性易代——兼论丝绸之路衰落与变迁的内在原因》，《北京大学学报》（哲学社会科学版），2014 年第 4 期。

③郭卫东：《丝绸、茶叶、棉花：中国外贸商品的历史性易代——兼论丝绸之路衰落与变迁的内在原因》，《北京大学学报》（哲学社会科学版），2014 年第 4 期。

仰赖于山川河谷间的各条通道。西羌兴起后，青海道是各个种落迁徙、发展的依凭，通过西羌的开发，有效沟通东西方的青海道使中国文明起源过程在内生因素的基础上，有了外源因素的参与，这无疑加速了中国进入文明阶段的步伐。为融入中原王朝为核心的朝贡贸易体系，吐谷浑、吐蕃等少数民族都借青海道与中央王朝建立政治、经贸、文化往来。在青海道的连通作用下，青海地区的少数民族政权与中原王朝或建立相互隶属的政治关系，或进行平等的友好往来，为青海地区融入华夏政治体系奠定了坚实的政治基础，与内地的经贸、文化交往，既促进了青海地区的社会发展，也为中原文化扎根青海创造了条件。中原王朝借道青海与西域地区的往来，也在客观上促进了青海地区少数民族社会文化的发展与进步。

此外，青海地区少数民族借助青海道求生存谋发展的过程中，其分布格局受到了青海道的深刻影响。其中，较为典型的实例即是撒拉族借丝绸之路进入青海，最终繁衍生息于河南道东线与甘肃丝道的相接处。元代以来，回回民族大量分布在丝路沿线，青海道各干线及支线皆有从事商业活动的回族分布，他们的迁徙活动也往往受到丝路沿线经济发展状况的影响。比如，元代以来，四川松潘沿袭唐宋茶马互市的传统，成为川西北茶叶贩运的重镇之一，从洮州、河州、西宁州等地到松潘从事贸易的回族中就有"青海回"。①

第二，从中央王朝为主体的丝路经营史看，青海道很大程度上是河西道的辅路。

如若把解析青海道历史地位的视角从青海地区转移至全国，从中央王朝为主体的丝路经营史看，青海道的历史地位就不能估计得

---

① 张泽洪：《茶马古道的松潘回族与伊斯兰教》，《北方民族大学学报》（哲学社会科学版），2014 年第 1 期。

太高。在国家统一的前提下，决定丝绸之路路线走向的主导权掌控在中央王朝手中，国家会从战略角度统筹考量中西贸易往来的路线，因此，正如笔者在前面分析的那样，河西道的战略优势远高于青海道，在河西道畅通的前提下，青海道在国家整体的丝路贸易体系中的地位是较低的。[①]此时，尽管区域内通道的作用一直在持续，但在国际贸易体系中，青海道的确不是占主流地位的通道。

在特定历史时期，王朝国家因国力下降、少数民族内侵等原因，失去对河西道的控制，但与西域之间又要保持往来，在这种情况下，青海道成为中央王朝必须选择的商贸路线，因此，在这一外在因素的作用下，青海道在丝路经营史上发挥着其作为战备、辅助之路的作用。[②]

总之，在王朝国家的统治版图内，政治情势的跌宕起伏、民族关系的亲疏离和，决定着青海道交通功能的盛衰变迁。

第三，青海道在我国交通史上的地位与作用，应从其沟通西南与中亚、西亚间的联系方面加以判断。

前文所述，青海道虽有战备、辅助功能的性质，但不能把青海道仅仅视为一条辅助之路，原因在于它的兴盛发展往往取决于沿线少数民族的历史贡献，在正史未能述及的领域内，这条丝道一直是当地少数民族经贸往来、文化交流的重要通道。进而言之，如果深入分析，我们还会发现，青海道不仅仅是辅助之路的另一个因素在于，自马家窑人群南下以来，青海道干线之一河南道是沟通西南地区与青海地区间往来的重要丝道，河南道北接羌中道即可打通西南

①黄兆宏：《甘青古道述略——以青海与甘肃河西走廊交通为例》，《丝绸之路》，2014年第14期。
②徐苹芳：《序》，见陈良伟著《丝绸之路河南道》，中国社会科学出版社，2002年版，第1页。

地区与中亚、西亚间的联系，这条路线的繁荣期固然与吐谷浑时期特殊的政治形势相关，但它的沟通功能并非仅因特殊政治形势所造就，自古以来，它就是由历代沿线少数民族共同开发出的东西往来的捷径，这条通道的使用、发展与河西道的通畅、堵塞与否基本无关，直到明清时期仍是连通西南与青海、新疆乃至西亚、近东等地的一条捷径。除吐谷浑时期外，在我国古代交通史上，这条通道的意义往往是隐而不显，究其原因，主要是中央王朝对这条通道沿线的地理认知不够深入，对其交通功能的判断也不甚明确，加之这条通道所经之地皆为少数民族地区，对其开发、使用者也是以少数民族为主体，这些因素都导致中央王朝不够重视这条丝道，汉文史籍对该通道的记载也不多。但这些因素都不能抹杀这条通道的历史意义，相反，如若正确判断青海道在我国交通史上的地位与作用，这条通道的价值应当是独一无二的。

第二节
现实意义

历史上，丝绸之路的盛衰涨落，对中国的政治、经济、文化等都产生过重要影响。时至今日，丝绸之路的沟通功能为世人注目，成为中国融入世界政治、经济新格局的一座桥梁。在这样的时代背景下，讨论青海道的现实意义，实际上就是要找到青海融入"新丝绸之路经济带"的方式、途径，而这些方式、途径的传统形态早已为古人所掌握、使用，我们要做的就是要循着古人的智慧，总结、归纳与之相关的历史经验，进而把古人的智慧转化为推动青海发展、进步的动力。

在整个青海道的交通网络中，明显具有辅助功能的丝道是湟中道，在当今的国家战略中，这条丝道的功能也被定位为河西道的辅路。因此，兰州至新疆的高铁选择经西宁、门源，越过扁都口至张掖，以此来缓解河西道的交通压力，并拉动青海东部的客运、旅游市场。羌中道的功能往往取决于湟中道与河南道的与之连通上，

251

因高铁线路未涉及羌中道沿线，因此，这一干线的功能还未完全开发出来。总之，如历史上的统一王朝时代一样，在当今的国家战略中，通向西亚、欧洲的新丝路中，河西道是首选通道，而青海道的一些干线、支线则被设计为辅助之路。在这样的"新丝路经济带"设计中，如何让青海道相对独立地发挥交通、经贸、旅游等功能，就需要借助古人的智慧。

综合相关研究，古代人类维护、经营青海道的智慧最典型地体现在利用山川河流间自然形成的通道，连通西南地区与青海牧区间的交通往来，即通过河南道与西南地区建立各种联系。从距今 4 000 年左右至晚清，这条通道经青海牧区连通了西南地区与西域的交往，或在区域内成为西南与青海牧区的来往通道。一些学者主要利用沿线的考古遗迹还原了它的走向、分支及其变迁过程，使今人能较清晰、完整地把握这条丝道的起源、发展、变迁的历程，以及它发挥过的重要功能。

古人利用河南道的历史事实说明这条丝道沿线的交通是畅通的，虽然沿线有诸多高山、大河，但它们并没有阻挡住古人开发、利用这条通道的步伐，相反，古人用他们的聪明才智很好地利用了山川河谷间自然形成的通道，开辟出一条从西南至青海牧区乃至更远区域的通道，要循着古人的智慧也就是首先要继承他们坚毅卓绝的精神气质，利用现代技术更好地开通这条线路。

其次，河南道不像湟中道那样是可替代的辅助之路，也不像羌中道那样只有与其他干线相连才能发挥作用，它的交通价值在于它能很便捷地连通西南与西北地区，可以使西南地区的人口、商品等以最便捷的方式进入青海，再经青海到达新疆、西亚及欧洲等地。相应的，西亚、欧洲的商品、人员也可借此通道进入西南地区，从而打破西南与西北地区之间的交通壁垒，直接、快速地形成交通网络。

循着古人的智慧去揭示青海道的现实意义，我们还会发现古人要比我们想象得更聪明，也更开放。从第四章的分析看，无论是世居青海的少数民族，还是建政于此的少数民族政权，亦或是控制西北的中央王朝，大多数都具有开放、包容的政治心态。少数民族政权往往以融入特定时期的朝贡体系为重要政治目标，进而以此为跳板融入当时的以中原王朝为核心的国际秩序之中，一般不会因故步自封丧失发展机遇。中央王朝也以积极进取的政治姿态拓展其他西北地区乃至西亚等地的政治影响，从而使其政治力量获得更大发展的可能。在经贸、文化领域，利用青海道积极融入由各种社会力量共同筑就的贸易体系、文化系统是古人共同拥有的智慧，这种智慧既促进了当时社会经济文化的发展，也为我们留下了宝贵的精神遗产。

　　如今，西宁市已被国家列为丝路经济带上重要的结点城市；曹家堡机场旅客吞吐量超 400 万人次，跻身国内中大型机场行列；格尔木至成都的公路、铁路正在修建或规划之中，连通海上丝绸之路与陆上丝绸之路经济带的交通大动脉正在扬帆起航，人们已经较充分地认识到依循古人智慧的非凡价值。

　　总之，循着古人的智慧，我们会发现青海道实际上是一条融入之路，只有以包容、开放的心态，去迎接新时代的机遇与挑战，才能在新的国际秩序中找到中国进步、发展的新途径；只有融入"新丝绸之路经济带"建设，青海的各项事业也才会快速发展、进步。

参考文献

一、古籍

1.（汉）司马迁撰：《史记》，中华书局，1959 年。

2.（汉）班固撰：《汉书》，中华书局，1962 年。

3.（宋）范晔撰，（唐）李贤等注：《后汉书》，中华书局，1965 年。

4.（晋）陈寿撰，陈乃乾校点：《三国志》，中华书局，1959 年。

5.（唐）房玄龄等撰：《晋书》，中华书局，1974 年。

6.（梁）沈约撰：《宋书》，中华书局，1974 年。

7.（梁）萧子显撰：《南齐书》，中华书局，1972 年。

8.（唐）姚思廉撰：《梁书》，中华书局，1973 年。

9.（北齐）魏收撰：《魏书》，中华书局，1974 年。

10.（唐）令狐德棻等撰：《周书》，中华书局，1971 年。

11.（唐）李百药撰：《北齐书》，中华书局，1972 年。

12.（唐）李延寿撰：《南史》，中华书局，1975 年。

13.（唐）李延寿撰：《北史》，中华书局，1974 年。

14.（唐）魏征、令狐德棻撰：《隋书》，中华书局，1973 年。

15.（后晋）刘昫等撰：《旧唐书》，中华书局，1975 年。

16.（宋）欧阳修、宋祁撰：《新唐书》，中华书局，1975 年。

17.（元）脱脱等撰：《宋史》，中华书局，1977 年。

18.（元）脱脱等撰：《辽史》，中华书局，1974 年。

19.（明）宋濂撰：《元史》，中华书局，1976 年。

20.（清）张廷玉等撰：《明史》，中华书局，1974 年。

21.赵尔巽等撰：《清史稿》，中华书局，1977 年。

22.（宋）司马光编著，（元）胡三省音注：《资治通鉴》，中华书局，1956年。

23.（宋）李焘撰：《续资治通鉴长编》，中华书局，1985年。

24.（东晋）法显撰，章巽校注：《法显传校注》，中华书局，2008年。

25.（北魏）杨衒之撰，范祥雍校注：《洛阳伽蓝记校注》，上海古籍出版社，1958年。

26.（梁）慧皎撰，汤用彤校注：《高僧传》，中华书局，1992年。

27.（唐）道宣著，范祥雍点校：《释迦方志》，中华书局，1983年。

28.（唐）杜佑撰：《通典》，中华书局，1984年。

29.（唐）李吉甫撰：《元和郡县图志》，中华书局，1983年。

30.（唐）义净著，王邦维注：《大唐西域求法高僧传校注》，中华书局，1988年。

31.（唐）慧立、彦悰著，孙毓棠、谢方点校：《大慈恩寺三藏法师传》，中华书局，2000年。

32.（宋）王安石撰：《临川先生文集》，中华书局，1959年。

33.（宋）乐史撰，王文楚等点校：《太平寰宇记》，中华书局，2007年。

34.（宋）李远撰，马忠辑注：《青唐录》（青海地方旧志五种），青海人民出版社，1989年。

35.（宋）宋敏求：《唐大诏令集》，商务印书馆，1959年。

36.（元）蔡巴·贡噶多吉著，陈庆英、周润年译：《红史》，西藏人民出版社，2002年。

37.《明太宗实录》，中央研究院历史语言研究所校印本，1966年。

38.（明）达仓宗巴·班觉桑布著，陈庆英译：《汉藏史集》，西藏人民出版社，1986年。

39.《清实录》，雍正二年五月，中华书局，1985年。

40.（清）顾祖禹辑著：《读史方舆纪要》，中华书局，1955 年。

41.（清）徐松辑：《宋会要辑稿》，中华书局，1957 年。

42.（清）王先谦：《后汉书集解》，中华书局，1984 年。

43.（清）洪亮吉：《十六国疆域志》，中华书局，1985 年。

44.（清）杨应琚纂修，李文实校注：《西宁府新志》，青海人民出版社，1988 年。

45.（清）梁份著，赵盛世等校注：《秦边纪略》，青海人民出版社，1987 年。

46.（清）邓承伟修，张价卿、来维礼等纂，基生兰续纂：《西宁府续志》，青海人民出版社，1985 年。

47.（清）杨治平编纂，何平顺等标注：《丹噶尔厅志》（青海地方旧志五种），青海人民出版社，1989 年。

48. 吴兢编著：《贞观政要》，上海古籍出版社，1978 年。

二、专著

1. 唐长孺：《魏晋南北朝史论拾遗》，中华书局，1983 年。

2. 罗世泽、时逢春搜集整理：《木姐珠与斗安珠》，四川民族出版社，1983 年。

3. 青海省文物管理处考古队、中国社会科学院考古研究所：《青海柳湾》，文物出版社，1984 年。

4. 冉光荣等：《羌族史》，四川民族出版社，1985 年。

5. 周伟洲：《吐谷浑史》，宁夏人民出版社，1985 年版。

6. 沈福伟：《中西文化交流史》，上海人民出版社，1985 年。

7. 林梅村编：《楼兰尼雅出土文书》，文物出版社，1985 年。

8. 西藏自治区文物管理委员会，四川大学历史系 :《昌都卡若》，文物出版社，1985 年。

9. 周希武编著，吴均校释:《玉树调查记》，青海人民出版社，1986 年。

10. 唐长孺等 :《向达先生纪念论文集》，新疆人民出版社，1986 年。

11.（英）N.W. 西蒙兹编著，赵伟钧等译:《作物进化》，农业出版社，1987 年。

12. 青海省文物考古研究所 :《上孙家寨汉晋墓》，文物出版社，1993 年。

13. 石硕 :《西藏文明东向发展史》，四川人民出版社，1994 年。

14. 李智信 :《青海古城考辨》，西北大学出版社，1995 年。

15. 陈光国 :《青海藏族史》，青海民族出版社，1997 年。

16. 任继愈等编纂 :《中华大藏经》，中华书局，1997 年。

17. 崔永红 :《青海经济史（古代卷）》，青海人民出版社，1998 年。

18. 罗琨、张永山:《中国军事通史》，军事科学出版社，1998 年。

19. 四川省文物考古研究所 :《四川考古报告集》，文物出版社，1998 年。

20. 崔永红、张得祖、杜常顺 :《青海通史》，青海人民出版社，1999 年版。

21. 唐长孺 :《魏晋南北朝史论丛》，河北教育出版社，2000 年。

22. 成都市文物考古研究所 :《成都考古发现 (2000)》，科学出版社，2002 年。

23. 陈良伟 :《丝绸之路河南道》，中国社会科学出版社，2002 年。

24. 谭维四 :《曾侯乙墓》，读书·生活·新知三联书店，2003 年。

25. 王希隆主编 :《西北少数民族史研究》，民族出版社，2003 年。

26. 青海省文物考古研究所，青海省文物管理处，西北大学文博学院:

《民和核桃庄》，科学出版社，2004年。

27. 李绍明：《巴蜀民族史论集——古蜀人的来源与族属问题》，四川人民出版社，2004年。

28. 汤惠生、高志伟：《岩画断代技术、方法及其应用——兼论青海岩画的微腐蚀断代》，《文物科技研究》第2辑，科学出版社，2004年。

29. 北京大学考古文博学院、青海省文物考古研究所编：《都兰吐蕃墓》，科学出版社，2005年。

30. 赵殿增：《三星堆文化与巴蜀文明》，江苏教育出版社，2005年。

31. 段渝：《酋邦与国家起源：长江流域文明起源比较研究》，中华书局，2007年。

32. 毕艳君、崔永红：《古道驿传》，青海人民出版社，2007年。

33. 严耕望：《唐代交通图考》，上海古籍出版社，2007年。

34. 成都文物考古研究所等：《四川理县箭山寨遗址2000年的调查》，《成都考古发现（2005）》，科学出版社，2007年。

35. 刘学堂、李文瑛：《中国早期青铜文化的起源及其相关问题新探》，《藏学学刊》第3辑，四川大学出版社，2007年。

36. 许新国：《吐蕃墓出土蜀锦与青海丝绸之路》，《藏学学刊》第3辑，四川大学出版社，2007年。

37. 崔永红：《文成公主与唐蕃古道》，青海人民出版社，2008年。

38. 王明珂：《游牧者的抉择》，广西师范大学出版社，2008年。

39. 王明珂：《英雄祖先与弟兄民族》，中华书局，2009年。

40. 陈渠珍：《艽野尘梦》，西藏人民出版社，2009年第2版。

41. 祝启源：《青唐盛衰——唃厮啰政权研究》，青海人民出版社，2010年版。

42. 丁见祥：《马家窑文化的分期、分布、来源及其与周边文化的关系》，

《古代文明》（第 8 卷），文物出版社，2010 年。

43. 洪玲玉、崔剑锋、王辉、陈剑：《川西马家窑类型彩陶产源分析与探讨》，载《南方民族考古》（第 7 辑），科学出版社，2011 年。

44. 姜铭等：《新津宝墩遗址 2009 年度考古试掘浮选结果分析简报》，《成都考古发现（2009）》，科学出版社，2011 年。

45. 洪玲玉等：《移民、贸易、仿制与创新——宗日遗址新石器时代晚期陶器分析》，《考古学研究（九）》上册，文物出版社，2012 年。

46. 殷晴：《丝绸之路经济史研究》，兰州大学出版社，2012 年。

47. 李健胜：《清代—民国西宁社会生活史》，人民出版社，2012 年。

48. 李健胜等：《儒学在青藏地区的传播与影响》，人民出版社，2012 年。

49. 李健胜等：《早期羌史研究》，人民出版社，2014 年。

50. 李健胜等：《国家、移民与地方社会：河湟汉族研究》，人民出版社，2015 年。

三、期刊论文

1. 胡鉴民：《羌民的经济活动形式》，《民族学研究集刊》，1944 年第 4 期。

2. 黄文弼：《古楼兰国历史及其在中西交通上之地位》，《史学集刊》，1947 年第 5 期。

3. 裴文中：《史前时期之东西交通》，《边政公论》，1948 年第 7 卷第 4 辑。

4. 赵生琛：《青海西宁发现波斯萨珊朝银币》，《考古通讯》，1958 年第 1 期。

5. 邱中郎：《青藏高原旧石器的发现》，《古脊椎动物学报》，1958 年第 2 卷 2、3 期合刊。

6. 夏鼐：《青海西宁出土的波斯萨珊朝银币》，《考古学报》，1958 年第 4 期。

7. 冯汉镛：《关于"经西宁通西域路线"的一些补充》，《考古通讯》，1958 年第 7 期。

8. 安志敏：《青海的古代文化》，《考古》，1959 年第 7 期。

9. 青海省文物管理委员会：《青海柴达木盆地诺木洪、巴隆和香日德三处古代文化遗址调查简报》，《文物》，1960 年第 6 期。

10. 青海省文物管理委员会、中国科学院考古研究所青海队：《青海都兰县诺木洪搭里他里哈遗址调查与试掘》，《考古学报》，1963 年第 1 期。

11. 李绍明：《关于羌族古代史的几个问题》，《历史研究》，1963 年第 5 期

12. 沈年润：《释东汉三老赵掾碑》，《文物》，1964 年第 5 期。

13. 中国科学院考古研究所二里头工作队：《偃师二里头遗址新发现的铜器和玉器》，《考古》，1976 年第 4 期。

14. 青海省文物管理处考古队、中国社会科学院考古研究所青海队：《青海乐都柳湾原始社会墓地反映出的主要问题》，《考古》，1976 年第 6 期。

15. 顾文华：《青海布哈河畔的青铜器墓葬》，《考古》，1978 年第 1 期。

16. 青海省文物管理处考古队：《青海大通县上孙家寨出土的舞蹈纹彩陶盆》，《文物》，1978 年第 3 期。

17. 鲜肖威：《甘肃境内的丝绸之路》，《兰州大学学报》（社会科学版），1980 年第 2 期。

18. 刘光华：《汉武帝对河西的开发及其意义》，《兰州大学学报》（哲学社会科学版），1980 年第 2 期。

19. 吴礽骧：《两关以东的"丝绸之路"——兼与鲜肖威同志商榷》，《兰州大学学报》（社会科学版），1980 年第 4 期。

20. 李虎侯：《齐家文化铜镜的非破坏鉴——快中子放射化分析法》，《考古》，1980 年第 4 期。

21. 闻宥：《论所谓南语》，《民族语文》，1981 年第 1 期。

22. （日）松田寿男：《吐谷浑遣使考》（上、下），原载日本《史学杂志》48 编 11 号，见《西北史地》，1981 年第 2、3 期。

23. 吴汝祚：《略论诺木洪文化》，《青海考古学会会刊》，1981 年第 3 期。

24. 贾大泉：《宋代四川同吐蕃等族的茶马贸易》，《西藏研究》，1982 年第 1 期。

25. 许兴国：《青海汉代墓葬反映的主要问题》，《青海社会科学》，1982 年第 1 期（原发表期刊署名有误，应是"许新国"）。

26. 周伟洲：《古青海路考》，《西北大学学报》（哲学社会科学版），1982 年第 1 期。

27. （日）佐藤长：《隋炀帝征讨吐谷浑的路线》，《青海社会科学》，1982 年第 1 期。

28. 聪喆：《白兰国址辨》，《青海社会科学》，1982 年第 2 期。

29. 初师宾：《丝路羌中道开辟小议》，《西北师院学报》（社会科学版），1982 年第 2 期。

30. 钱伯泉：《先秦时期的丝绸之路——＜穆天子传＞的研究》，《新疆社会科学》，1982 年第 3 期。

31. 刘满：《鲜水及其有关的民族和交通线路探讨》，《青海社会科学》，1982 年第 3 期。

32. 汶江：《吐蕃治下的汉人》，《西藏研究》，1982 年第 3 期。

33. 周伟洲：《古青海路考》，《西北大学学报》（哲学社会科学版），1982 年第 4 期。

34. 王子贞：《汉四望峡即今老鸦峡辨》，《青海地方史志研究》，1983 年创刊号。

35. 周伟洲：《百兰考》，《青海民族学院学报》（社会科学版），1983 年第 2 期。

36. 许新国：《循化阿哈特拉山卡约文化墓地初探》，《青海社会科学》，1983 年第 5 期。

37. 王北辰：《古代西域南道上的若干历史地理问题》，《地理研究》，1983 年第 3 期。

38. 钱伯泉：《西域的羌族》，《西北史地》，1984 年第 1 期。

39. 青海省文物考古队：《青海民和阳洼坡遗址试掘简报》，《考古》，1984 年第 1 期。

40. 吴礽骧：《也谈"羌中道"》，《敦煌学辑刊》，1984 年第 2 期。

41. 吴仁安：《明代川陕茶马贸易浅说》，《中国社会经济史研究》，1984 年第 2 期。

42. 中国第一历史档案馆：《乾隆八至十五年准噶尔部在肃州等地贸易》，《历史档案》，1984 年第 2 期。

43. 青海省文物考古队：《青海湖环湖考古调查》，《考古》，1984 年第 3 期。

44. 李文实：《白兰国址再考》，《青海社会科学》，1984 年第 1 期。

45. 黄慰文：《柴达木盆地发现旧石器》，《人类学学报》，1985 年第 1 期。

46. 祝启源、陈庆英：《元代西藏地方驿站考释》，《西藏民族学院学报》，1985 年第 3 期。

47. 赵荣：《青海古道探微》，《西北史地》，1985 年第 4 期。

48. 马曼丽：《宋云丝路之行初探》，《青海社会科学》，1985 年第 4 期。

49. 赵生琛：《青海西宁发现卡约文化铜鬲》，《考古》，1985 年第 7 期。

50. 庞琳：《< 汉书·赵充国传 > 中四望峡、落都及西部都尉府的位置》，《青海民族学院学报》（社会科学版），1986 年第 2 期。

51. 李复华、李绍明：《论岷江江上游石棺葬文化的分期与族属》，《四川文物》，1986 年第 2 期

52. 青海省文物考古队：《青海互助土族自治县总寨马厂、齐家、辛店文化墓葬》，《考古》，1986 年第 4 期。

53. 尚民杰：《青海原始农业考古概述》，《农业考古》，1987 年第 1 期。

54. 王大道：《云南出土货币概述》，《四川文物》，1988 年第 5 期。

55. 夏阳：《清代丹噶尔贸易简论》，《青海社会科学》，1987 年第 4 期。

56. 钱方、吴锡浩、黄慰文：《藏北高原各听石器初步观察》，《人类学学报》，1988 年第 1 期。

57. 穆舜英：《唐朝统治下的西域》，《西北民族研究》，1988 年第 1 期。

58. 靳润成：《青海古代农牧业的历史变迁》，《青海师范大学学报》（社会科学版），1988 年第 1 期。

59. 吴均：《自截支桥至悉诺逻驿唐蕃古道的走向——对左滕长 < 西藏历史地理研究 > 中一些问题的商榷之五》，《中国藏学》，1988 年第 2 期。

60. 吴均：《安定、曲先、罕东、必里等卫地望及民族琐议》，《青海师范大学学报》（社会科学版），1988 年第 3 期。

61. 毛文炳、程起骏：《伏罗川吐谷浑古国录觅录》，《柴达木开发研究》，1989 年第 5 期。

62. 陈世明：《明代甘肃境内二十四关考略》，《西北民族学院学报》（哲

学社会科学版），1990 年第 1 期。

63. 芈一之 :《论历代对青海地区的特殊政策——青海地区开拓史的回顾》,《青海民族学院学报》(社会科学版)，1990 年第 2 期。

64. 钱伯泉 :《唃厮啰生于高昌磨榆国辩正》,《民族研究》，1990 年第 2 期。

65. 胡小鹏 :《吐谷浑与南北朝关系述论》,《社会科学》,1990 年第 4 期。

66. 李明伟 :《贸易路上的西北商镇》,《兰州商学院学报》，1990 年第 4 期。

67. 村渭 :《隋唐青海屯田述论》,《青海社会科学》，1990 年第 6 期。

68. 青海省文物考古研究所 :《青海平安、互助县考古调查简报》,《考古》，1990 年第 9 期。

69. 申斌 :《"妇好墓"玉器材料探源》,《中原文物》，1991 年第 1 期。

70. 白万荣 :《青海古代文化分布概述》,《青海社会科学》，1991 年第 2 期。

71. 崔永红 :《清雍正年间青海额色尔津、哈尔海图屯田述略》,《青海师范大学学报》(社会科学版)，1991 年第 3 期。

72. 青海省文物考古研究所 :《青海化隆、循化两县考古调查简报》,《考古》，1991 年第 4 期。

73. 秦川 :《明朝中期茶马贸易的民间化与政府的对策》,《西北师大学报》(社会科学版)，1991 年第 4 期。

74. 崔永红 :《清初青海东部的兴屯开荒和屯田民地化问题》,《青海社会科学》，1991 年第 4 期。

75. 陈显丹 :《三星堆文化玉石器研究》,《四川文物》，1992 年第 1 期。

76. 吴焯 :《古代青海交通西域的路线及其历史沿革》,《西域研究》，1992 年第 2 期。

77. 赵毅：《明代内地与西藏的交通》，《中国藏学》，1992 年第 2 期。

78. 陈新海：《论儒学在河湟地区的发展》，《青海民族研究》（社会科学版），1992 年第 2 期。

79. 吴焯：《青海道述考》，《西北民族研究》，1992 年第 2 期。

80. 吴焯：《古代青海交通西域的路线及其历史沿革》，《西域研究》，1992 年第 2 期。

81. 中国第一历史档案馆：《乾隆前期准噶尔部与内地的贸易史料（上）》，《历史档案》，1992 年第 2 期。

82. 尚民杰、贾鸿健：《宋云西行与吐谷浑国》，《青海社会科学》，1992 年第 3 期。

83. 段渝：《论商代长江上游川西平原青铜文化与华北和世界文明的关系》，《东南文化》，1993 年第 2 期。

84. 林梅村：《1992 年秋米兰荒漠访古记——兼论汉代伊循城》，《中国边疆史地研究》，1993 年第 2 期。

85. 任树民：《北宋西北边防军中的一支劲旅——蕃兵》，《西北民族研究》，1993 年第 2 期。

86. 王一清：《历史上甘南的民族贸易简述》，《中国藏学》，1993 年第 3 期。

87. 蒋致洁：《丝绸之路贸易若干问题新论》，《中国经济史研究》，1993 年第 4 期。

88. 李明伟：《古丝绸之路与西北民族的凝聚》，《西北民族研究》，1994 年第 2 期。

89. 铁进元等：《安夷县址、宗哥城址考辨》，《青海社会科学》，1994 年第 2 期。

90. 臧振：《"玉石之路"初探》，《人文杂志》，1994 年第 2 期。

91. 青海省文物考古研究所、吉林大学考古学系：《青海大通县黄家寨墓地发掘报告》，《考古》，1994 年第 3 期。

92. 许新国：《都兰吐蕃墓中镀金银器属粟特系统的推定》，《中国藏学》，1994 年第 4 期。

93. 青海省考古研究所：《青海循化苏呼撒墓地》，《考古学报》，1994 年第 4 期。

94. 秦裕江、张海生：《海南州境内唐蕃古道几个驿站和大非川在何地辨析》，《青海民族研究》（社会科学版），1994 年第 4 期。

95. 徐作生：《"支那"源于古傣语考——从蜀身毒道诸种因素论梵语 cina 的由来》，《中国文化研究》，1995 年第 1 期。

96. 杜常顺：《清代丹噶尔民族贸易的兴起和发展》，《民族研究》，1995 年第 1 期。

97. 庞琳：《古代湟水黄河间的重要通——安夷和罗谷道考述》，《青海民族学院学报》（社会科学版），1995 年第 4 期。

98. 徐学书：《岷江上游新石器时代文化的初步研究》，《考古》，1995 年第 5 期。

99. 许新国：《都兰吐蕃墓出土含绶鸟织锦研究》，《中国藏学》，1996 年第 1 期

100. 高志伟：《浅析青藏高原的玻璃器》，《西藏研究》，1996 年第 1 期。

101. 汤惠生、高志伟：《青藏高原岩画年代分析》，《青海社会科学》，1996 年第 1 期。

102. 李惠兴：《隋朝内地与西域关系述略》，《西北史地》，1996 年第 4 期。

103. 陈良伟：《松灌丝道沿线的考古调查——丝绸之路河南道的一支》，《中国社会科学院研究生院学报》，1996 年第 6 期。

104. 陈新海：《西汉时期湟中地区的交通》，《中国历史地理论丛》，1997 年第 1 期。

105. 任树民：《北宋时期丝绸东路的贸易网点——唃家位》，《西北民族学院学报》（哲学社会科学版），1997 年第 2 期。

106. 许新国：《青海都兰吐蕃墓出土太阳神图案织锦考》，《中国藏学》，1997 年第 3 期。

107. 祝启源：《唃厮啰政权对维护中西交通线的贡献》，《中国藏学》，1998 年第 1 期。

108. 徐万和、王国华：《"沙阴池"、"盐泽"、"穷水塞"考述》，《西北史地》，1998 年第 1 期。（"沙阴池"应是"沙阴地"，原发表期刊标题有误）

109. 青海省文物考古研究所：《青海化隆县上半主洼卡约文化墓地第二次发掘》，《考古》，1998 年第 1 期。

110. 张雪慧：《试论唐宋时期吐蕃的商业贸易》，《西藏研究》，1998 年第 3 期。

111. 高荣：《论两汉对羌民族政策与东汉羌族起义》，《广东社会科学》，1998 年第 3 期。

112. 贾丛江：《关于元朝经营西域的几个问题》，《西域研究》，1998 年第 4 期。

113. 青海省文物管理处、海南州民族博物馆：《青海同德县宗日遗址发掘简报》，《考古》，1998 年第 5 期。

114. 聂静洁：《略论历史上的茶马贸易》，《黑龙江民族丛刊》，1999 年第 1 期。

115. 阎永宏：《浅析经青海通西域路线不发达的原因》，《青海社会科学》，1999 年第 4 期。

116. 胡月明：《河南道》，《丝绸之路》，1999 年第 6 期。

117. 王国道：《青海早期铜器的讨论》，《青海社会科学》，1999 年第 6 期。

118. 张朋川：《从甘肃一带出土文物看丝绸之路形成过程》，《丝绸之路》，1999 年第 A1 期。

119. 周松：《柔然与南朝关系探略》，《青海民族学院学报》（社会科学版），2000 年第 2 期。

120. 刘军社：《黄河流域史前粟作文化遗存的发现与研究》，《农业考古》，2000 年第 3 期。

121. 石培基：《甘、川、青交接区域区际联系与民族经济社会开放开发研究》，《民族研究》，2000 年第 3 期。

122. 陈新海：《唃厮啰首府青唐城试探》，《中国藏学》，2000 年第 3 期。

123. 殷红梅：《喀喇汗王朝与中原的贸易往来》，《新疆地方志》，2000 年第 3 期。

124. 姚崇新：《吐谷浑佛教论考》，《敦煌研究》，2001 年第 1 期。

125. 中国社会科学院考古研究所甘青工作队、青海省文物考古研究所：《青海民和县胡李家遗址的发掘》，《考古》，2001 年第 1 期。

126. 姚崇新：《吐谷浑佛教论考》，《敦煌研究》，2001 年第 1 期。

127. 傅大雄：《西藏昌果沟遗址新石器时代农作物遗存的发现、鉴定与研究》，《考古》，2001 年第 3 期。

128. 郭弘：《略论明代汉藏民族间的茶马贸易》，《开发研究》，2001 年第 4 期。

129. 汪天顺：《曹玮与北宋西北边防整饬》，《西北民族研究》，2001 年第 4 期。

130. 霍巍、罗进勇：《岷江上游新出南朝石刻造像及相关问题》，《四川大学学报》（哲学社会科学版），2001 年第 5 期。

131. 中国社会科学院考古研究所甘青工作队、青海省文物考古研究所：《青海民和县喇家遗址 2000 年发掘简报》，2002 年第 12 期。

132. 叶茂林、何克洲：《青海民和县喇家遗址出土齐家文化玉器》，《考古》，2002 年第 12 期。

133. 青海省文物考古研究所：《青海乌兰县大南湾遗址试掘简报》，《考古》，2002 年第 12 期。

134. 李云泉：《略论宋代中外朝贡关系与朝贡制度》，《山东师范大学学报》（人文社会科学版），2003 年第 2 期。

135. 周松：《吐谷浑遣使东魏路线考》，《中国历史地理论丛》，2003 年第 3 辑。

136. 陈卫东、王天佑：《浅议岷江上游新石器时代文化》，《四川文物》，2004 年第 3 期。

137. 秦红卫：《魏晋南北朝时期的河南道》，《青海民族研究》，2004 年第 3 期。

138. 于赓哲：《疾病与唐蕃战争》，《历史研究》，2004 年第 5 期。

139. 刘满：《西北黄河古渡考（一）》，《敦煌学辑刊》，2005 年第 1 期。

140. 张强禄：《白龙江流域新石器时代文化谱系的初步研究》，《考古》，2005 年第 2 期。

141. 李水城：《西北与中原早期冶铜业的区域特征及交互作用》，《考古学报》，2005 年第 3 期。

142. 蒲文成：《宋代河湟开发述略》，《青海民族学院学报》（社会科学版），2005 年第 4 期。

143.（日）三宅俊彦：《卡约文化青铜器初步研究》，《考古》，2005 年第 5 期。

Kexie

Qinghaidao

144. 何效祖：《丝绸之路河南道》，《丝绸之路》，2006 年第 1 期。

145. 李健胜：《三代时期昆仑玉输往中原的路径与方式初探》，《青海民族研究》，2006 年第 2 期。

146. 张永国：《茶马古道与茶马贸易的历史与价值》，《西藏大学学报》，2006 年第 2 期。

147. 崔亚平等：《宗日遗址人骨的稳定同位素分析》，《第四纪研究》，2006 年第 4 期。

148. 杨峰节：《青海穆格滩与沙州吐谷浑探微》，《攀登》，2006 年第 5 期。

149. 四川省文物考古研究所、阿坝州文物管理所、汶川县文化体育局：《四川汶川县姜维城新石器时代遗址发掘简报》，《考古》，2006 年第 11 期。

150. 徐苹芳：《中国境内的丝绸之路》，《文明》，2007 年第 1 期。

151. 南方文物：《2006 年度南方地区考古新发现》，《南方文物》，2007 年第 4 期。

152. 侯毅：《从最近的考古发现看北方粟作农业的起源问题》，《北方文物》，2007 年第 2 期。

153. 陈东：《3—6 世纪胡人入据岷江上游及对"岷江道"的开拓》，《贵州民族研究》，2007 年第 5 期。

154. 朱世奎、程起骏：《吐谷浑白兰地望新考》，《青海社会科学》，2008 年第 2 期。

155. 贾大泉、尉艳芝：《浅谈茶马贸易古道》，《中华文化论坛》，2008 年第 S2 期。

156. 任新建：《茶马古道的历史变迁与现代功能》，《中华文化论坛》，2008 年第 S2 期。

157. 杨瑾:《于阗与北宋王朝的贸易路线初探》,《新疆大学学报》(哲学·人文社会科学版),2008 年第 4 期。

158. 任树民 :《唐代吐蕃与西部民族大迁徙》,《青海师专学报》(教育科学),2008 年第 4 期。

159. 彭燕凝 :《齐家文化玉器与三星堆文化的关系》,深圳大学学报 (人文社会科学版),2008 年第 4 期。

160. 张得祖:《古玉石之路与丝绸之路青海道》,《青海师范大学学报》(哲学社会科学版),2008 年第 5 期。

161. 李健胜:《拉乙亥文化述论》,《青海社会科学》,2009 年第 4 期。

162. 杨蕤 :《宋代陆上丝绸之路贸易三论》,《新疆大学学报》(哲学人文社会科学版),2009 年第 5 期。

163. 李正周 :《从悬泉简看西汉护羌校尉的两个问题》,《鲁东大学学报》(哲学社会科学版),2009 年第 5 期。

164. 杨方方 :《北宋时期西北地区民族分布与交通格局的改变》,《丝绸之路》,2009 年第 6 期。

165. 苏海洋、雍际春 :《丝绸之路青海段交通线综考》,《丝绸之路》,2009 年第 6 期。

166. 陈剑 :《石棺葬文化研究的新视野》,《中华文化论坛》,2010 年第 1 期。

167. 郭盛 :《青海"河南道"佛教传播源流考释》,《青海师范大学学报》(哲学社会科学版),2010 年第 1 期。

168. 李并成、马燕云 :《炳灵寺石窟与丝绸之路东段五条干道》,《敦煌研究》,2010 年第 2 期。

169. 徐建炜等:《青海同德宗日遗址出土铜器的初步科学分析》,《西域研究》,2010 年第 2 期。

170. 崔永红：《吐谷浑与内地诸王朝的关系》，《中国土族》，2010 年第 4 期。

171. 丁柏峰：《"吐谷浑路"的形成及其历史影响述略》，《中国土族》，2011 年第 4 期。

172. 李刚、李薇：《论历史上三条茶马古道的联系及历史地位》，《西北大学学报》（哲学社会科学版），2011 年第 4 期。

173. 李宗俊：《唐代石堡城、赤岭位置及唐蕃古道再考》，《民族研究》，2011 年第 6 期。

174. 妥超群、刘铁程：《毕力术江考——明代曲先卫地望及相关地名考》，《民族研究》，2011 年第 6 期。

175. 徐建炜等：青海同德宗日遗址出土铜器的初步科学分析》，《西域研究》，2012 年第 2 期。

176. 苏海洋：《从国际视野看丝路青海道的演变》，《青海民族研究》，2012 年第 3 期。

177. 苏海洋：《再谈丝绸之路青海道的形成》，《青海民族大学学报》（社会科学版），2012 年第 4 期。

178. 李健胜：《从考古资料看青藏高原原始农业畜牧业的发展历程》，《农业考古》，2012 年第 4 期。

179. 杜常顺：《民族贸易与西北地区城镇的发展》，《北方民族大学学报》（哲学社会科学版），2012 年第 5 期。

180. 聂和平、杨洋：《古代巴蜀地区对外陆路交通小考》，《齐齐哈尔大学学报》（哲学社会科学版），2012 年第 6 期。

181. 侯光良等：《晚冰期以来青藏高原东北缘人类的迁移与扩散》，《干旱区研究》，2013 年第 1 期。

182. 李宗俊：《道格尔古碑即唐蕃赤岭划界碑考辨》，《民族研究》，

2013 年第 1 期。

183. 丁文：《试析陕西茶马古道网络》，《农业考古》，2013 年第 2 期。

184. 孕藏扎西，昂毛吉：《论元初撒拉族东迁及其与藏族文明的互动》，《内蒙古民族大学学报》(社会科学版)，2013 年第 2 期。

185. 濮蕾：《试论明朝政府的 "茶马互市" 管理制度》，《贵州大学学报》(社会科学版)，2013 年第 3 期。

186. 崔永红：《都兰香日德圻塝始建年代浅议》，《青海民族研究》，2013 年第 4 期。

187. 叶舒宪：《丝绸之路还是玉石之路——河西走廊与华夏文明传统的重构》，《探索与争鸣》，2013 年第 7 期。

188. 张泽洪：《茶马古道的松潘回族与伊斯兰教》，《北方民族大学学报》(哲学社会科学版)，2014 年第 1 期。

189. 刘学堂等：《史前 "青铜之路" 与中原文明》，《新疆师范大学学报》(哲学社会科学版)，2014 年第 2 期。

190. 郭卫东：《丝绸、茶叶、棉花：中国外贸商品的历史性易代——兼论丝绸之路衰落与变迁的内在原因》，《北京大学学报》(哲学社会科学版)，2014 年第 4 期。

191. 金勇强：《"唐宋变革" 下的青海交通格局演变》，《柴达木开发研究》，2014 年第 2 期。

192. 李健胜：《夷夏羌东中西说》，《青藏高原论坛》，2014 年第 4 期。

193. 郭勤华：《隋炀帝的开放政策与丝绸之路经济的开发》，《宁夏社会科学》，2014 年第 6 期。

194. 郑国穆、韩华：《甘南藏区茶马古道文化遗产考察研究—甘肃茶马古道文化线路遗产考察之二》，《鲁东大学学报》(哲学社会科学版)，2014 年第 6 期。

195. 贺茹、朱宏斌：《丝绸之路衰落因素新探》，《兰台世界》，2014年第 7 期。

196. 黄兆宏：《甘青古道述略——以青海与甘肃河西走廊交通为例》，《丝绸之路》，2014 年第 14 期。

197. 石硕、罗宏：《高原丝路：吐蕃"重汉缯"之俗与丝绸使用》，《民族研究》，2015 年第 1 期。

198. 丁柏峰：《丝绸之路青海道与河湟民族走廊的形成》，《青海师范大学学报》（哲学社会科学版），2015 年第 3 期